Napoléon Le Petit

Victor Hugo

AF528416

Happy Hour Books

Publié pa:

HAPPY HOUR BOOKS

www.happyhoursbooks.com

Email: happyhourbooks1@gmail.com

Première publication par Happy Hour Books en 2025

Titre : **Napoléon Le Petit**

Ebook ISBN: 9789358487480

Broché ISBN: 9789358486155

Relié ISBN: 9789358486179

TABLE DES MATIÈRES

LIVRE PREMIER

L'HOMME

I

LE 20 DÉCEMBRE 1848

Le jeudi 20 décembre 1848, l'assemblée constituante, entourée en ce moment-là d'un imposant déploiement de troupes, étant en séance, à la suite d'un rapport du représentant Waldeck-Rousseau, fait au nom de la commission chargée de dépouiller le scrutin pour l'élection à la présidence de la république, rapport où l'on avait remarqué cette phrase qui en résumait toute la pensée: «C'est le sceau de son inviolable puissance que la nation, par cette admirable exécution donnée à la loi fondamentale, pose elle-même sur la constitution pour la rendre sainte et inviolable»; au milieu du profond silence des neuf cents constituants réunis en foule et presque au complet, le président de l'assemblée nationale constituante, Armand Marrast, se leva et dit:

«Au nom du peuple français,

«Attendu que le citoyen Charles-Louis-Napoléon Bonaparte, né à Paris, remplit les conditions d'éligibilité prescrites par l'article 44 de la constitution;

«Attendu que, dans le scrutin ouvert sur toute l'étendue du territoire de la république pour l'élection du président, il a réuni la majorité absolue des suffrages;

«En vertu des articles 47 et 48 de la constitution, l'assemblée nationale le proclame président de la république depuis le présent jour jusqu'au deuxième dimanche de mai 1852.»

Un mouvement se fit sur les bancs et dans les tribunes pleines de peuple; le président de l'assemblée constituante ajouta:

«Aux termes du décret, j'invite le citoyen président de la république à vouloir bien se transporter à la tribune pour y prêter serment.»

Les représentants qui encombraient le couloir de droite remontèrent à leurs places et laissèrent le passage libre. Il était environ quatre heures du soir, la nuit tombait, l'immense salle de l'assemblée était plongée à demi dans l'ombre, les lustres descendaient des plafonds, et les huissiers venaient d'apporter les lampes sur la tribune. Le président fit un signe et la porte de droite s'ouvrit.

On vit alors entrer dans la salle et monter rapidement à la tribune un homme jeune encore, vêtu de noir, ayant sur l'habit la plaque et le grand cordon de la légion d'honneur.

Toutes les têtes se tournèrent vers cet homme. Un visage blême dont les lampes à abat-jour faisaient saillir les angles osseux et amaigris, un nez gros et long, des moustaches, une mèche frisée sur un front étroit, l'oeil petit et sans clarté, l'attitude timide et inquiète, nulle ressemblance avec l'empereur; c'était le citoyen Charles-Louis-Napoléon Bonaparte.

Pendant l'espèce de rumeur qui suivit son entrée, il resta quelques instants la main droite dans son habit boutonné, debout et immobile sur la tribune dont le frontispice portait cette date: *22, 23, 24 février*, et au-dessus de laquelle on lisait ces trois mots: *Liberté, Égalité, Fraternité.*

Avant d'être élu président de la république, Charles-Louis-Napoléon Bonaparte était représentant du peuple. Il siégeait dans l'assemblée depuis plusieurs mois, et, quoiqu'il assistât rarement à des séances entières, on l'avait vu assez souvent s'asseoir à la place qu'il avait choisie sur les bancs supérieurs de la gauche, dans la cinquième travée, dans cette zone communément appelée la Montagne, derrière son ancien précepteur, le représentant Vieillard. Cet homme n'était pas une nouvelle figure pour l'assemblée, son entrée y produisit pourtant une émotion profonde. C'est que pour tous, pour ses amis comme pour ses adversaires, c'était l'avenir qui entrait, un avenir inconnu. Dans l'espèce d'immense murmure qui se formait de la parole de tous, son nom courait mêlé aux appréciations les plus diverses. Ses antagonistes racontaient ses aventures, ses coups de main, Strasbourg, Boulogne, l'aigle apprivoisé et le morceau de viande dans le petit chapeau. Ses amis alléguaient son exil, sa proscription, sa prison, un bon livre sur l'artillerie, ses écrits à Ham, empreints, à un certain degré, de l'esprit libéral, démocratique et socialiste, la maturité d'un âge plus sérieux; et à ceux qui rappelaient ses folies ils rappelaient ses malheurs.

Le général Cavaignac, qui, n'ayant pas été nommé président, venait de déposer le pouvoir au sein de l'assemblée avec ce laconisme tranquille qui sied aux républiques, assis à sa place habituelle en tête du banc des ministres à gauche de la tribune, à côté du ministre de la justice Marie, assistait, silencieux et les bras croisés, à cette installation de l'homme nouveau.

Enfin le silence se fit, le président de l'assemblée frappa quelques coups de son couteau de bois sur la table, les dernières rumeurs s'éteignirent, et le président de l'assemblée dit:

—Je vais lire la formule du serment.

Ce moment eut quelque chose de religieux. L'assemblée n'était plus l'assemblée, c'était un temple. Ce qui ajoutait à l'immense signification de ce serment, c'est qu'il était le seul qui fût prêté dans toute l'étendue du territoire de la république. Février avait aboli, avec raison, le serment politique, et la constitution, avec raison également, n'avait conservé que le serment du président. Ce serment avait le double caractère de la nécessité et de la grandeur; c'était le pouvoir exécutif, pouvoir subordonné, qui le prêtait au pouvoir législatif, pouvoir supérieur; c'était mieux que cela encore; à l'inverse de la fiction monarchique où le peuple prêtait serment à l'homme investi de la puissance, c'était l'homme investi de la puissance qui prêtait serment au peuple. Le président, fonctionnaire et serviteur, jurait fidélité au peuple souverain. Incliné devant la majesté nationale visible dans l'assemblée omnipotente, il recevait de l'assemblée la constitution et lui jurait obéissance. Les représentants étaient inviolables, et lui ne l'était pas. Nous le répétons, citoyen responsable devant tous les citoyens, il était dans la nation le seul homme lié de la sorte. De là, dans ce serment unique et suprême, une solennité qui saisissait le coeur. Celui qui écrit ces lignes était assis sur son siège à l'assemblée le jour où ce serment fut prêté. Il est un de ceux qui, en présence du monde civilisé pris à témoin, ont reçu ce serment au nom du peuple, et qui l'ont encore dans leurs mains. Le voici:

«En présence de Dieu et devant le peuple français représenté par l'assemblée nationale, je jure de rester fidèle à la république démocratique une et indivisible et de remplir tous les devoirs que m'impose la constitution.»

Le président de l'assemblée, debout, lut cette formule majestueuse; alors, toute l'assemblée faisant silence et recueillie, le citoyen Charles-Louis-Napoléon Bonaparte, levant la main droite, dit d'une voix ferme et haute:

—Je le jure!

Le représentant Boulay (de la Meurthe), depuis vice-président de la république, et qui connaissait Charles-Louis-Napoléon Bonaparte dès l'enfance, s'écria: *C'est un honnête homme; il tiendra son serment!*

Le président de l'assemblée, toujours debout, reprit, et nous ne citons ici que des paroles textuellement enregistrées au *Moniteur*:—Nous prenons Dieu et les hommes à témoin du serment qui vient d'être prêté. L'assemblée nationale en donne acte, ordonne qu'il sera transcrit au procès-verbal, inséré au *Moniteur*, publié et affiché dans la forme des actes législatifs.

Il semblait que tout fût fini; on s'attendait à ce que le citoyen Charles-Louis-Napoléon Bonaparte, désormais président de la république jusqu'au deuxième dimanche de mai 1852, descendit de la tribune. Il n'en descendit pas; il sentit le noble besoin de se lier plus encore, s'il était possible, et d'ajouter quelque chose au serment que la constitution lui demandait, afin de faire voir à quel point ce serment était chez lui libre et spontané; il demanda la parole.—Vous avez la parole, dit le président de l'assemblée.

L'attention et le silence redoublèrent.

Le citoyen Louis-Napoléon Bonaparte déplia un papier et lut un discours. Dans ce discours il annonçait et il installait le ministère nommé par lui, et il disait:

«Je veux, comme vous, citoyens représentants, rasseoir la société sur ses bases, raffermir les institutions démocratiques, et rechercher tous les moyens propres à soulager les maux de ce peuple généreux et intelligent qui vient de me donner un témoignage si éclatant de sa confiance[1].»

Il remerciait son prédécesseur au pouvoir exécutif, le même qui put dire plus tard ces belles paroles: *Je ne suis pas tombé du pouvoir, j'en suis descendu,* et il le glorifiait en ces termes:

«La nouvelle administration, en entrant aux affaires, doit remercier celle qui l'a précédée des efforts qu'elle a faits pour transmettre le pouvoir intact, pour maintenir la tranquillité publique[2].

«La conduite de l'honorable général Cavaignac a été digne de la loyauté de son caractère et de ce sentiment du devoir qui est la première qualité du chef de l'état[3].»

L'assemblée applaudit à ces paroles; mais ce qui frappa tous les esprits, et ce qui se grava profondément dans toutes les mémoires, ce qui eut un écho dans toutes les consciences loyales, ce fut cette déclaration toute spontanée, nous le répétons, par laquelle il commença:

«Les suffrages de la nation et le serment que je viens de prêter commandent ma conduite future.

«Mon devoir est tracé. Je le remplirai en homme d'honneur.

«Je verrai des ennemis de la patrie dans tous ceux qui tenteraient de changer, par des voies illégales, ce que la France entière a établi.»

Quand il eut fini de parler, l'assemblée constituante se leva et poussa d'une seule voix ce grand cri: Vive la république!

Louis-Napoléon Bonaparte descendit de la tribune, alla droit au général Cavaignac, et lui tendit la main. Le général hésita quelques instants à accepter ce serrement de main. Tous ceux qui venaient d'entendre les paroles de Louis Bonaparte, prononcées avec un accent si profond de loyauté, blâmèrent le général.

La constitution à laquelle Louis-Napoléon Bonaparte prêta serment le 20 décembre 1848 «à la face de Dieu et des hommes» contenait, entre autres articles, ceux-ci:

«ART. 36. Les représentants du peuple sont inviolables.

«ART. 37. Ils ne peuvent être arrêtés en matière criminelle, sauf le cas de flagrant délit, ni poursuivis qu'après que l'assemblée a permis la poursuitc.

«ART. 68. Toute mesure par laquelle le président de la république dissout l'assemblée nationale, la proroge, ou met obstacle à l'exercice de son mandat, est un crime de haute trahison.

«Par ce seul fait, le président est déchu de ses fonctions, les citoyens sont tenus de lui refuser obéissance; le pouvoir exécutif passe de plein droit à l'assemblée nationale. Les juges de la haute cour se réunissent immédiatement à peine de forfaiture; ils convoquent les jurés dans le lieu qu'ils désignent pour procéder au jugement du président et de ses complices; ils nomment eux-mêmes les magistrats chargés de remplir les fonctions du ministère public.»

Moins de trois ans après cette journée mémorable, le 2 décembre 1851, au lever du jour, on put lire, à tous les coins des rues de Paris, l'affiche que voici:

AU NOM DU PEUPLE FRANÇAIS,

LE PRÉSIDENT DE LA RÉPUBLIQUE

«Décrète:

«ART. 1er. L'assemblée nationale est dissoute.

«ART. 2. Le suffrage universel est rétabli. La loi du 31 mai est abrogée.

«ART. 3. Le peuple français est convoqué dans ses comices.

«ART. 4. L'état de siège est décrété dans toute l'étendue de la première division militaire.

«ART. 5. Le conseil d'état est dissous.

«ART. 6. Le ministre de l'intérieur est chargé de l'exécution du présent décret.

«Fait au palais de l'Élysée, le 2 décembre 1851.

«LOUIS-NAPOLÉON BONAPARTE.»

En même temps Paris apprit que quinze représentants du peuple, inviolables, avaient été arrêtés chez eux, dans la nuit, par ordre de Louis-Napoléon Bonaparte.

II

MANDAT DES REPRÉSENTANTS

Ceux qui ont reçu en dépôt pour le peuple, comme représentants du peuple, le serment du 20 décembre 1848, ceux surtout qui, deux fois investis de la confiance de la nation, le virent jurer comme constituants et le virent violer comme législateurs, avaient assumé en même temps que leur mandat deux devoirs. Le premier, c'était: le jour où ce serment serait violé, de se lever, d'offrir leurs poitrines, de ne calculer ni le nombre ni la force de l'ennemi, de couvrir de leurs corps la souveraineté du peuple, et de saisir, pour combattre et pour jeter bas l'usurpateur, toutes les armes, depuis la loi qu'on trouve dans le code jusqu'au pavé qu'on prend dans la rue. Le second devoir, c'était, après avoir accepté le combat et toutes ses chances, d'accepter la proscription et toutes ses misères; de se dresser éternellement debout devant le traître, son serment à la main; d'oublier leurs souffrances intimes, leurs douleurs privées, leurs familles dispersées et mutilées, leurs fortunes détruites, leurs affections brisées, leur coeur saignant, de s'oublier eux-mêmes, et de n'avoir plus désormais qu'une plaie, la plaie de la France; de crier justice! de ne se laisser jamais apaiser ni fléchir, d'être implacables; de saisir l'abominable parjure couronné, sinon avec la main de la loi, du moins avec les tenailles de la vérité, et de faire rougir au feu de l'histoire toutes les lettres de son serment et de les lui imprimer sur la face!

Celui qui écrit ces lignes est de ceux qui n'ont reculé devant rien, le 2 décembre, pour accomplir le premier de ces deux grands devoirs; en publiant ce livre, il remplit le second.

III

MISE EN DEMEURE

Il est temps que la conscience humaine se réveille.

Depuis le 2 décembre 1851, un guet-apens réussi, un crime odieux, repoussant, infâme, inouï, si l'on songe au siècle où il a été commis, triomphe et domine, s'érige en théorie, s'épanouit à la face du soleil, fait des lois, rend des décrets, prend la société, la religion et la famille sous sa protection, tend la main aux rois de l'Europe, qui l'acceptent, et leur dit: mon frère ou mon cousin. Ce crime, personne ne le conteste, pas même ceux qui en profitent et qui en vivent, ils disent seulement qu'il a été «nécessaire»; pas même celui qui l'a commis, il dit seulement, que, lui criminel, il a été «absous». Ce crime contient tous les crimes, la trahison dans la conception, le parjure dans l'exécution, le meurtre et l'assassinat dans la lutte, la spoliation, l'escroquerie et le vol dans le triomphe; ce crime traîne après lui, comme parties intégrantes de lui-même, la suppression des lois, la violation des inviolabilités constitutionnelles, la séquestration arbitraire, la confiscation des biens, les massacres nocturnes, les fusillades secrètes, les commissions remplaçant les tribunaux, dix mille citoyens déportés, quarante mille citoyens proscrits, soixante mille familles ruinées et désespérées. Ces choses sont patentes. Eh bien! ceci est poignant à dire, le silence se fait sur ce crime; il est là, on le touche, on le voit, on passe outre et l'on va à ses affaires; la boutique ouvre, la Bourse agiote, le commerce, assis sur son ballot, se frotte les mains, et nous touchons presque au moment où l'on va trouver cela tout simple. Celui qui aune de l'étoffe n'entend pas que le mètre qu'il a dans la main lui parle et lui dit: «C'est une fausse mesure qui gouverne.» Celui qui pèse une denrée n'entend pas que sa balance élève la voix et lui dit: «C'est un faux poids qui règne.» Ordre étrange que celui-là, ayant pour base le désordre suprême, la négation de tout droit! l'équilibre fondé sur l'iniquité!

Ajoutons, ce qui, du reste, va de soi, que l'auteur de ce crime est un malfaiteur de la plus cynique et de la plus basse espèce.

À l'heure qu'il est, que tous ceux qui portent une robe, une écharpe ou un uniforme, que tous ceux qui servent cet homme le sachent, s'ils se croient les agents d'un pouvoir, qu'ils se détrompent. Ils sont les camarades d'un pirate. Depuis le 2 décembre, il n'y a plus en France de fonctionnaires, il n'y a que des complices. Le moment est venu que chacun se rende bien compte de ce qu'il a fait et de ce qu'il continue de faire. Le gendarme qui a arrêté ceux que l'homme de Strasbourg et de Boulogne appelle des «insurgés», a arrêté les gardiens de la constitution. Le juge qui a jugé, les combattants de Paris ou des provinces, a mis sur la sellette les soutiens de la loi. L'officier qui a gardé à fond de cale les «condamnés», a détenu les défenseurs de la république et de l'état. Le général d'Afrique qui emprisonne à Lambessa les déportés courbés sous le soleil, frissonnants de fièvre, creusant dans la terre brûlée un sillon qui sera leur fosse, ce général-là séquestre, torture et assassine les hommes du droit. Tous, généraux, officiers, gendarmes, juges, sont en pleine forfaiture. Ils ont devant eux plus que des innocents, des héros! plus que des victimes, des martyrs!

Qu'on le sache donc, et qu'on se hâte, et, du moins, qu'on brise les chaînes, qu'on tire les verrous, qu'on vide les pontons, qu'on ouvre les geôles, puisqu'on n'a pas encore le courage de saisir l'épée! Allons, consciences, debout! éveillez-vous, il est temps!

Si la loi, le droit, le devoir, la raison, le bon sens, l'équité, la justice, ne suffisent pas, qu'on songe à l'avenir. Si le remords se tait, que la responsabilité parle!

Et que tous ceux qui, propriétaires, serrent la main d'un magistrat; banquiers, fêtent un général; paysans, saluent un gendarme; que tous ceux qui ne s'éloignent pas de l'hôtel où est le ministre, de la maison où est le préfet, comme d'un lazaret; que tous ceux qui, simples citoyens, non fonctionnaires, vont aux bals et aux banquets de Louis Bonaparte et ne voient pas que le drapeau noir est sur l'Élysée, que tous ceux-là le sachent également, ce genre d'opprobre est contagieux; s'ils échappent à la complicité matérielle, ils n'échappent pas à la complicité morale.

Le crime du 2 décembre les éclabousse.

La situation présente, qui semble calme à qui ne pense pas, est violente, qu'on ne s'y méprenne point. Quand la moralité publique s'éclipse, il se fait dans l'ordre social une ombre qui épouvante.

Toutes les garanties s'en vont, tous les points d'appui s'évanouissent.

Désormais il n'y a pas en France un tribunal, pas une cour, pas un juge qui puisse rendre la justice et prononcer une peine, à propos de quoi que ce soit, contre qui que ce soit, au nom de quoi que ce soit.

Qu'on traduise devant les assises un malfaiteur quelconque, le voleur dira aux juges: Le chef de l'état a volé vingt-cinq millions à la Banque; le faux témoin dira aux juges: Le chef de l'état a fait un serment à la face de Dieu et des hommes, et ce serment, il l'a violé; le coupable de séquestration arbitraire dira: Le chef de l'état a arrêté et détenu contre toutes les lois les représentants du peuple souverain; l'escroc dira: Le chef de l'état a escroqué son mandat, escroqué le pouvoir, escroqué les Tuileries; le faussaire dira: Le chef de l'état a falsifié un scrutin; le bandit du coin du bois dira: Le chef de l'état a coupé leur bourse aux princes d'Orléans; le meurtrier dira: Le chef de l'état a fusillé, mitraillé, sabré et égorgé les passants dans les rues;—et tous ensemble, escroc, faussaire, faux témoin, bandit, voleur, assassin, ajouteront:—Et vous, juges, vous êtes allés saluer cet homme, vous êtes allés le louer de s'être parjuré, le complimenter d'avoir fait un faux, le glorifier d'avoir escroqué, le féliciter d'avoir volé et le remercier d'avoir assassiné! qu'est-ce que vous nous voulez?

Certes, c'est là un état de choses grave. S'endormir sur une telle situation, c'est une ignominie de plus.

Il est temps, répétons-le, que ce monstrueux sommeil des consciences finisse. Il ne faut pas qu'après cet effrayant scandale, le triomphe du crime, ce scandale plus effrayant encore soit donné aux hommes: l'indifférence du monde civilisé.

Si cela était, l'histoire apparaîtrait un jour comme une vengeresse; et dès à présent, de même que les lions blessés s'enfoncent dans les solitudes, l'homme juste, voilant sa face en présence de cet abaissement universel, se réfugierait dans l'immensité du mépris.

IV

ON SE RÉVEILLERA

Mais cela ne sera pas; on se réveillera.

Ce livre n'a pas d'autre but que de secouer ce sommeil. La France ne doit pas même adhérer à ce gouvernement par le consentement de la léthargie; à de certaines heures, en de certains lieux, à de certaines ombres, dormir, c'est mourir.

Ajoutons qu'au moment où nous sommes, la France, chose étrange à dire et pourtant réelle, ne sait rien de ce qui s'est passé le 2 décembre et depuis, ou le sait mal, et c'est là qu'est l'excuse. Cependant, grâce à plusieurs publications généreuses et courageuses, les faits commencent à percer. Ce livre est destiné à en mettre quelques-uns en lumière, et, s'il plaît à Dieu, à les présenter tous sous leur vrai jour. Il importe qu'on sache un peu ce que c'est que M. Bonaparte. À l'heure qu'il est, grâce à la suppression de la tribune, grâce à la suppression de la presse, grâce à la suppression de la parole, de la liberté et de la vérité, suppression qui a eu pour résultat de tout permettre à M. Bonaparte, mais qui a en même temps pour effet de frapper de nullité tous ses actes sans exception, y compris l'inqualifiable scrutin du 20 décembre, grâce, disons-nous, à cet étouffement de toute plainte et de toute clarté, aucune chose, aucun homme, aucun fait, n'ont leur vraie figure et ne portent leur vrai nom; le crime de M. Bonaparte n'est pas crime, il s'appelle nécessité; le guet-apens de M. Bonaparte n'est pas guet-apens, il s'appelle défense de l'ordre; les vols de M. Bonaparte ne sont pas vols, ils s'appellent mesures d'état; les meurtres de M. Bonaparte ne sont pas meurtres, ils s'appellent salut public; les complices de M. Bonaparte ne sont pas des malfaiteurs, ils s'appellent magistrats, sénateurs et conseillers d'état; les adversaires de M. Bonaparte ne sont pas les soldats de la loi et du droit, ils s'appellent jacques, démagogues et partageux. Aux yeux de la France, aux yeux de l'Europe, le 2 décembre est encore masqué. Ce livre n'est pas autre chose qu'une main qui sort de l'ombre et qui lui arrache le masque.

Allons, nous allons exposer ce triomphe de l'ordre; nous allons peindre ce gouvernement vigoureux, assis, carré, fort; ayant pour lui une foule de petits jeunes gens qui ont plus d'ambition que de bottes, beaux fils et vilains gueux; soutenu à la Bourse par Fould le juif, et à l'église par Montalembert le catholique; estimé des femmes qui veulent être filles et des hommes qui veulent être préfets; appuyé sur la coalition des prostitutions; donnant des fêtes; faisant des cardinaux; portant cravate blanche et claque sous le bras, ganté beurre frais comme Morny, verni à neuf comme Maupas, frais brossé comme Persigny, riche, élégant, propre, doré, brossé, joyeux, né dans une mare de sang.

Oui, on se réveillera!

Oui, on sortira de cette torpeur qui, pour un tel peuple, est la honte; et quand la France sera réveillée, quand elle ouvrira les yeux, quand elle distinguera, quand elle verra ce qu'elle a devant elle et à côté d'elle, elle reculera, cette France, avec un frémissement terrible, devant ce monstrueux forfait qui a osé l'épouser dans les ténèbres et dont elle a partagé le lit.

Alors l'heure suprême sonnera.

Les sceptiques sourient et insistent; ils disent: «— N'espérez rien. Ce régime, selon vous, est la honte de la France. Soit; cette honte est cotée à la Bourse. N'espérez rien. Vous êtes des poètes et des rêveurs si vous espérez. Regardez donc; la tribune, la presse, l'intelligence, la parole, la pensée, tout ce qui était la liberté a disparu. Hier cela remuait, cela vivait, aujourd'hui cela est pétrifié. Eh bien! on est content, on s'accommode de cette pétrification, on en tire parti, on y fait ses affaires, on vit là-dessus comme à l'ordinaire. La société continue, et force honnêtes gens trouvent les choses bien ainsi. Pourquoi voulez-vous que cette situation change? pourquoi voulez-vous que cette situation finisse? Ne vous faites pas illusion, ceci est solide, ceci est stable, ceci est le présent et l'avenir.»

Nous sommes en Russie. La Néva est prise. On bâtit des maisons dessus; de lourds chariots lui marchent sur le dos. Ce n'est plus de l'eau, c'est de la roche. Les passants vont et viennent sur ce marbre qui a été un fleuve. On improvise une ville, on trace des rues, on ouvre des boutiques, on vend, on achète, on boit, on mange, on dort, on allume du feu sur cette eau. On peut tout se permettre. Ne craignez rien, faites ce qu'il vous plaira, riez, dansez, c'est plus solide que la terre ferme. Vraiment, cela sonne sous le pied comme du granit. Vive l'hiver! vive la glace! en voilà pour l'éternité. Et regardez le ciel, est-il jour? est-il nuit? Une lueur blafarde et blême se traîne sur la neige; on dirait que le soleil meurt.

Non, tu ne meurs pas, liberté! Un de ces jours, au moment où on s'y attendra le moins, à l'heure même où on t'aura le plus profondément oubliée, tu te lèveras!—ô éblouissement! on verra tout à coup ta face d'astre sortir de terre et resplendir à l'horizon. Sur toute cette neige, sur toute cette glace, sur cette plaine dure et blanche, sur cette eau devenue bloc, sur tout cet infâme hiver, tu lanceras ta flèche d'or, ton ardent et éclatant rayon! la lumière, la chaleur, la vie!—Et alors, écoutez! entendez-vous ce bruit sourd? entendez-vous ce craquement profond et formidable? c'est la débâcle! c'est la Néva qui s'écroule! c'est le fleuve qui reprend son cours! c'est l'eau vivante, joyeuse et terrible qui soulève la glace hideuse et morte et qui la brise!—C'était du granit, disiez-vous; voyez, cela se fend comme une vitre! c'est la débâcle, vous dis-je! c'est la vérité qui revient; c'est le progrès qui recommence, c'est l'humanité qui se remet en marche et qui charrie, entraîne, arrache, emporte, heurte, mêle, écrase et noie dans ses flots, comme les pauvres misérables meubles d'une masure, non-seulement l'empire tout neuf de Louis Bonaparte, mais toutes les constructions et toutes les oeuvres de l'antique despotisme éternel! Regardez passer tout cela. Cela disparaît à jamais. Vous ne le reverrez plus. Ce livre à demi submergé, c'est le vieux code d'iniquité! Ce tréteau qui s'engloutit, c'est le trône! cet autre tréteau qui s'en va, c'est l'échafaud!

Et pour cet engloutissement immense, et pour cette victoire suprême de la vie sur la mort, qu'a-t-il fallu? Un de tes regards, ô soleil! un de tes rayons, ô liberté!

V

BIOGRAPHIE

Charles-Louis-Napoléon Bonaparte, né à Paris le 20 avril 1808, est fils d'Hortense de Beauharnais, mariée par l'empereur à Louis-Napoléon, roi de Hollande. En 1831, mêlé aux insurrections d'Italie, où son frère aîné fut tué, Louis Bonaparte essaya de renverser la papauté. Le 30 octobre 1835 il tenta de renverser Louis-Philippe. Il avorta à Strasbourg, et, gracié par le roi, s'embarqua pour l'Amérique, laissant juger ses complices derrière lui. Le 11 novembre il écrivait: «Le roi, *dans sa clémence*, a ordonné que je fusse conduit en Amérique»; il se déclarait «vivement touché de *la générosité* du roi», ajoutant: «Certes nous sommes tous coupables envers le gouvernement d'avoir pris les armes contre lui, mais *le plus coupable, c'est moi*», et terminait ainsi: «J'étais *coupable* envers le gouvernement; or le gouvernement a été *généreux* envers moi[4].» Il revint d'Amérique en Suisse, se fit nommer capitaine d'artillerie à Berne et bourgeois de Salenstein en Turgovie, évitant également, au milieu des complications diplomatiques causées par sa présence, de se déclarer français et de s'avouer suisse, et se bornant, pour rassurer le gouvernement français, à affirmer, par une lettre du 20 août 1838, qu'il vit «presque seul» dans la maison «où sa mère est morte», et que sa ferme volonté «est de rester tranquille». Le 6 août 1840, il débarqua à Boulogne, parodiant le débarquement à Cannes, coiffé du petit chapeau[5], apportant un aigle doré au bout d'un drapeau et un aigle vivant dans une cage, force proclamations, et soixante valets, cuisiniers et palefreniers, déguisés en soldats français avec des uniformes achetés au Temple et des boutons du 42e de ligne fabriqués à Londres. Il jette de l'argent aux passants dans les rues de Boulogne, met son chapeau à la pointe de son épée, et crie lui-même: *vive l'empereur;* tire à un officier[6] un coup de pistolet qui casse trois dents à un soldat, et s'enfuit. Il est pris, on trouve sur lui cinq cent mille francs en or et en bank-notes[7]; le procureur général Franck-Carré lui dit en pleine cour des pairs: «Vous avez fait pratiquer l'embauchage et distribuer l'argent pour acheter la trahison.» Les pairs le condamnent à la prison perpétuelle. On l'enferme à Ham. Là son esprit parut se replier et mûrir; il écrivit et publia des livres empreints, malgré une certaine ignorance de la France et du siècle, de démocratie et de progrès: l'*Extinction du paupérisme*, l'*Analyse de la question des sucres*, les *Idées napoléoniennes*, où il fit l'empereur «humanitaire». Dans un livre intitulé *Fragments historiques*, il écrivit: «Je suis citoyen avant d'être Bonaparte.» Déjà en 1832, dans son livre des *Rêveries politiques*, il s'était déclaré «républicain». Après six ans de captivité, il s'échappa de la prison de Ham, déguisé en maçon, et se réfugia en Angleterre. Février arriva, il acclama la république, vint siéger comme représentant du peuple à l'assemblée constituante, monta à la tribune le 21 septembre 1848, et dit: «Toute ma vie sera consacrée à l'affermissement de la république», publia un manifeste qui peut se résumer en deux lignes: liberté, progrès, démocratie, amnistie, abolition des décrets de proscription et de bannissement; fut élu président par cinq millions cinq cent mille voix, jura solennellement la constitution le 20 décembre 1848, et, le 2 décembre 1851, la brisa. Dans l'intervalle il avait détruit la république romaine et restauré en 1849 cette papauté qu'il voulait jeter bas en 1831. Il avait en outre pris on ne sait quelle part à l'obscure affaire dite Loterie des lingots d'or; dans les semaines qui ont précédé le coup d'état, ce sac était devenu transparent et l'on y avait aperçu une main qui ressemblait à la sienne. Le 2 décembre et les jours suivants, il a, lui pouvoir exécutif, attenté au pouvoir législatif, arrêté les représentants, chassé l'assemblée, dissous le conseil d'état, expulsé la haute cour de justice, supprimé les lois, pris vingt-cinq millions à la Banque, gorgé l'armée d'or, mitraillé Paris, terrorisé la France; depuis il a proscrit quatrevingt-quatre représentants du peuple, volé aux princes d'Orléans les biens de Louis-Philippe leur père, auquel il devait la vie, décrété le despotisme en cinquante-huit articles sous le titre de constitution, garrotté la république, fait de l'épée de la France un bâillon dans la bouche de la liberté, brocanté les chemins de fer, fouillé les poches du peuple, réglé le budget par ukase, déporté en Afrique et à Cayenne dix mille démocrates, exilé en Belgique, en Espagne, en Piémont, en Suisse et en Angleterre quarante mille républicains, mis dans toutes les âmes le deuil et sur tous les fronts la rougeur.

Louis Bonaparte croit monter au trône, il ne s'aperçoit pas qu'il monte au poteau.

VI

PORTRAIT

Louis Bonaparte est un homme de moyenne taille, froid, pâle, lent, qui a l'air de n'être pas tout à fait réveillé. Il a publié, nous l'avons rappelé déjà, un traité assez estimé sur l'artillerie, et connaît à fond la manoeuvre du canon. Il monte bien à cheval. Sa parole traîne avec un léger accent allemand. Ce qu'il y a d'histrion en lui a paru au tournoi d'Eglington. Il a la moustache épaisse et couvrant le sourire comme le duc d'Albe, et l'oeil éteint comme Charles IX.

Si on le juge en dehors de ce qu'il appelle «ses actes nécessaires» ou «ses grands actes», c'est un personnage vulgaire, puéril, théâtral et vain. Les personnes invitées chez lui, l'été, à Saint-Cloud, reçoivent, en même temps que l'invitation, l'ordre d'apporter une toilette du matin et une toilette du soir. Il aime la gloriole, le pompon, l'aigrette, la broderie, les paillettes et les passe quilles, les grands mots, les grands titres, ce qui sonne, ce qui brille, toutes les verroteries du pouvoir. En sa qualité de parent de la bataille d'Austerlitz, il s'habille en général.

Peu lui importe d'être méprisé, il se contente de la figure du respect.

Cet homme ternirait le second plan de l'histoire, il souille le premier. L'Europe riait de l'autre continent en regardant Haïti quand elle a vu apparaître ce Soulouque blanc. Il y a maintenant en Europe, au fond de toutes les intelligences, même à l'étranger, une stupeur profonde, et comme le sentiment d'un affront personnel; car le continent européen, qu'il le veuille ou non, est solidaire de la France, et ce qui abaisse la France humilie l'Europe.

Avant le 2 décembre, les chefs de la droite disaient volontiers de Louis Bonaparte: *C'est un idiot.* Ils se trompaient. Certes ce cerveau est trouble, ce cerveau a des lacunes, mais on peut y déchiffrer par endroits plusieurs pensées de suite et suffisamment enchaînées. C'est un livre où il y a des pages arrachées. Louis Bonaparte a une idée fixe, mais une idée fixe n'est pas l'idiotisme. Il sait ce qu'il veut, et il y va. À travers la justice, à travers la loi, à travers la raison, à travers l'honnêteté, à travers l'humanité, soit, mais il y va.

Ce n'est pas un idiot. C'est un homme d'un autre temps que le nôtre. Il semble absurde et fou parce qu'il est dépareillé. Transportez-le au seizième siècle en Espagne, et Philippe II le reconnaîtra; en Angleterre, et Henri VIII lui sourira; en Italie, et César Borgia lui sautera au cou. Ou même bornez-vous à le placer hors de la civilisation européenne, mettez-le, en 1817, à Janina, Ali Tepeleni lui tendra la main.

Il y a en lui du moyen âge et du bas-empire. Ce qu'il fait eût semblé tout simple à Michel Ducas, à Romain Diogène, à Nicéphore Botoniate, à l'eunuque Narsès, au vandale Stilicon, à Mahomet II, à Alexandre VI, à Ezzelin de Padoue, et lui semble tout simple à lui. Seulement il oublie ou il ignore qu'au temps où nous sommes ses actions auront à traverser ces grands effluves de moralité humaine dégagées par nos trois siècles lettrés et par la révolution française, et que, dans ce milieu, ses actions prendront leur vraie figure et apparaîtront ce qu'elles sont, hideuses.

Ses partisans—il en a—le mettent volontiers en parallèle avec son oncle, le premier Bonaparte. Ils disent: «L'un a fait le 18 brumaire, l'autre a fait le 2 décembre; ce sont deux ambitieux.» Le premier Bonaparte voulait réédifier l'empire d'occident, faire l'Europe vassale, dominer le continent de sa puissance et l'éblouir de sa grandeur, prendre un fauteuil et donner aux rois des tabourets, faire dire à l'histoire: Nemrod, Cyrus, Alexandre, Annibal, César, Charlemagne, Napoléon, être un maître du monde. Il l'a été. C'est pour cela qu'il a fait le 18 brumaire. Celui-ci veut avoir des chevaux et des filles, être appelé monseigneur, et bien vivre. C'est pour cela qu'il a fait le 2 décembre. Ce sont deux ambitieux; la comparaison est juste.

Ajoutons que, comme le premier, celui-ci veut aussi être empereur. Mais ce qui calme un peu les comparaisons, c'est qu'il y a peut-être quelque différence entre conquérir l'empire et le filouter.

Quoi qu'il en soit, ce qui est certain, et ce que rien ne peut voiler, pas même cet éblouissant rideau de gloire et de malheur sur lequel on lit: Arcole, Lodi, les Pyramides, Eylau, Friedland, Sainte-Hélène, ce qui est certain, disons-nous, c'est que le 18 brumaire est un crime dont le 2 décembre a élargi la tache sur la mémoire de Napoléon.

M. Louis Bonaparte se laisse volontiers entrevoir socialiste. Il sent qu'il y a là pour lui une sorte de champ vague, exploitable à l'ambition. Nous l'avons dit, il a passé son temps dans sa prison à se faire une quasi-réputation de démocrate. Un fait le peint. Quand il publia, étant à Ham, son livre sur l'*Extinction du paupérisme*, livre en apparence ayant pour but unique et exclusif de sonder la plaie des misères du peuple et d'indiquer les moyens de la guérir, il envoya l'ouvrage à un de ses amis avec ce billet, qui a passé sous nos yeux: «Lisez ce travail sur le paupérisme, et dites-moi si vous pensez qu'il soit de nature *à me faire du bien.*»

Le grand talent de M. Louis Bonaparte, c'est le silence.

Avant le 2 décembre, il avait un conseil des ministres qui s'imaginait être quelque chose, étant responsable. Le président présidait. Jamais, ou presque jamais, il ne prenait part aux discussions. Pendant que MM. Odilon Barrot, Passy, Tocqueville, Dufaure ou Faucher parlaient, *il construisait avec une attention profonde*, nous disait un de ses ministres, *des cocottes en papier, ou dessinait des bonshommes sur les dossiers*.

Faire le mort, c'est là son art. Il reste muet et immobile, en regardant d'un autre côté que son dessein, jusqu'à l'heure venue. Alors il tourne la tête et fond sur sa proie. Sa politique vous apparaît brusquement à un tournant inattendu, le pistolet au poing, *ut fur*. Jusque-là, le moins de mouvement possible. Un moment, dans les trois années qui viennent de s'écouler, on le vit de front avec Changarnier, qui, lui aussi, méditait de son côté une entreprise. *Ibant obscuri*, comme dit Virgile. La France considérait avec une certaine anxiété ces deux hommes. Qu'y a-t-il entre eux? L'un ne rêve-t-il pas Cromwell? l'autre ne rêve-t-il pas Monk? On s'interrogeait et on les regardait. Chez l'un et chez l'autre même attitude de mystère, même tactique d'immobilité. Bonaparte ne disait pas un mot, Changarnier ne faisait pas un geste; l'un ne bougeait point, l'autre ne soufflait pas; tous deux semblaient jouer à qui serait le plus statue.

Ce silence, cependant, Louis Bonaparte le rompt quelquefois. Alors il ne parle pas, il ment. Cet homme ment comme les autres hommes respirent. Il annonce une intention honnête, prenez garde; il affirme, méfiez-vous; il fait un serment, tremblez.

Machiavel a fait des petits. Louis Bonaparte en est un.

Annoncer une énormité dont le monde se récrie, la désavouer avec indignation, jurer ses grands dieux, se déclarer honnête homme, puis, au moment où l'on se rassure et où l'on rit de l'énormité en question, l'exécuter. Ainsi il a fait pour le coup d'état, ainsi pour les décrets de proscription, ainsi pour la spoliation des princes d'Orléans; ainsi il fera pour l'invasion de la Belgique et de la Suisse, et pour le reste. C'est là son procédé; pensez-en ce que vous voudrez; il s'en sert, il le trouve bon, cela le regarde. Il aura à démêler la chose avec l'histoire.

On est de son cercle intime; il laisse entrevoir un projet qui semble, non immoral, on n'y regarde pas de si près, mais insensé et dangereux, et dangereux pour lui-même; on élève des objections; il écoute, ne répond pas, cède quelquefois pour deux ou trois jours, puis reprend son dessein, et fait sa volonté.

Il y a à sa table, dans son cabinet de l'Élysée, un tiroir souvent entr'ouvert. Il tire de là un papier, le lit à un ministre, c'est un décret. Le ministre adhère ou résiste. S'il résiste, Louis Bonaparte rejette le papier dans le tiroir où il y a beaucoup d'autres paperasses, rêves d'homme tout-puissant, ferme ce tiroir, en prend la clef, et s'en va sans dire un mot. Le ministre salue et se retire charmé de la déférence. Le lendemain matin, le décret est au *Moniteur*.

Quelquefois avec la signature du ministre.

Grâce à cette façon de faire, il a toujours à son service l'inattendu, grande force; et, ne rencontrant en lui-même aucun obstacle intérieur dans ce que les autres hommes appellent conscience, il pousse son dessein, n'importe à travers quoi, nous l'avons dit, n'importe sur quoi, et touche son but.

Il recule quelquefois, non devant l'effet moral de ses actes, mais devant l'effet matériel. Les décrets d'expulsion de quatrevingt-quatre représentants, publiés le 6 janvier par *le Moniteur*, révoltèrent le sentiment public. Si bien liée que fût la France, on sentit le tressaillement. On était encore très près du 2 décembre; toute émotion pouvait avoir son danger. Louis Bonaparte le comprit. Le lendemain 10, un second décret d'expulsion devait paraître, contenant huit cents noms. Louis Bonaparte se fit apporter l'épreuve du *Moniteur*, la liste remplissait quatorze colonnes du journal officiel. Il froissa l'épreuve, la jeta au feu, et le décret ne parut pas. Les proscriptions continuèrent, sans décret.

Dans ses entreprises il a besoin d'aides et de collaborateurs; il lui faut ce qu'il appelle lui-même «des hommes». Diogène les cherchait tenant une lanterne, lui il les cherche un billet de banque à la main. Il les trouve. De certains côtés de la nature humaine produisent toute une espèce de personnages dont il est le centre naturel et qui se groupent nécessairement autour de lui selon cette mystérieuse loi de gravitation qui ne régit pas moins l'être moral que l'atome cosmique. Pour entreprendre «l'acte du 2 décembre», pour l'exécuter et pour le compléter, il lui fallait de ces hommes; il en eut. Aujourd'hui il en est environné; ces hommes lui font cour et cortège; ils mêlent leur rayonnement au sien. À de certaines époques de l'histoire, il y a des pléiades de grands hommes; à d'autres époques, il y a des pléiades de chenapans.

Pourtant, ne pas confondre l'époque, la minute de Louis Bonaparte, avec le dix-neuvième siècle; le champignon vénéneux pousse au pied du chêne, mais n'est pas le chêne.

M. Louis Bonaparte a réussi. Il a pour lui désormais l'argent, l'agio, la banque, la bourse, le comptoir, le coffre-fort, et tous ces hommes qui passent si facilement d'un bord à l'autre quand il n'y a à enjamber que de la honte. Il a fait de M. Changarnier une dupe, de M. Thiers une bouchée, de M. de Montalembert un complice, du pouvoir une caverne, du budget sa métairie. On grave à la Monnaie une médaille, dite médaille du 2 décembre, en l'honneur de la manière dont il tient ses serments. La frégate *la Constitution* a été débaptisée, et s'appelle la frégate *l'Élysée*. Il peut, quand il voudra, se faire sacrer par M. Sibour et échanger la couchette de l'Élysée contre le lit des Tuileries. En attendant, depuis sept mois, il s'étale; il a harangué, triomphé, présidé des banquets, donné des bals, dansé, régné, paradé et fait la roue; il s'est épanoui dans sa laideur à une loge d'Opéra, il s'est fait appeler prince-président, il a distribué des drapeaux à l'armée et des croix d'honneur aux commissaires de police. Quand il s'est agi de se choisir un symbole, il s'est effacé et a pris l'aigle; modestie d'épervier.

VII

POUR FAIRE SUITE AUX PANÉGYRIQUES

Il a réussi. Il en résulte que les apothéoses ne lui manquent pas. Des panégyristes, il en a plus que Trajan. Une chose me frappe pourtant, c'est que dans toutes les qualités qu'on lui reconnaît depuis le 2 décembre, dans tous les éloges qu'on lui adresse, il n'y a pas un mot qui sorte de ceci: habileté, sang-froid, audace, adresse, affaire admirablement préparée et conduite, instant bien choisi, secret bien gardé, mesures bien prises. Fausses clefs bien faites. Tout est là. Quand ces choses sont dites, tout est dit, à part quelques phrases sur la «clémence»; et encore est-ce qu'on n'a pas loué la magnanimité de Mandrin qui, quelquefois, ne prenait pas tout l'argent, et de Jean l'Écorcheur qui, quelquefois, ne tuait pas tous les voyageurs!

En dotant M. Bonaparte de douze millions, plus quatre millions pour l'entretien des châteaux, le sénat, doté par M. Bonaparte d'un million, félicite M. Bonaparte d'avoir «sauvé la société», à peu près comme un personnage de comédie en félicite un autre d'avoir «sauvé la caisse».

Quant à moi, j'en suis encore à chercher, dans les glorifications que font de M. Bonaparte ses plus ardents apologistes, une louange qui ne conviendrait pas à Cartouche et à Poulailler après un bon coup; et je rougis quelquefois, pour la langue française et pour le nom de Napoléon, des termes vraiment un peu crus et trop peu gazés et trop appropriés aux faits, dans lesquels la magistrature et le clergé félicitent cet homme pour avoir volé le pouvoir avec effraction de la constitution et s'être nuitamment évadé de son serment.

Après que toutes les effractions et tous les vols dont se compose le succès de sa politique ont été accomplis, il a repris son vrai nom; chacun alors a reconnu que cet homme était un monseigneur. C'est M. Fortoul[8], disons-le en son honneur, qui s'en est aperçu le premier.

Quand on mesure l'homme et qu'on le trouve si petit, et qu'ensuite on mesure le succès et qu'on le trouve si énorme, il est impossible que l'esprit n'éprouve pas quelque surprise. On se demande: comment a-t-il fait? On décompose l'aventure et l'aventurier, et, en laissant à part le parti qu'il tire de son nom et certains faits extérieurs dont il s'est aidé dans son escalade, on ne trouve au fond de l'homme et de son procédé que deux choses, la ruse et l'argent.

La ruse; nous avons caractérisé déjà ce grand côté de Louis Bonaparte, mais il est utile d'y insister.

Le 27 novembre 1848, il disait à ses concitoyens dans son manifeste:

«Je me sens obligé de vous faire connaître mes sentiments et mes principes. *Il ne faut pas qu'il y ait d'équivoque entre vous et moi. Je ne suis pas un ambitieux...* Élevé dans les pays *libres*, à l'école du malheur, *je resterai toujours fidèle* aux devoirs que m'imposeront vos suffrages et les volontés de l'assemblée.

«Je mettrai mon honneur à laisser, au bout de quatre ans, à mon successeur, le pouvoir affermi, la liberté intacte, un progrès réel accompli.»

Le 31 décembre 1849, dans son premier message à l'assemblée, il écrivait: «Je veux être digne de la confiance de la nation en maintenant la constitution *que j'ai jurée.*» Le 12 novembre 1850, dans son second message annuel à l'assemblée, il disait: «Si la constitution renferme des vices et des dangers, vous êtes libres de les faire ressortir aux yeux du pays; moi seul, *lié par mon serment*, je me renferme dans les strictes limites qu'elle a tracées.» Le 4 septembre de la même année, à Caen, il disait: «Lorsque partout la prospérité semble renaître, il serait bien coupable, celui qui tenterait d'en arrêter l'essor *par le changement de ce qui existe aujourd'hui.*» Quelque temps auparavant, le 22 juillet 1849, lors de l'inauguration du chemin de fer de Saint-Quentin, il était allé à Ham, il s'était frappé la poitrine devant les souvenirs de Boulogne, et il avait prononcé ces paroles solennelles:

«Aujourd'hui qu'élu par la France entière je suis devenu le chef légitime de cette grande nation, je ne saurais me glorifier d'une captivité qui avait pour cause *l'attaque contre un gouvernement régulier.*

«Quand on a vu combien les révolutions les plus justes entraînent de maux après elles, on comprend à peine *l'audace d'avoir voulu assumer sur soi la terrible responsabilité d'un changement*; je ne me plains donc pas d'avoir *expié ici*, par un emprisonnement de six années, *ma témérité contre les lois de ma patrie*, et c'est avec bonheur que, dans ces lieux mêmes où j'ai souffert, je vous propose un toast en l'honneur des hommes qui sont déterminés, malgré leurs convictions, *à respecter les institutions de leur pays.*[9]»

Tout en disant cela, il conservait au fond de son coeur, et il l'a prouvé depuis à sa façon, cette pensée écrite par lui dans cette même prison de Ham: «Rarement les grandes entreprises réussissent du premier coup.»

Vers la mi-novembre 1851, le représentant F..., élyséen, dînait chez M. Bonaparte:

—Que dit-on dans Paris et à l'assemblée? demanda le président au représentant.

—Hé, prince!

—Eh bien?

—On parle toujours...

—De quoi?

—Du coup d'état.

—Et l'assemblée, y croit-elle?

—Un peu, prince.

—Et vous?

—Moi, pas du tout.

Louis Bonaparte prit vivement les deux mains de M. F..., et lui dit avec attendrissement:

—Je vous remercie, monsieur F...; vous, du moins vous ne me croyez pas un coquin!

Ceci se passait quinze jours avant le 2 décembre.

À cette époque, et dans ce moment-là même, de l'aveu du complice Maupas, on préparait Mazas.

L'argent; c'est là l'autre force de M. Bonaparte.

Parlons des faits prouvés juridiquement par les procès de Strasbourg et de Boulogne.

À Strasbourg, le 30 octobre 1836, le colonel Vaudrey, complice de M. Bonaparte, charge les maréchaux des logis du 4e régiment d'artillerie de «partager entre les canonniers de chaque batterie deux pièces d'or».

Le 5 août 1840, dans le paquebot, nolisé par lui, *la Ville d'Edimbourg*, en mer, M. Bonaparte appelle autour de lui les soixante pauvres diables, ses domestiques, qu'il avait trompés en leur faisant accroire qu'il allait à Hambourg en excursion de plaisir; il les harangue du haut d'une de ses voitures accrochées sur le pont, leur déclare son projet, leur jette leurs déguisements de soldats, et leur donne à chacun cent francs par tête; puis il les fait boire. Un peu de crapule ne gâte pas les grandes entreprises.— «J'ai vu, a dit devant la cour des pairs le témoin Hobbs[10], garçon de barre, j'ai vu dans la chambre beaucoup d'argent. Les passagers me paraissaient lire des imprimés... Les passagers ont passé toute la nuit à boire et à manger. Je ne faisais rien autre chose que de déboucher des bouteilles et servir à manger.» Après le garçon de barre, voici le capitaine. Le juge d'instruction demande au capitaine Crow:—«Avez-vous vu les passagers boire?»—Crow: «Avec excès; je n'ai jamais vu semblable chose[11].» On débarque, on rencontre le poste de douaniers de Wimereux. M. Louis Bonaparte débute par offrir au lieutenant de douaniers une pension de douze cents francs. Le juge d'instruction:—«N'avez-vous pas offert au commandant du poste une somme d'argent s'il voulait marcher avec vous?—Le prince: «Je la lui ai fait offrir, mais il l'a refusée[12].»

On arrive à Boulogne. Ses aides de camp—il en avait dès lors—portaient suspendus à leur cou des rouleaux de fer-blanc pleins de pièces d'or. D'autres suivaient avec des sacs de monnaie à la main[13]. On jette de l'argent aux pêcheurs et aux paysans en les invitant à crier: vive l'empereur! «Il suffit de trois cents gueulards», avait dit un des conjurés[14].

Louis Bonaparte aborde le 42e, caserné à Boulogne. Il dit au voltigeur Georges Koehly: *Je suis Napoléon*; vous aurez des grades et des décorations. Il dit au voltigeur Antoine Gendre: *Je suis le fils de Napoléon*; nous allons à l'hôtel du Nord commander un dîner pour moi et pour vous. Il dit au voltigeur Jean Meyer: *Vous serez bien payés*; il dit au voltigeur Joseph Mény: *Vous viendrez à Paris, vous serez bien payés[15].*

Un officier à côté de lui tenait à la main son chapeau plein de pièces de cinq francs qu'il distribuait aux curieux, en disant: Criez: vive l'empereur![16]

Le grenadier Geoffroy, dans sa déposition, caractérise en ces termes la tentative faite sur sa chambrée par un officier et par un sergent, du complot: «Le sergent portait une bouteille, et l'officier avait le sabre à la main.» Ces deux lignes, c'est tout le 2 décembre.

Poursuivons.

«Le lendemain, 17 juin, le commandant Mésonan, que je croyais parti, entre dans mon cabinet, annoncé toujours par mon aide de camp. Je lui dis: Commandant, je vous croyais parti.—Non, mon général, je ne suis pas parti. J'ai une lettre à vous remettre.—Une lettre! et de qui?—Lisez, mon général.

«Je le fais asseoir; je prends la lettre; mais, au moment de l'ouvrir, je m'aperçus que la suscription portait: À M. *le commandant Mésonan*. Je lui dis:

«Mais, mon cher commandant, c'est pour vous, ce n'est pas pour moi.—Lisez, mon général!—J'ouvre la lettre et je lis:

«—Mon cher commandant, il est de la plus grande nécessité que vous voyiez de suite le général en question; vous savez que c'est un homme d'exécution et sur qui on peut compter. Vous savez aussi que c'est un homme que j'ai noté pour être un jour maréchal de France. *Vous lui offrirez 100,000 francs de ma part*, et vous lui demanderez chez quel banquier ou chez quel notaire il veut *que je lui fasse compter 300,000 francs*, dans le cas où il perdrait son commandement.»

«Je m'arrêtai, l'indignation me gagnant; je tournai le feuillet, et je vis que la lettre était signée: *Louis-Napoléon*...

...«Je remis cette lettre au commandant, en lui disant que c'était un parti ridicule et perdu.»

Qui parle ainsi? le général Magnan. Où? en pleine cour des pairs. Devant qui? Quel est l'homme assis sur la sellette, l'homme que Magnan couvre de «ridicule», l'homme vers lequel Magnan tourne sa face «indignée»? Louis Bonaparte.

L'argent, et avec l'argent l'orgie, ce fut là son moyen d'action dans ses trois entreprises, à Strasbourg, à

Boulogne, à Paris. Deux avortements, un succès. Magnan, qui se refusa à Boulogne, se vendit à Paris. Si Louis Bonaparte avait été vaincu le 2 décembre, de même qu'on a trouvé sur lui, à Boulogne, les cinq cent mille francs de Londres, on aurait trouvé à l'Élysée les vingt-cinq millions de la Banque.

Il y a donc eu en France, il faut en venir à parler froidement de ces choses, en France, dans ce pays de l'épée, dans ce pays des chevaliers, dans ce pays de Hoche, de Drouot et de Bayard, il y a eu un jour où un homme, entouré de cinq ou six grecs politiques, experts en guet-apens et maquignons de coups d'état, accoudé dans un cabinet doré, les pieds sur les chenets, le cigare à la bouche, a tarifé l'honneur militaire, l'a pesé dans un trébuchet comme denrée, comme chose vendable et achetable, a estimé le général un million et le soldat un louis, et a dit de la conscience de l'armée française: cela vaut tant.

Et cet homme est le neveu de l'empereur.

Du reste, ce neveu n'est pas superbe; il sait s'accommoder aux nécessités de ses aventures, et il prend facilement et sans révolte le pli quelconque de la destinée. Mettez-le à Londres, et, qu'il ait intérêt à complaire au gouvernement anglais, il n'hésitera point, et, de cette même main qui veut saisir le sceptre de Charlemagne, il empoignera le bâton du policeman. Si je n'étais Napoléon, je voudrais être Vidocq.

Et maintenant la pensée s'arrête.

Et voilà par quel homme la France est gouvernée! Que dis-je, gouvernée? possédée souverainement!

Et chaque jour, et tous les matins, par ses décrets, par ses messages, par ses harangues, par toutes les fatuités inouïes qu'il étale dans le *Moniteur*, cet émigré, qui ne connaît pas la France, fait la leçon à la France! et ce faquin dit à la France qu'il l'a sauvée! Et de qui? d'elle-même! Avant lui la providence ne faisait que des sottises; le bon Dieu l'a attendu pour tout remettre en ordre; enfin il est venu! Depuis trente-six ans il y avait en France toutes sortes de choses pernicieuses: cette «sonorité», la tribune; ce vacarme, la presse; cette insolence, la pensée; cet abus criant, la liberté; il est venu, lui, et à la place de la tribune il a mis le sénat; à la place de la presse, la censure; à la place de la pensée, l'ineptie; à la place de la liberté, le sabre; et de par le sabre, la censure, l'ineptie et le sénat, la France est sauvée! Sauvée, bravo! et de qui, je le répète? d'elle-même; car, qu'était-ce que la France, s'il vous plaît? c'était une peuplade de pillards, de voleurs, de Jacques, d'assassins et de démagogues. Il a fallu la lier, cette forcenée, cette France, et c'est M. Bonaparte Louis qui lui a mis les poucettes. Maintenant elle est au cachot, à la diète, au pain et à l'eau, punie, humiliée, garrottée, sous bonne garde; soyez tranquilles, le sieur Bonaparte, gendarme à la résidence de l'Élysée, en répond à l'Europe; il en fait son affaire; cette misérable France a la camisole de force, et si elle bouge!...—Ah! qu'est-ce que c'est que ce spectacle-là? qu'est-ce que c'est que ce rêve-là? qu'est-ce que c'est que ce cauchemar-là? d'un côté une nation, la première des nations, et de l'autre un homme, le dernier des hommes, et voilà ce que cet homme fait à cette nation! Quoi! il la foule aux pieds, il lui rit au nez, il la raille, il la brave, il la nie, il l'insulte, il la bafoue! Quoi! il dit: il n'y a que moi! Quoi! dans ce pays de France où l'on ne pourrait pas souffleter un homme, on peut souffleter le peuple! Ah! quelle abominable honte! chaque fois que M. Bonaparte crache, il faut que tous les visages s'essuient! Et cela pourrait durer! et vous me dites que cela durera! non! non! par tout le sang que nous avons tous dans les veines, non! cela ne durera pas! Ah! si cela durait, c'est qu'en effet il n'y aurait pas de Dieu dans le ciel, ou qu'il n'y aurait plus de France sur la terre!

LIVRE DEUXIEME

LE GOUVERNEMENT

I

LA CONSTITUTION

Roulement de tambour; manants, attention!

«LE PRÉSIDENT DE LA RÉPUBLIQUE,

«Considérant que—toutes les lois restrictives de la liberté de la presse ayant été rapportées, toutes les lois contre l'affichage et le colportage ayant été abolies, le droit de réunion ayant été pleinement rétabli, toutes les lois inconstitutionnelles et toutes les mesures d'état de siége ayant été supprimées, chaque citoyen ayant pu dire ce qu'il a voulu par toutes les formes de publicité, journal, affiche, réunion électorale, tous les engagements pris, notamment le serment du 20 décembre 1848, ayant été scrupuleusement tenus, tous les faits ayant été approfondis, toutes les questions posées et éclaircies, toutes les candidatures publiquement débattues sans qu'on puisse alléguer que la moindre violence ait été exercée contre le moindre citoyen,—dans la liberté la plus complète, en un mot;

«Le peuple souverain, interrogé sur cette question:

«Le peuple français entend-il se remettre pieds et poings liés à la discrétion de M. Louis Bonaparte?»

«A répondu OUI par sept millions cinq cent mille suffrages. (*Interruption de l'auteur*:—Nous reparlerons des 7,500,000 suffrages.)

«PROMULGUE

«LA CONSTITUTION DONT LA TENEUR SUIT:

«*Article premier.* La constitution reconnaît, confirme et garantit les grands principes proclamés en 1789, et qui sont la base du droit public des français.

«*Article deuxième et suivants.* La tribune et la presse, qui entravaient la marche du progrès, sont remplacées par la police et la censure et par les discussions secrètes du sénat, du corps législatif et du conseil d'état.

«*Article dernier.* Cette chose qu'on appelait l'intelligence humaine est supprimée.

«Fait au palais des Tuileries, 14 janvier 1852.

«LOUIS-NAPOLÉON.»

«Vu et scellé du grand sceau.

«*Le garde des sceaux, ministre de la justice,*

«E. ROUHER.»

Cette constitution, qui proclame et affirme hautement la révolution de 1789 dans ses principes et dans ses conséquences, et qui abolit seulement la liberté, a été évidemment et heureusement inspirée à M. Bonaparte par une vieille affiche d'un théâtre de province qu'il est à propos de rappeler:

AUJOURD'HUI

GRANDE REPRÉSENTATION

DE

LA DAME BLANCHE

OPÉRA EN 3 ACTES

Nota. La musique, qui embarrassait la marche de l'action, sera remplacée par un dialogue vif et piquant.

II
LE SÉNAT

Le dialogue vif et piquant, c'est le conseil d'état, le corps législatif et le sénat.

Il y a donc un sénat? Sans doute. Ce «grand corps», ce «pouvoir pondérateur», ce «modérateur suprême» est même la principale splendeur de la constitution. Occupons-nous-en.

Sénat. C'est un sénat. De quel sénat parlez-vous? Est-ce du sénat qui délibérait sur la sauce à laquelle l'empereur mangerait le turbot? Est-ce du sénat dont Napoléon disait, le 5 avril 1814: «Un signe était un ordre pour le sénat, et il faisait toujours plus qu'on ne désirait de lui»? Est-ce du sénat dont Napoléon disait en 1805: «Les lâches ont eu peur de me déplaire»?[17] Est-ce du sénat qui arrachait à peu près le même cri à Tibère: «Ah! les infâmes! plus esclaves qu'on ne veut!» Est-ce du sénat qui faisait dire à Charles XII: «Envoyez ma botte à Stockholm.—Pourquoi faire, sire? demandait le ministre.—Pour présider le sénat.»—Non, ne plaisantons pas. Ils sont quatrevingts cette année, ils seront cent cinquante l'an prochain. Ils ont, à eux seuls, et en toute jouissance, quatorze articles de la constitution, depuis l'article 19 jusqu'à l'article 33. Ils sont «gardiens des libertés publiques»; leurs fonctions sont gratuites, article 22; en conséquence, ils ont de quinze à trente mille francs par an. Ils ont cette spécialité de toucher leur traitement, et cette propriété de «ne point s'opposer» à la promulgation des lois. Ils sont tous des illustrations»[18]. Ceci n'est pas un «sénat manqué»[19], comme celui de l'autre Napoléon;

ceci est un sénat sérieux; les maréchaux en sont, les cardinaux en sont, M. Leboeuf en est.

—Que faites-vous dans ce pays? demande-t-on au sénat.—Nous sommes chargés de garder les libertés publiques.—Qu'est-ce que tu fais dans cette ville? demande Pierrot à Arlequin.—Je suis chargé, dit Arlequin, de peigner le cheval de bronze.

«On sait ce que c'est que l'esprit de corps; cet esprit poussera le sénat à augmenter par tous les moyens son pouvoir. Il détruira, s'il le peut, le corps législatif, et, si l'occasion s'en présente, il pactisera avec les Bourbons.»

Qui dit ceci? le premier consul. Où? Aux Tuileries, en avril 1804.

«Sans titre, sans pouvoir, et en violation de tous les principes, il a livré la patrie et consommé sa ruine. Il a été le jouet de hauts intrigants... Je ne sache pas de corps qui doive s'inscrire dans l'histoire avec plus d'ignominie que le sénat.»

Qui dit cela? l'empereur. Où? À Sainte-Hélène.

Il y a donc un sénat dans la «constitution du 14 janvier». Mais, franchement, c'est une faute. On est accoutumé, maintenant que l'hygiène publique a fait des progrès, à voir la voie publique mieux tenue que cela. Depuis le sénat de l'empire, nous croyions qu'on ne déposait plus de sénat le long des constitutions.

III

LE CONSEIL D'ÉTAT ET LE CORPS LÉGISLATIF

Il y a aussi le conseil d'état et le corps législatif: le conseil d'état joyeux, payé, joufflu, rose, gras, frais, l'oeil vif, l'oreille rouge, le verbe haut, l'épée au côté, du ventre, brodé en or; le corps législatif, pâle, maigre, triste, brodé en argent. Le conseil d'état va, vient, entre, sort, revient, règle, dispose, décide, tranche, ordonne, voit face à face Louis-Napoléon. Le corps législatif marche sur la pointe du pied, roule son chapeau dans ses mains, met le doigt sur sa bouche, sourit humblement, s'assied sur le coin de sa chaise, et ne parle que quand on l'interroge. Ses paroles étant naturellement obscènes, défense aux journaux d'y faire la moindre allusion. Le corps législatif vote les lois et l'impôt, article 39, et quand, croyant avoir besoin d'un renseignement, d'un détail, d'un chiffre, d'un éclaircissement, il se présente chapeau bas à la porte des ministères pour parler aux ministres, l'huissier l'attend dans l'antichambre et lui donne, en éclatant de rire, une chiquenaude sur le nez. Tels sont les droits du corps législatif.

Constatons que cette situation mélancolique commençait en juin 1852 à arracher quelques soupirs aux individus élégiaques qui font partie de la chose. Le rapport de la commission du budget restera dans la mémoire des hommes comme un des plus déchirants chefs-d'oeuvre du genre plaintif. Redisons ces suaves accents:

«Autrefois, vous le savez, les communications nécessaires en pareil cas existaient directement entre les commissions et les ministres. C'est à ceux-ci qu'on s'adressait pour obtenir les documents indispensables à l'examen des affaires. Ils venaient eux-mêmes, avec les chcfs de leurs différents services, donner des explications verbales, suffisantes souvent pour prévenir toute discussion ultérieure. Et les résolutions que la commission du budget arrêtait après les avoir entendus étaient directement soumises à la chambre.

«Aujourd'hui nous ne pouvons avoir de rapport avec le gouvernement que par l'intermédiaire du conseil d'état, qui, confident et organe de sa pensée, a seul le droit de transmettre au corps législatif les documents qu'à son tour il se fait remettre par les ministres.

«En un mot, pour les rapports écrits comme pour les communications verbales, les commissaires du gouvernement remplacent les ministres avec lesquels ils ont dû préalablement s'entendre.

«Quant aux modifications que la commission peut vouloir proposer, soit par suite d'adoption d'amendements présentés par des députés, soit d'après son propre examen du budget, elles doivent, avant que vous soyez appelés à en délibérer, être renvoyées au conseil d'état et y être discutées.

«Là (il est impossible de ne pas le faire remarquer) elles n'ont pas d'interprètes, pas de défenseurs officiels.

«Ce mode de procéder paraît dériver de la constitution elle-même; et, *si nous en parlons*, c'est *uniquement* pour vous montrer qu'il a dû entraîner des *lenteurs* dans l'accomplissement de la tâche de la commission du budget[20].»

On n'est pas plus tendre dans le reproche; il est impossible de recevoir avec plus de chasteté et de grâce ce que M. Bonaparte, dans son style d'autocrate, appelle des «*garanties de calme*[21]», et ce que Molière, dans sa liberté de grand écrivain, appelle des «coups de pied[22]...»

Il y a donc dans la boutique où se fabriquent les lois et les budgets un maître de la maison, le conseil d'état, et un domestique, le corps législatif. Aux termes de la «constitution», qui est-ce qui nomme le maître de la maison? M. Bonaparte. Qui est-ce qui nomme le domestique? La nation. C'est bien.

IV

LES FINANCES

Notons qu'à l'ombre de ces «institutions sages» et grâce au coup d'état, qui, comme on sait, a rétabli l'ordre, les finances, la sécurité, et la prospérité publique, le budget, de l'aveu de M. Gouin, se solde avec cent vingt-trois millions de déficit.

Quant au mouvement commercial depuis le coup d'état, quant à la prospérité des intérêts, quant à la reprise des affaires, il suffit, pour l'apprécier, de rejeter les mots et de prendre les chiffres. En fait de chiffres, en voici un qui est officiel et qui est décisif: les escomptes de la Banque de France n'ont produit pendant le premier semestre de 1852 que 589,502 fr. 62 c. pour la caisse centrale, et les bénéfices des succursales ne se sont élevés qu'à 651,108 fr. 7 c. C'est la Banque elle-même qui en convient dans son rapport semestriel.

Du reste M. Bonaparte ne se gêne pas avec l'impôt. Un beau matin il s'éveille, bâille, se frotte les yeux, prend une plume et décrète quoi? le budget. Achmet III voulut un jour lever des impôts à sa fantaisie.

—Invincible seigneur, lui dit son vizir, tes sujets ne peuvent être imposés au delà de ce que la loi et le prophète prescrivent.

Ce même Bonaparte étant à Ham avait écrit:

«Si les sommes prélevées chaque année sur la généralité des habitants sont employées à des usages improductifs, comme à créer *des places inutiles, à élever des monuments stériles, à entretenir au milieu d'une paix profonde une armée plus dispendieuse que celle qui vainquit à Austerlitz,* l'impôt dans ce cas devient un fardeau écrasant; il épuise le pays, il prend sans rendre[23].»

À propos de ce mot, budget, une observation nous vient à l'esprit. Aujourd'hui, en 1852, les évêques et les conseillers à la cour de cassation ont cinquante francs par jour, les archevêques, les conseillers d'état, les premiers présidents et les procureurs généraux ont par jour chacun soixante-neuf francs; les sénateurs, les préfets et les généraux de division reçoivent par jour quatrevingt-trois francs; les présidents de section du conseil d'état, par jour, deux cent vingt-deux francs; les ministres, par jour, deux cent cinquante-deux francs; monseigneur le prince-président, en comprenant comme de juste dans sa dotation la somme pour les châteaux royaux, touche par jour quarante-quatre mille quatre cent quarante-quatre francs quarante-quatre centimes. On a fait la révolution du 2 décembre contre les Vingt-Cinq Francs!

V

LA LIBERTÉ DE LA PRESSE

Nous venons de voir ce que c'est que la législature, ce que c'est que l'administration, ce que c'est que le budget.

Et la justice! Ce qu'on appelait autrefois la cour de cassation n'est plus que le greffe d'enregistrement des conseils de guerre. Un soldat sort du corps de garde et écrit en marge du livre de la loi: *je veux* ou *je ne veux pas*. Partout le caporal ordonne et le magistrat contre-signe. Allons, retroussez vos toges, marchez, ou sinon!...—De là ces jugements, ces arrêts, ces condamnations abominables! Quel spectacle que ce troupeau de juges, la tête basse et le dos tendu, menés, la crosse aux reins, aux iniquités et aux turpitudes!

Et la liberté de la presse! qu'en dire? N'est-il pas dérisoire seulement de prononcer ce mot? Cette presse libre, honneur de l'esprit français, clarté faite de tous les points à la fois sur toutes les questions, éveil perpétuel de la nation, où est-elle? qu'est-ce que M. Bonaparte en a fait? Elle est où est la tribune. À Paris, vingt journaux anéantis; dans les départements, quatrevingts; cent journaux supprimés; c'est-à-dire, à ne voir que le côté matériel de la question, le pain ôté à d'innombrables familles; c'est-à-dire, sachez-le, bourgeois, cent maisons confisquées, cent métairies prises à leurs propriétaires, cent coupons de rente arrachés du grand-livre. Identité profonde des principes; la liberté supprimée, c'est la propriété détruite. Que les idiots égoïstes, applaudisseurs du coup d'état, méditent ceci!

Pour loi de la presse, un décret posé sur elle; un fetfa, un firman daté de l'étrier impérial; le régime de l'avertissement. On le connaît, ce régime. On le voit tous les jours à l'oeuvre. Il fallait ces gens-là pour inventer cette chose-là. Jamais le despotisme ne s'est montré plus lourdement insolent et bête que dans cette espèce de censure du lendemain, qui précède et annonce la suppression, et qui donne la bastonnade à un journal avant de le tuer. Dans ce gouvernement le niais corrige l'atroce et le tempère. Tout le décret de la presse peut se résumer en une ligne: Je permets que tu parles, mais j'exige que tu te taises. Qui donc règne? Est-ce Tibère? Est-ce Schahabaham?—Les trois quarts des journalistes républicains déportés ou proscrits, le reste traqué par les commissions mixtes, dispersé, errant, caché; çà et là, dans quatre ou cinq journaux survivants, dans quatre ou cinq journaux indépendants, mais guettés, sur la tête desquels pend le gourdin de Maupas, quinze ou vingt écrivains courageux, sérieux, purs, honnêtes, généreux, qui écrivent, la chaîne au cou et le boulet au pied; le talent entre deux factionnaires, l'indépendance bâillonnée, l'honnêteté gardée à vue, et Veuillot criant: Je suis libre!

VI

NOUVEAUTÉS EN FAIT DE LÉGALITÉ

La presse a le droit d'être censurée, le droit d'être avertie, le droit d'être suspendue, le droit d'être supprimée; elle a même le droit d'être jugée. Jugée! par qui? Par les tribunaux. Quels tribunaux? les tribunaux correctionnels. Et cet excellent jury trié? Progrès; il est dépassé. Le jury est loin derrière nous, nous revenons aux juges du gouvernement: «La répression est plus rapide et plus efficace», comme dit maître Rouher. Et puis, c'est mieux; appelez les causes: police correctionnelle, sixième chambre; première affaire, le nommé Roumage, escroc; deuxième affaire, le nommé Lamennais, écrivain. Cela fait bon effet, et accoutume le bourgeois à dire indistinctement un écrivain et un escroc.—Certes, c'est là un avantage; mais au point de vue pratique, au point de vue de la «pression», le gouvernement est-il bien sûr de ce qu'il a fait là? est-il bien sûr que la sixième chambre vaudra mieux que cette bonne cour d'assises de Paris, par exemple, laquelle avait pour la présider des Partarieu-Lafosse si abjects, et pour la haranguer des Suin si bas et des Mongis si plats? Peut-il raisonnablement espérer que les juges correctionnels seront encore plus lâches et plus méprisables que cela? Ces juges-là, tout payés qu'ils sont, travailleront-ils mieux que ce jury-escouade, qui avait le ministère public pour caporal et qui prononçait des condamnations et gesticulait des verdicts avec la précision de la charge en douze temps, si bien que le préfet de police Carlier disait avec bonhomie à un avocat célèbre, M. Desm.: *—Le jury! quelle bête d'institution! quand on ne le fait pas, jamais il ne condamne; quand on* *le fait, il condamne toujours.*—Pleurons cet honnête jury que Carlier faisait et que Rouher a défait.

Ce gouvernement se sent hideux. Il ne veut pas de portrait, surtout pas de miroir. Comme l'orfraie, il se réfugie dans la nuit; si on le voyait, il en mourrait. Or il veut durer. Il n'entend pas qu'on parle de lui; il n'entend pas qu'on le raconte. Il a imposé le silence à la presse en France. On vient de voir comment. Mais faire taire la presse en France, ce n'est qu'un demi-succès. On veut la faire taire à l'étranger. On a essayé deux procès en Belgique; procès du *Bulletin français*, procès de *la Nation*. Le loyal jury belge a acquitté. C'est gênant. Que fait-on? On prend les journaux belges par la bourse. Vous avez des abonnés en France; si vous nous «discutez», vous n'entrerez pas. Voulez-vous entrer? Plaisez. On tâche de prendre les journaux anglais par la peur. Si vous nous «discutez»...—décidément, non, on ne veut pas être *discuté!*—nous chasserons de France vos correspondants. La presse anglaise a éclaté de rire. Mais ce n'est pas tout. Il y a des écrivains français hors de France. Ils sont proscrits, c'est-à-dire libres. S'ils allaient parler, ceux-là? S'ils allaient écrire, ces démagogues? Ils en sont bien capables; il faut les en empêcher. Comment faire? bâillonner les gens à distance, ce n'est pas aisé. M. Bonaparte n'a pas le bras si long que ça. Essayons pourtant, on leur fera des procès là où ils seront. Soit, les jurys des pays libres comprendront que ces proscrits représentent la justice et que le gouvernement bonapartiste, c'est l'iniquité. Ces jurys feront ce qu'a fait le jury belge, ils acquitteront. On priera les gouvernements amis d'expulser ces expulsés, de bannir ces bannis. Soit, les proscrits iront ailleurs; ils trouveront toujours un coin de terre libre où ils pourront parler. Comment faire pour les atteindre? Rouher s'est cotisé avec Baroche, et à eux deux, ils ont trouvé ceci: bâcler une loi sur les crimes commis par les français à l'étranger, et y glisser les «délits de presse». Le conseil d'état a dit oui et le corps législatif n'a pas dit non. Aujourd'hui c'est fait. Si nous parlons hors de la France, on nous jugera en France; prison (pour l'avenir, en cas), amendes et confiscations. Soit encore. Ce livre-ci sera donc jugé en France et l'auteur dûment condamné, je m'y attends, et je me borne à prévenir les individus quelconques, se disant magistrats, qui, en robe noire ou en robe rouge, brasseront la chose, que le cas échéant, la condamnation à un maximum quelconque bel et bien prononcée, rien n'égalera mon dédain pour le jugement, si ce n'est mon mépris pour les juges. Ceci est mon plaidoyer.

VII
LES ADHÉRENTS

Qui se groupe autour de l'établissement? Nous l'avons dit, le coeur se soulève d'y songer. Ah! ces gouvernants d'aujourd'hui, nous les proscrits d'à présent, nous nous les rappelons lorsqu'ils étaient représentants du peuple, il y a un an seulement, et qu'ils allaient et venaient dans les couloirs de l'assemblée, la tête haute, avec des façons d'indépendance et des allures et des airs de s'appartenir. Quelle superbe! et comme on était fier! comme on mettait la main sur son coeur en criant vive la république! Et si, à la tribune, quelque «terroriste», quelque «montagnard», quelque «rouge» faisait allusion au coup d'état comploté et à l'empire projeté, comme on lui vociférait: Vous êtes un calomniateur! Comme on haussait les épaules au mot de sénat!—L'empire aujourd'hui, s'écriait l'un, ce serait la boue et le sang; vous nous calomniez, nous n'y tremperons jamais!—l'autre affirmait qu'il n'était ministre du président que pour se dévouer à la défense de la constitution et des lois; l'autre glorifiait la tribune comme le palladium du pays; l'autre rappelait le serment de Louis Bonaparte, et disait: Doutez-vous que ce soit un honnête homme? Ceux-ci, ils sont deux, ont été jusqu'à voter et signer sa déchéance, le 2 décembre, dans la mairie du dixième arrondissement; cet autre a envoyé le 4 décembre un billet à celui qui écrit ces lignes pour le «féliciter d'avoir dicté la proclamation de la gauche qui met Louis Bonaparte *hors la loi*...»—Et les voilà sénateurs, conseillers d'état, ministres, passementés, galonnés, dorés! Infâmes! avant de broder vos manches, lavez vos mains!

M. Q.-B. va trouver M. O.-B. et lui dit: «—Comprenez-vous l'aplomb de ce Bonaparte? n'a-t-il pas osé m'offrir une place de maître des requêtes?—Vous avez refusé?—Certes.» Le lendemain, offre d'une place de conseiller d'état, vingt-cinq mille francs; le maître des requêtes indigné devient un conseiller d'état attendri. M. Q.-B. accepte.

Une classe d'hommes s'est ralliée en masse, les imbéciles. Ils composent la partie saine du corps législatif. C'est à eux que le «chef de l'état» adresse ce boniment:—«La première épreuve de la constitution, d'origine toute française, a dû vous convaincre que nous possédions les conditions d'un gouvernement fort et libre... Le contrôle est sérieux, la discussion est libre et le vote de l'impôt décisif... Il y a en France un gouvernement animé de la foi et de l'amour du bien, qui repose sur le peuple, source de tout pouvoir; sur l'armée, source de toute force; sur la religion, source de toute justice. Recevez l'assurance de mes sentiments.» Ces braves dupes, nous les connaissons aussi; nous en avons vu bon nombre sur les bancs de la majorité à l'assemblée législative. Leurs chefs, opérateurs habiles, avaient réussi à les terrifier, moyen sûr de les conduire où l'on voulait. Ces chefs, ne pouvant plus employer utilement les anciens épouvantails, les mots *jacobin* et *sans-culotte*, décidément trop usés, avaient remis à neuf le mot *démagogue*. Ces meneurs, rompus aux pratiques et aux manoeuvres, exploitaient le mot «la Montagne» avec succès; ils agitaient à propos cet effrayant et magnifique souvenir. Avec ces quelques lettres de l'alphabet, groupées en syllabes et accentuées convenablement:—démagogie,—montagnards,—partageux,—communistes, rouges,—ils faisaient passer des lueurs devant les yeux des niais. Ils avaient trouvé moyen de pervertir les cerveaux de leurs collègues ingénus au point d'y incruster, pour ainsi dire, des espèces de dictionnaires où chacune des expressions dont se servaient les orateurs et les écrivains de la démocratie se trouvait immédiatement traduite.—*Humanité*, lisez: *Férocité*;—*Bien-être universel*, lisez: *Bouleversement*—;—*République*, lisez:*Terrorisme*;—*Socialisme*, lisez:*Pillage*;—*Fraternité*, lisez:*Massacre*; *Évangile*, lisez: *Mort aux riches*. De telle sorte que lorsqu'un orateur de la gauche disait, par exemple: *Nous voulons la suppression de la guerre et l'abolition de la peine de mort*, une foule de pauvres gens, à droite, entendaient distinctement:*Nous voulons tout mettre à feu et à sang*, et, furieux, montraient le poing à l'orateur. Après de tels discours où il n'avait été question que de liberté, de paix universelle, de bien-être par le travail, de concorde et de progrès, on voyait les représentants de cette catégorie que nous avons désignée en tête de ce paragraphe se lever tout pâles; ils n'étaient pas bien sûrs de n'être pas déjà guillotinés et s'en allaient chercher leurs chapeaux pour voir s'ils avaient encore leurs têtes.

Ces pauvres êtres effarés n'ont pas marchandé leur adhésion au 2 décembre. C'est pour eux qu'a été spécialement inventée la locution:—«Louis-Napoléon a sauvé la société.»

Et ces éternels préfets, ces éternels maires, ces éternels capitouls, ces éternels échevins, ces éternels complimenteurs du soleil levant ou du lampion allumé, qui arrivent, le lendemain du succès, au vainqueur, au triomphateur, au maître, à sa majesté Napoléon le Grand, à sa majesté Louis XVIII, à sa majesté Alexandre Ier, à sa majesté Charles X, à sa majesté Louis-Philippe, au citoyen Lamartine, au citoyen Cavaignac, à monseigneur le prince-président, agenouillés, souriants, épanouis, apportant dans des plats les clefs de leurs villes et sur leurs faces les clefs de leurs consciences!

Mais les imbéciles, c'est vieux, les imbéciles ont toujours fait partie de toutes les institutions et sont presque une institution eux-mêmes; et quant aux préfets et capitouls, quant à ces adorateurs de tous les lendemains, insolents de bonheur et de platitude, cela s'est vu dans tous les temps. Rendons justice au régime de décembre; il n'a pas seulement ces partisans-là, il a des adhérents et des créatures qui ne sont qu'à lui; il a produit des notabilités tout à fait neuves.

Les nations ne connaissent jamais toutes leurs richesses en fait de coquins. Il faut cette espèce de bouleversements, ce genre de déménagements pour les leur faire voir. Alors les peuples s'émerveillent de ce qui sort de la poussière. C'est splendide à contempler. Tel qui était chaussé, vêtu et famé à faire crier après soi tous les chienlits d'Europe, surgit ambassadeur. Celui-ci, qui entrevoyait Bicêtre et la Roquette, se réveille général et grand-aigle de la légion d'honneur. Tout aventurier endosse un habit officiel, s'accommode un bon oreiller bourré de billets de Banque, prend une feuille de papier blanc, et écrit dessus: Fin de mes aventures.—Vous savez bien? un tel?—Oui. Il est aux galères?—Non, il est ministre.

VIII

MENS AGITAT MOLEM

Au centre est l'homme; l'homme que nous avons dit; l'homme punique; l'homme fatal, attaquant la civilisation pour arriver au pouvoir, cherchant, ailleurs que dans le vrai peuple, on ne sait quelle popularité féroce, exploitant les côtés encore sauvages du paysan et du soldat, tâchant de réussir par les égoïsmes grossiers, par les passions brutales, par les envies éveillées, par les appétits excités; quelque chose comme Marat prince, au but près qui, chez Marat, était grand et, chez Louis Bonaparte, est petit; l'homme qui tue, qui déporte, qui exile, qui expulse, qui proscrit, qui spolie; cet homme au geste accablé, à l'oeil vitreux, qui marche d'un air distrait au milieu des choses horribles qu'il fait, comme une sorte de somnambule sinistre.

On a dit de Louis Bonaparte, soit en mauvaise part, soit en bonne part, car ces êtres étranges ont d'étranges flatteurs:—«C'est un dictateur, c'est un despote, rien de plus.»—C'est cela à notre avis, et c'est aussi autre chose.

Le dictateur était un magistrat. Tite-Live[24] et Cicéron[25] l'appellent *proetor maximus*; Sénèque[26] l'appelle *magister populi*; ce qu'il décrétait était tenu pour arrêt d'en haut; Tite-Live[27] dit:*pro numine observatum.* Dans ces temps de civilisation incomplète, la rigidité des lois antiques n'ayant pas tout prévu, sa fonction était de pourvoir au salut du peuple il était le produit de ce texte: *salus populi lex esto* Il faisait porter devant lui les vingt-quatre haches, signes du droit de vie et de mort. Il était en dehors de la loi, au-dessus de la loi, mais il ne pouvait toucher à la loi. La dictature était un voile derrière lequel la loi restait entière. La loi était avant le dictateur et était après le dictateur. Elle le ressaisissait à sa sortie. Il était nommé pour un temps très court, six mois; *semestris dictatura*, dit Tite-Live[28]. Habituellement, comme si cet énorme pouvoir, même librement consenti par le peuple, finissait par peser comme un remords, le dictateur se démettait avant la fin du terme. Cincinnatus s'en alla au bout de huit jours. Il était interdit au dictateur de disposer des deniers publics sans autorisation du sénat, et de sortir de l'Italie. Il ne pouvait monter à cheval sans la permission du peuple. Il pouvait être plébéien; Marcius Rutilus et Publius Philo furent dictateurs. On créait un dictateur pour des objets fort divers,—pour établir des fêtes à l'occasion des jours saints,—pour enfoncer un clou sacré dans le mur du temple de Jupiter,—une fois, pour nommer le sénat. Rome république porta quatrevingt-huit dictateurs. Cette institution intermittente dura cent cinquante-trois ans, de l'an 552 de Rome à l'an 705. Elle commença par Servilius Geminus et arriva à César en passant par Sylla. À César elle expira. La dictature était faite pour être répudiée par Cincinnatus et épousée par César. César fut cinq fois dictateur en cinq ans, de 706 à 711. Cette magistrature était dangereuse; elle finit par dévorer la liberté.

M. Bonaparte est-il un dictateur? nous ne voyons pas d'inconvénient à répondre oui. *Prætor maximus*, général en chef? le drapeau le salue. *Magister populi*, maître du peuple? demandez aux canons braqués sur les places publiques. *Pro numine observatum*, tenu pour dieu? demandez à M. Troplong. Il a nommé le sénat; il a institué des jours fériés; il a pourvu au «salut de la société»; il a enfoncé un clou sacré dans le mur du Panthéon et il a accroché à ce clou son coup d'état. Seulement il fait et défait la loi à sa fantaisie, il monte à cheval sans permission, et quant aux six mois, il prend un peu plus de temps. César avait pris cinq ans, il prend le double; c'est juste. Jules César cinq, M. Louis Bonaparte dix, la proportion est gardée.

Du dictateur passons au despote. C'est l'autre qualification presque acceptée par M. Bonaparte. Parlons un peu la langue du bas-empire. Elle sied au sujet.

Le Despotès venait après le Basileus. Il était, entre autres attributs, général de l'infanterie et de la cavalerie, *magister utriusque exercitus*. Ce fut l'empereur Alexis, surnommé l'Ange, qui créa la dignité de despotès. Le despotès était moins que l'empereur et au-dessus du sebastocrator ou auguste et du césar.

On voit que c'est aussi un peu cela. M. Bonaparte est despotès en admettant, ce qui est facile, que Magnan soit césar et que Maupas soit auguste.

Despote, dictateur, c'est admis. Tout ce grand éclat, tout ce triomphant pouvoir, n'empêchent pas qu'il ne se passe dans Paris de petits incidents comme celui-ci, que d'honnêtes badauds, témoins du fait, vous racontent tout rêveurs: Deux hommes cheminent dans la rue, ils causent de leurs affaires, de leur négoce. L'un d'eux parle de je ne sais quel fripon dont il croit avoir à se plaindre. C'est un malheureux, dit-il, c'est un escroc, c'est un gueux. Un agent de police entend ces derniers mots:—*Monsieur*, dit-il, *vous parlez du président; je vous arrête.*

Maintenant M. Bonaparte sera-t-il ou ne sera-t-il pas empereur?

Belle question! Il est maître, il est cadi, mufti, bey, dey, soudan, grand-khan, grand-lama, grand-mogol, grand-dragon, cousin du soleil, commandeur des croyants, schah, czar, sophi et calife. Paris n'est plus Paris, c'est Bagdad, avec un Giafar qui s'appelle Persigny et une Schéhérazade qui risque d'avoir le cou coupé tous les matins et qui s'appelle *le Constitutionnel*. M. Bonaparte peut tout ce qu'il lui plaît sur les biens, sur les familles, sur les personnes. Si les citoyens français veulent savoir la profondeur du «gouvernement» dans lequel ils sont tombés, ils n'ont qu'à s'adresser à eux-mêmes quelques questions. Voyons, juge, il t'arrache ta robe et t'envoie en prison. Après? Voyons, sénat, conseil d'état, corps législatif, il saisit une pelle et fait de vous un tas dans un coin. Après? Toi, propriétaire, il te confisque ta maison d'été et ta maison d'hiver avec cours, écuries, jardins et dépendances. Après? Toi, père, il te prend ta fille; toi, frère, il te prend ta soeur; toi, bourgeois, il te prend ta femme, d'autorité, de vive force. Après? Toi, passant, ton visage lui déplaît, il te casse la tête d'un coup de pistolet et rentre chez lui. Après?

Toutes ces choses faites, qu'en résulterait-il? Rien. Monseigneur le prince-président a fait hier sa promenade habituelle aux Champs-Élysées dans une calèche à la Daumont attelée de quatre chevaux, accompagné d'un seul aide de camp. Voilà ce que diront les journaux.

Il a effacé des murs *Liberté, Égalité, Fraternité*. Il a eu raison. Ah! français! vous n'êtes plus ni libres, le gilet de force est là; ni égaux, l'homme de guerre est tout; ni frères, la guerre civile couve sous cette lugubre paix d'état de siège.

Empereur? pourquoi pas? il a un Maury qui s'appelle Sibour; il a un Fontanes, un Faciuntasinos, si vous l'aimez mieux, qui s'appelle Fortoul; il a un Laplace qui répond au nom de Leverrier, mais qui n'a pas fait la *Mécanique céleste*. Il trouvera aisément des Esménard et des Luce de Lancival. Son Pie VII est à Rome dans la soutane de Pie IX. Son uniforme vert, on l'a vu à Strasbourg; son aigle, on l'a vu à Boulogne; sa redingote grise, ne la portait-il pas à Ham? casaque ou redingote, c'est tout un. Madame de Staël sort de chez lui. Elle a écrit *Lélia*. Il lui sourit en attendant qu'il l'exile. Tenez-vous à une archiduchesse? attendez un peu, il en aura une. *Tu, felix Austria, nube*. Son Murat se nomme Saint-

Arnaud, son Talleyrand se nomme Morny, son duc d'Enghien s'appelle le Droit.

Regardez, que lui manque-t-il? rien; peu de chose; à peine Austerlitz et Marengo.

Prenez-en votre parti, il est empereur *in petto*; un de ces matins, il le sera au soleil; il ne faut plus qu'une toute petite formalité, la chose de faire sacrer et couronner à Notre-Dame son faux serment. Après quoi ce sera beau; attendez-vous à un spectacle impérial. Attendez-vous aux caprices. Attendez-vous aux surprises, aux stupeurs, aux ébahissements, aux alliances de mots les plus inouïes, aux cacophonies les plus intrépides; attendez-vous au prince Troplong, au duc Maupas, au duc Mimerel, au marquis Leboeuf, au baron Baroche! En ligne, courtisans; chapeau bas, sénateurs; l'écurie s'ouvre, monseigneur le cheval est consul. Qu'on fasse dorer l'avoine de son altesse Incitatus.

Tout s'avalera; l'hiatus du public sera prodigieux. Toutes les énormités passeront. Les anciens gobe-mouches disparaîtront et feront place aux gobe-baleines.

Pour nous qui parlons, dès à présent l'empire existe, et, sans attendre le proverbe du sénatus-consulte et la comédie du plébiscite, nous envoyons ce billet de faire part à l'Europe:

—La trahison du 2 décembre est accouchée de l'empire.

La mère et l'enfant se portent mal.

IX

LA TOUTE-PUISSANCE

Cet homme, oublions son 2 décembre, oublions son origine, voyons, qu'est-il comme capacité politique? Voulez-vous le juger depuis huit mois qu'il règne? regardez d'une part son pouvoir, d'autre part ses actes. Que peut-il? Tout. Qu'a-t-il fait? Rien. Avec cette pleine puissance, en huit mois un homme de génie eût changé la face de la France, de l'Europe peut-être. Il n'eût, certes, pas effacé le crime du point de départ, mais il l'eût couvert. À force d'améliorations matérielles, il eût réussi peut-être à masquer à la nation son abaissement moral. Même, il faut le dire, pour un dictateur de génie, la chose n'était pas malaisée. Un certain nombre de problèmes sociaux, élaborés dans ces dernières années par plusieurs esprits robustes, semblaient mûrs et pouvaient recevoir, au grand profit et au grand contentement du peuple, des solutions actuelles et relatives. Louis Bonaparte n'a pas même paru s'en douter. Il n'en a abordé, il n'en a entrevu aucun. Il n'a pas même retrouvé à l'Élysée quelques vieux restes des méditations socialistes de Ham. Il a ajouté plusieurs crimes nouveaux à son premier crime, et en cela il a été logique. Ces crimes exceptés, il n'a rien produit. Omnipotence complète, initiative nulle. Il a pris la France et n'en sait rien faire. En vérité, on est tenté de plaindre cet eunuque se débattant avec la toute-puissance.

Certes, ce dictateur s'agite, rendons-lui cette justice; il ne reste pas un moment tranquille; il sent autour de lui avec effroi la solitude et les ténèbres; ceux qui ont peur la nuit chantent, lui il se remue. Il fait rage, il touche à tout, il court après les projets; ne pouvant créer, il décrète; il cherche à donner le change sur sa nullité; c'est le mouvement perpétuel; mais, hélas! cette roue tourne à vide. Conversion des rentes? où est le profit jusqu'à ce jour? Économie de dix-huit millions. Soit; les rentiers les perdent, mais le président et le sénat, avec leurs deux dotations, les empochent, bénéfice pour la France: zéro. Crédit foncier? les capitaux n'arrivent pas. Chemins de fer? on les décrète, puis on les retire. Il en est de toutes ces choses comme des cités ouvrières. Louis Bonaparte souscrit, mais ne paye pas. Quant au budget, quant à ce budget contrôlé par les aveugles qui sont au conseil d'état et voté par les muets qui sont au corps législatif, l'abîme se fait dessous. Il n'y avait de possible et d'efficace qu'une grosse économie sur l'armée, deux cent mille soldats laissés dans leurs foyers, deux cents millions épargnés. Allez donc essayer de toucher à l'armée! le soldat, qui redeviendrait libre, applaudirait; mais que dirait l'officier? et, au fond, ce n'est pas le soldat, c'est l'officier qu'on caresse. Et puis, il faut garder Paris et Lyon, et toutes les villes, et, plus tard, quand on sera empereur, il faudra bien faire un peu la guerre à l'Europe. Voyez le gouffre! Si, des questions financières, on passe aux institutions politiques, oh! là, les néo-bonapartistes s'épanouissent, là sont les créations! Quelles créations, bon Dieu! Une constitution style Ravrio, nous venons de la contempler, ornée de palmettes et de cous de cygne, apportée à l'Élysée avec de vieux fauteuils dans les voitures du garde-meuble; le sénat-conservateur recousu et redoré, le conseil d'état de 1806 retapé et rebordé de quelques galons neufs; le vieux corps législatif rajusté, recloué et repeint, avec Lainé de moins et Morny de plus! pour liberté de la presse, le bureau de l'esprit public; pour liberté individuelle, le ministère de la police. Toutes ces «institutions»—nous les avons passées en revue—ne sont autre chose que l'ancien meuble de salon de l'empire. Battez, époussetez, ôtez les toiles d'araignée, éclaboussez le tout de taches de sang français, et vous avez l'établissement de 1852. Ce bric-à-brac gouverne la

France. Voilà les créations! Où est le bon sens? où est la raison? où est la vérité? Pas un côté sain de l'esprit contemporain qui ne soit heurté, pas une conquête juste de ce siècle qui ne soit jetée à terre et brisée. Toutes les extravagances devenues possibles. Ce que nous voyons depuis le 2 décembre, c'est le galop, à travers l'absurde, d'un homme médiocre échappé.

Ces hommes, le malfaiteur et ses complices, ont un pouvoir immense, incomparable, absolu, illimité, suffisant, nous le répétons, pour changer la face de l'Europe. Ils s'en servent pour jouir. S'amuser et s'enrichir, tel est leur «socialisme». Ils ont arrêté le budget sur la grande route; les coffres sont là ouverts; ils emplissent leurs sacoches, ils ont de l'argent en veux-tu en voilà. Tous les traitements sont doublés ou triplés, nous en avons dit plus haut les chiffres. Trois ministres, Turgot,—il y a un Turgot dans cette affaire,—Persigny et Maupas, ont chacun un million de fonds secrets; le sénat a un million, le conseil d'état un demi-million, les officiers du 2 décembre ont un mois-Napoléon, c'est-à-dire des millions; les soldats du 2 décembre ont des médailles, c'est-à-dire des millions; M. Murat veut des millions et en aura; un ministre se marie, vite un demi-million; M. Bonaparte, *quia nominor Poleo*, a douze millions, plus quatre millions, seize millions. Millions, millions! ce régime s'appelle Million. M. Bonaparte a trois cents chevaux de luxe, les fruits et les légumes des châteaux nationaux, et des parcs et jardins jadis royaux; il regorge; il disait l'autre jour: *toutes mes voitures*; comme Charles-Quint disait: toutes mes Espagnes, et comme Pierre le Grand disait: toutes mes Russies. Les noces de Gamache sont à l'Élysée, les broches tournent nuit et jour devant des feux de joie; on y consomme—ces bulletins-là se publient, ce sont les bulletins du nouvel empire—six cent cinquante livres de viande par jour; l'Élysée aura bientôt cent quarante-neuf cuisines comme le château de Schoenbrunn; on boit, on mange, on rit, on banquette;

banquet chez tous les ministres, banquet à l'École militaire, banquet à l'Hôtel de Ville, banquet aux Tuileries, fête monstre le 10 mai, fête encore plus monstre le 15 août; on nage dans toutes les abondances et dans toutes les ivresses. Et l'homme du peuple, le pauvre journalier auquel le travail manque, le prolétaire en haillons, pieds nus, auquel l'été n'apporte pas de pain et auquel l'hiver n'apporte pas de bois, dont la vieille mère agonise sur une paillasse pourrie, dont la jeune fille se prostitue au coin des rues pour vivre, dont les petits enfants grelottent de faim, de fièvre et de froid dans les bouges du faubourg Saint-Marceau, dans les greniers de Rouen, dans les caves de Lille, y songe-t-on? que devient-il? que fait-on pour lui? Crève, chien!

X.

LES DEUX PROFILS DE M. BONAPARTE

Le curieux, c'est qu'ils veulent qu'on les respecte; un général est vénérable, un ministre est sacré. La comtesse d'Andl—, jeune femme de Bruxelles, était à Paris en mars 1852; elle se trouvait un jour dans un salon du faubourg Saint-Honoré. M. de P. entre; madame d'Andl—veut sortir et passe devant lui, et il se trouve qu'en songeant à autre chose probablement, elle hausse les épaules. M. de P. s'en aperçoit; le lendemain madame d'Andl—est avertie que désormais, sous peine d'être expulsée de France comme un représentant du peuple, elle ait à s'abstenir de toute marque d'approbation ou d'improbation quand elle voit des ministres.

Sous ce gouvernement-caporal et sous cette constitution-consigne, tout marche militairement. Le peuple français va à l'ordre pour savoir comment il doit se lever, se coucher, s'habiller, en quelle toilette il peut aller à l'audience du tribunal ou à la soirée de M. le préfet; défense de faire des vers médiocres; défense de porter barbe; le jabot et la cravate blanche sont lois de l'état. Règle, discipline, obéissance passive, les yeux baissés, silence dans les rangs, tel est le joug sous lequel se courbe en ce moment la nation de l'initiative et de la liberté, la grande France révolutionnaire. Le réformateur ne s'arrêtera que lorsque la France sera assez caserne pour que les généraux disent: À la bonne heure! et assez séminaire pour que les évêques disent: C'est assez!

Aimez-vous le soldat? on en a mis partout. Le conseil municipal de Toulouse donne sa démission; le préfet Chapuis-Montlaville remplace le maire par un colonel, le premier adjoint par un colonel, et le deuxième adjoint par un colonel[29]. Les gens de guerre prennent le haut du pavé. «Les soldats, dit Mably, croyant être à la place des citoyens qui avaient fait autrefois les consuls, les dictateurs, les censeurs et les tribuns, associèrent au gouvernement des empereurs une espèce de démocratie militaire.» Avez-vous un shako sur le crâne? faites ce qu'il vous plaira. Un jeune homme rentrant du bal passe rue Richelieu devant la porte de la Bibliothèque; le factionnaire le couche en joue et le tue; le lendemain les journaux disent: «Le jeune homme est mort», et c'est tout. Timour-Beig accorda à ses compagnons d'armes et à leurs descendants jusqu'à la septième génération le droit d'impunité pour quelque crime que ce fût, à moins que le délinquant n'eût commis le crime neuf fois. Le factionnaire de la rue Richelieu a encore huit citoyens à tuer avant d'être traduit devant un conseil de guerre. Il fait bon d'être soldat, mais il ne fait pas bon d'être citoyen. En même temps, cette malheureuse armée, on la déshonore. Le 3 décembre, on décore les commissaires qui ont arrêté ses représentants et ses généraux; il est vrai qu'elle-même a reçu deux louis par homme. Ô honte de tous les côtés! l'argent aux soldats et la croix aux mouchards!

Jésuitisme et caporalisme, c'est là ce régime tout entier. Tout l'expédient politique de M. Bonaparte se compose de deux hypocrisies, hypocrisie soldatesque tournée vers l'armée, hypocrisie catholique tournée vers le clergé. Quand ce n'est pas Fracasse, c'est Basile. Quelquefois, c'est les deux ensemble. De cette façon il parvient à ravir d'aise en même temps Montalembert, qui ne croit pas à la France, et Saint-Arnaud, qui ne croit pas en Dieu.

Le dictateur sent-il l'encens? sent-il le tabac? cherchez. Il sent le tabac et l'encens. Ô France! quel gouvernement! Les éperons passent sous la soutane. Le coup d'état va à la messe, rosse les pékins, lit son bréviaire, embrasse Catin, dit son, chapelet, vide les pots et fait ses pâques. Le coup d'état affirme, ce qui est douteux, que nous sommes revenus à l'époque des jacqueries; ce qui est certain, c'est qu'il nous ramène *Diex el volt.* L'Élysée a la foi du templier, et la soif aussi.

Jouir et bien vivre, répétons-le, et manger le budget; ne rien croire, tout exploiter; compromettre à la fois deux choses saintes, l'honneur militaire et la foi religieuse; tacher l'autel avec le sang et le drapeau avec le goupillon; rendre le soldat ridicule et le prêtre un peu féroce; mêler à cette grande escroquerie politique qu'il appelle son pouvoir l'église et la nation, les consciences catholiques et les consciences patriotes, voilà le procédé de Bonaparte le Petit.

Tous ses actes, depuis les plus énormes jusqu'aux plus puérils, depuis ce qui est hideux jusqu'à ce qui est risible, sont empreints de ce double jeu. Par exemple les solennités nationales l'ennuient. 24 février, 4 mai; il y a des souvenirs gênants ou dangereux qui reviennent opiniâtrement à jour fixe. Un anniversaire est un importun. Supprimons les anniversaires. Soit. Ne gardons qu'une fête, la nôtre. À merveille. Mais avec une fête, une seule, comment satisfaire deux partis, le parti soldat et le parti prêtre? Le parti soldat est voltairien. Où Canrobert sourira, Riancey fera la grimace. Comment faire? vous allez voir. Les grands escamoteurs ne sont pas embarrassés pour si peu. Le *Moniteur* déclare un beau matin qu'il n'y aura plus désormais qu'une fête nationale, le 15 août. Sur ce, commentaire semi-officiel; les deux masques du dictateur se mettent à parler.—Le 15 août, dit la bouche Ratapoil, jour de la Saint-Napoléon!—Le 15 août, dit la bouche-Tartuffe, fête de la sainte vierge! D'un côté le Deux-Décembre enfle ses joues, grossit sa voix, tire son grand sabre et s'écrie: sacrebleu, grognards! fêtons Napoléon le Grand! de l'autre il baisse les yeux, fait le signe de la croix et marmotte: mes très chers frères, adorons le sacré coeur de Marie!

Le gouvernement actuel, main baignée de sang qui trempe le doigt dans l'eau bénite.

XI

CAPITULATION

Mais on nous dit: N'allez-vous pas un peu loin? n'êtes-vous pas injuste? concédez-lui quelque chose. N'a-t-il pas, dans une certaine mesure, «fait du socialisme»? Et l'on remet sur le tapis le crédit foncier, les chemins de fer, l'abaissement de la rente, etc.

Nous avons déjà apprécié ces mesures à leur juste valeur; mais en admettant que ce soit là du «socialisme», vous seriez simples d'en attribuer le mérite à M. Bonaparte. Ce n'est pas lui qui fait du socialisme, c'est le temps.

Un homme nage contre un courant rapide; il lutte avec des efforts inouïs, il frappe le flot du poing, du front, de l'épaule et du genou. Vous dites: il remontera. Un moment après, vous le regardez, il a descendu. Il est beaucoup plus bas dans le fleuve qu'il n'était au point de départ. Sans le savoir et sans s'en douter, à chaque effort qu'il fait, il perd du terrain. Il s'imagine qu'il remonte, et il descend toujours. Il croit avancer et il recule. Crédit foncier, comme vous dites, abaissement de la rente, comme vous dites, M. Bonaparte a déjà fait plusieurs de ces décrets que vous voulez bien qualifier de socialistes, et il en fera encore. M. Changarnier eût triomphé au lieu de M. Bonaparte, qu'il en eût fait. Henri V reviendrait demain, qu'il en ferait. L'empereur d'Autriche en fait en Galicie, et l'empereur Nicolas en Lithuanie. En somme et après tout, qu'est-ce que cela prouve? que ce courant qui s'appelle Révolution est plus fort que ce nageur qui s'appelle Despotisme.

Mais ce socialisme même de M. Bonaparte, qu'est-il? Cela du socialisme? je le nie. Haine de la bourgeoisie, soit; socialisme, non. Voyez le ministère socialiste par excellence, le ministère de l'agriculture et du commerce, il l'abolit. Que vous donne-t-il en compensation? le ministère de la police. L'autre ministère socialiste, c'est le ministère de l'instruction publique. Il est en danger. Un de ces matins on le supprimera. Le point de départ du socialisme, c'est l'éducation, c'est l'enseignement gratuit et obligatoire, c'est la lumière. Prendre les enfants et en faire des hommes, prendre les hommes et en faire des citoyens; des citoyens intelligents honnêtes, utiles, heureux. Le progrès intellectuel, d'abord, le progrès moral d'abord; le progrès matériel ensuite. Les deux premiers progrès amènent d'eux-mêmes et irrésistiblement le dernier. Que fait M. Bonaparte? Il persécute et étouffe partout l'enseignement. Il y a un paria dans notre France d'aujourd'hui, c'est le maître d'école.

Avez-vous jamais réfléchi à ce que c'est qu'un maître d'école, à cette magistrature où se réfugiaient les tyrans d'autrefois comme les criminels dans un temple lieu d'asile? avez-vous jamais songé à ce que c'est que l'homme qui enseigne les enfants? Vous entrez chez un charron, il fabrique des roues et des timons; vous dites: c'est un homme utile; vous entrez chez un tisserand, il fabrique de la toile; vous dites: c'est un homme précieux; vous entrez chez un forgeron, il fabrique des pioches, des marteaux, des socs de charrue; vous dites: c'est un homme nécessaire; ces hommes, ces bons travailleurs, vous les saluez. Vous entrez chez un maître d'école, saluez plus bas; savez-vous ce qu'il fait? il fabrique des esprits.

Il est le charron, le tisserand et le forgeron de cette oeuvre dans laquelle il aide Dieu: l'avenir.

Eh bien! aujourd'hui, grâce au parti prêtre régnant, comme il ne faut pas que le maître d'école travaille à cet avenir, comme il faut que l'avenir soit fait d'ombre et d'abrutissement, et non d'intelligence et de clarté, voulez-vous savoir de quelle façon on fait fonctionner cet humble et grand magistrat, le maître d'école? Le maître d'école sert la messe, chante au lutrin, sonne vêpres, range les chaises, renouvelle les bouquets devant le sacré-coeur, fourbit les chandeliers de l'autel, époussette le tabernacle, plie les chapes et les chasubles, tient en ordre et en compte le linge de la sacristie, met de l'huile dans les lampes, bat le coussin du confessionnal, balaye l'église et un peu le presbytère; le temps qui lui reste, il peut, à la condition de ne prononcer aucun de ces trois mots du démon, Patrie, République, Liberté, l'employer, si bon lui semble, à faire épeler l'A, B, C aux petits enfants.

M. Bonaparte frappe à la fois l'enseignement en haut et en bas; en bas pour plaire aux curés, en haut pour plaire aux évêques. En même temps qu'il cherche à fermer l'école de village, il mutile le Collège de France. Il renverse d'un coup de pied les chaires de Quinet et de Michelet. Un beau matin, il déclare, par décret, suspectes les lettres grecques et latines, et interdit le plus qu'il peut aux intelligences le commerce des vieux poètes et des vieux historiens d'Athènes et de Rome, flairant dans Eschyle et dans Tacite une vague odeur de démagogie. Il met d'un trait de plume les médecins, par exemple, hors l'enseignement littéraire, ce qui fait dire au docteur Serres: *Nous voilà dispensés par décret de savoir lire et écrire.*

Impôts nouveaux, impôts somptuaires, impôts vestiaires; *nemo audeat comedere præter duo fercula cum potagio;* impôt sur les vivants, impôt sur les morts, impôt sur les successions, impôt sur les voitures, impôt sur le papier; bravo, hurle le parti bedeau, moins de livres! impôt sur les chiens, les colliers payeront; impôt sur les sénateurs, les armoiries payeront. Voilà qui va être populaire! dit M. Bonaparte en se frottant les mains. C'est l'empereur socialiste, vocifèrent les affidés dans les faubourgs; c'est l'empereur catholique, murmurent les béats dans les sacristies. Qu'il serait heureux, s'il pouvait passer ici pour Constantin et là pour Babeuf! Les mots d'ordre se répètent, l'adhésion se déclare, l'enthousiasmc gagne de proche en proche, l'école militaire dessine son chiffre avec des bayonnettes et des canons de pistolet, l'abbé Gaume et le cardinal Gousset applaudissent, on couronne de fleurs son buste à la halle, Nanterre lui dédie des rosières, l'ordre social est décidément sauvé, la propriété, la famille et la religion respirent, et la police lui dresse une statue.

De bronze?

Fi donc! c'est bon pour l'oncle.

De marbre! *Tu es Pietri et super hanc pietram ædificabo effigiem meam[30].*

Ce qu'il attaque, ce qu'il poursuit, ce qu'ils poursuivent tous avec lui, ce sur quoi ils s'acharnent, ce qu'ils veulent écraser, brûler, supprimer, détruire, anéantir, est-ce ce pauvre homme obscur qu'on appelle instituteur primaire? est-ce ce carré de papier qu'on appelle un journal? est-ce ce fascicule de feuillets qu'on appelle un livre? est-ce cet engin de bois et de fer qu'on appelle une presse? non, c'est toi, pensée, c'est toi, raison de l'homme, c'est toi, dix-neuvième siècle, c'est toi, providence, c'est toi, Dieu!

Nous qui les combattons, nous sommes «les éternels ennemis de l'ordre»; nous sommes, car ils ne trouvent pas encore que ce mot soit usé, des démagogues.

Dans la langue du duc d'Albe, croire à la sainteté de la conscience humaine, résister à l'inquisition, braver le bûcher pour sa foi, tirer l'épée pour sa patrie, défendre son culte, sa ville, son foyer, sa maison, sa famille, son Dieu, cela se nommait *la gueuserie*; dans la langue de Louis Bonaparte, lutter pour la liberté, pour la justice, pour le droit, combattre pour la cause du progrès, de la civilisation, de la France, de l'humanité, vouloir l'abolition de la guerre et de la peine de mort, prendre au sérieux la fraternité des hommes, croire au serment juré, s'armer pour la constitution de son pays, défendre les lois, cela s'appelle *la démagogie.*

On est démagogue au dix-neuvième siècle comme on était gueux au seizième.

Ceci étant donné que le dictionnaire de l'académie n'existe plus, qu'il fait nuit en plein midi, qu'un chat ne s'appelle plus un chat et que Baroche ne s'appelle plus un fripon, que la justice est une chimère, que l'histoire est un rêve, que le prince d'Orange est un gueux et le duc d'Albe un juste, que Louis Bonaparte est identique à Napoléon le Grand, que ceux qui ont violé la constitution sont des sauveurs et que ceux qui l'ont défendue sont des brigands, en un mot, que l'honnêteté humaine est morte, soit! alors j'admire ce gouvernement. Il va bien. Il est modèle en son genre. Il comprime, il réprime, il opprime, il emprisonne, il exile, il mitraille, il extermine, et même il «gracie»! il fait de l'autorité à coups de canon et de la clémence à coups de plat de sabre.

À votre aise, répètent quelques braves incorrigibles de l'ex-parti de l'ordre, indignez-vous, raillez, flétrissez, conspuez, cela nous est égal; vive la stabilité! tout cet ensemble constitue, après tout, un gouvernement solide.

Solide! nous nous sommes déjà expliqués sur cette solidité.

Solide! je l'admire, cette solidité. S'il neigeait des journaux en France seulement pendant deux jours, le matin du troisième jour on ne saurait plus où M. Louis Bonaparte a passé.

N'importe, cet homme pèse sur l'époque entière, il défigure le dix-neuvième siècle, et il y aura peut-être dans ce siècle deux ou trois années sur lesquelles, à je ne sais quelle trace ignoble, on reconnaîtra que Louis Bonaparte s'est assis là.

Cet homme, chose triste à dire, est maintenant la question de tous les hommes.

À de certaines époques dans l'histoire, le genre humain tout entier, de tous les points de la terre, fixe les yeux sur un lieu mystérieux d'où il semble que va sortir la destinée universelle. Il y a eu des heures où le monde a regardé le Vatican; Grégoire VII, Léon X, avaient là leur chaire; d'autres heures où il a contemplé le Louvre, Philippe-Auguste, Louis IX, François Ier, Henri IV, étaient là; l'Escurial, Saint-Just, Charles-Quint y songeait; Windsor, Élisabeth la Grande y régnait; Versailles, Louis XIV entouré d'astres y rayonnait; le Kremlin, on y entrevoyait Pierre le Grand; Potsdam, Frédéric II s'y enfermait avec Voltaire...—Aujourd'hui, baisse la tête, histoire, l'univers regarde l'Élysée!

Cette espèce de porte bâtarde, gardée par deux guérites peintes en coutil, à l'extrémité du faubourg Saint-Honoré, voilà ce que contemple aujourd'hui, avec une sorte d'anxiété profonde, le regard du monde civilisé!...—Ah! qu'est-ce que c'est que cet endroit d'où il n'est pas sorti une idée qui ne fût un piége, pas une action qui ne fût un crime? Qu'est-ce que c'est que cet endroit où habitent tous les cynismes avec toutes les hypocrisies? Qu'est-ce que c'est que cet endroit où les évêques coudoient Jeanne Poisson dans l'escalier, et, comme il y a cent ans, la saluent jusqu'à terre; où Samuel Bernard rit dans un coin avec Laubardemont; où Escobar entre donnant le bras à Gusman d'Alfarache; où, rumeur affreuse, dans un fourré du jardin l'on dépêche, dit-on, à coups de bayonnette, des hommes qu'on ne veut pas juger; où l'on entend un homme dire à une femme qui intercède et qui pleure: «Je vous passe vos amours, passez-moi mes haines!» Qu'est-ce que c'est que cet endroit où l'orgie de 1852 importune et déshonore le deuil de 1815? où Césarion, les bras croisés ou les mains derrière le dos, se promène sous ces mêmes arbres, dans ces mêmes allées que hante encore le fantôme indigné de César?

Cet endroit, c'est la tache de Paris; cet endroit, c'est la souillure du siècle; cette porte, d'où sortent toutes sortes de bruits joyeux, fanfares, musiques, rires, chocs des verres, cette porte, saluée le jour par les bataillons qui passent, illuminée la nuit, toute grande ouverte avec une confiance insolente, c'est une sorte d'injure publique toujours présente. Le centre de la honte du monde est là.

Ah! à quoi songe la France? Certes, il faut réveiller cette nation; il faut lui prendre le bras, il faut la secouer, il faut lui parler; il faut parcourir les champs, entrer dans les villages, entrer dans les casernes, parler au soldat qui ne sait plus ce qu'il a fait, parler au laboureur qui a une gravure de l'empereur dans sa chaumière et qui vote tout ce qu'on veut à cause de cela; il faut leur ôter le radieux fantôme qu'ils ont devant les yeux; toute cette situation n'est autre chose qu'un immense et fatal quiproquo; il faut éclaircir ce quiproquo, aller au fond, désabuser le peuple, le peuple des campagnes surtout, le remuer, l'agiter, l'émouvoir, lui montrer les maisons vides, lui montrer les fosses ouvertes, lui faire toucher du doigt l'horreur de ce régime-ci. Ce peuple est bon et honnête. Il comprendra. Oui, paysan, ils sont deux, le grand et le petit, l'illustre et l'infâme, Napoléon et Naboléon!

Résumons ce gouvernement.

Qui est à l'Élysée et aux Tuileries? le crime. Qui siége au Luxembourg? la bassesse. Qui siége au palais Bourbon? l'imbécillité. Qui siège au palais d'Orsay? la corruption. Qui siège au Palais de justice? la prévarication. Et qui est dans les prisons, dans les forts, dans les cellules, dans les casemates, dans les pontons, à Lambessa, à Cayenne, dans l'exil? la loi, l'honneur, l'intelligence, la liberté, le droit.

Proscrits, de quoi vous plaignez-vous? vous avez la bonne part.

LIVRE TROISIÈME

LE CRIME

Mais ce gouvernement, ce gouvernement horrible, hypocrite et bête, ce gouvernement qui fait hésiter entre l'éclat de rire et le sanglot, cette constitution-gibet où pendent toutes nos libertés, ce gros suffrage universel et ce petit suffrage universel, le premier nommant le président, l'autre nommant les législateurs, le petit disant au gros: *monseigneur, recevez ces millions*, le gros disant au petit: *reçois l'assurance de mes sentiments*; ce sénat, ce conseil d'état, d'où toutes ces choses sortent-elles? Mon Dieu! est-ce que nous en sommes déjà venus à ce point qu'il soit nécessaire de le rappeler?

D'où sort ce gouvernement? Regardez! cela coule encore, cela fume encore, c'est du sang.

Les morts sont loin, les morts sont morts.

Ah! chose affreuse à penser et à dire, est-ce qu'on n'y songerait déjà plus?

Est-ce que, parce qu'on boit et mange, parce que la carrosserie va, parce que toi, terrassier, tu as du travail au bois de Boulogne, parce que toi, maçon, tu gagnes quarante sous par jour au Louvre, parce que toi, banquier, tu as bonifié sur les métalliques de Vienne ou sur les obligations Hope et compagnie, parce que les titres de noblesse sont rétablis, parce qu'on peut s'appeler monsieur le comte et madame la duchesse, parce que les processions sortent à la Fête-Dieu, parce qu'on s'amuse, parce qu'on rit, parce que les murs de Paris sont couverts d'affiches de fêtes et de spectacles, est-ce qu'on oublierait qu'il y a des cadavres là-dessous?

Est-ce que, parce qu'on a été au bal de l'École militaire, parce qu'on est rentrée les yeux éblouis, la tête fatiguée, la robe déchirée, le bouquet fané, et qu'on s'est jetée sur son lit et qu'on s'est endormie en songeant à quelque joli officier, est-ce qu'on ne se souviendrait plus qu'il y a là, sous l'herbe, dans une fosse obscure, dans un trou profond, dans l'ombre inexorable de la mort, une foule immobile, glacée et terrible, une multitude d'êtres humains déjà devenus informes, que les vers dévorent, que la désagrégation consume, qui commencent à se fondre avec la terre, qui existaient, qui travaillaient, qui pensaient, qui aimaient, et qui avaient le droit de vivre et qu'on a tués?

Ah! si l'on ne s'en souvient plus, rappelons-le à ceux qui l'oublient! Réveillez-vous, gens qui dormez! les trépassés vont défiler devant vos yeux.

EXTRAIT D'UN LIVRE INEDIT INTITULÉ

LE CRIME DU DEUX DÉCEMBRE

Par Victor Hugo. Ce livre sera publié prochainement. Ce sera une narration complète de l'infâme événement de 1851. Une grande partie est déjà, écrite; l'auteur recueille en ce moment des matériaux pour le reste.

Il croit à propos d'entrer dès à présent dans quelques détails au sujet de ce travail, qu'il s'est imposé comme un devoir.

L'auteur se rend cette justice qu'en écrivant cette narration, austère occupation de son exil, il a sans cesse présente à l'esprit la haute responsabilité de l'historien.

Quand elle paraîtra, cette narration soulèvera certainement de nombreuses et violentes réclamations; l'auteur s'y attend; on ne taille pas impunément dans la chair vive d'un crime contemporain, et à l'heure qu'il est tout-puissant. Quoi qu'il en soit, quelles que soient ces réclamations plus ou moins intéressées, et afin qu'on puisse en juger d'avance le mérite, l'auteur croit devoir expliquer ici de quelle façon, avec quel soin scrupuleux de la vérité cette histoire aura été écrite, ou, pour mieux dire, ce procès-verbal du crime aura été dressé.

Ce récit du 2 décembre contiendra, outre les faits généraux que personne n'ignore, un très grand nombre de faits inconnus qui y sont mis au jour pour la première fois. Plusieurs de ces faits, l'auteur les a vus, touchés, traversés; de ceux-là il peut dire: *quoeque ipse vidi et quorum pars fui.* Les membres de la gauche républicaine, dont la conduite a été si intrépide, ont vu ces faits comme lui, et leur témoignage ne lui manquera pas. Pour tout le reste, l'auteur a procédé à une véritable information judiciaire; il s'est fait pour ainsi dire le juge d'instruction de l'histoire; chaque acteur du drame, chaque combattant, chaque victime, chaque témoin, est venu déposer devant lui; pour tous les faits douteux, il a confronté les dires et au besoin les personnes. En général, les historiens parlent aux faits morts; ils les touchent dans la tombe de leurs verges de juges, les font lever et les interrogent. Lui, c'est aux faits vivants qu'il a parlé.

Tous les détails du 2 décembre ont de la sorte passé sous ses yeux; il les a enregistrés tous, il les a pesés tous, aucun ne lui a échappé. L'histoire pourra compléter ce récit; mais non l'infirmer. Les magistrats manquant au devoir, il a fait leur office. Quand les témoignages directs et de vive voix lui faisaient défaut, il a envoyé sur les lieux ce qu'on pourrait appeler de réelles commissions rogatoires. Il pourrait citer tel fait pour lequel il a dressé de véritables questionnaires auxquels il a été minutieusement répondu.

Il le répète, il a soumis le 2 décembre à un long et sévère interrogatoire. Il a porté le flambeau aussi loin et aussi avant qu'il a pu. Il a, grâce à cette enquête, en sa possession près de deux cents dossiers dont ce livre sortira. Il n'est pas un fait de ce récit derrière lequel, quand l'ouvrage sera publié, l'auteur ne puisse mettre un nom. On comprendra qu'il s'en abstienne, on comprendra même qu'il substitue quelquefois aux noms propres et même à de certaines indications de lieux, des désignations aussi peu transparentes que possible, en présence des proscriptions pendantes. Il ne veut pas fournir une liste supplémentaire à M. Bonaparte.

Certes, pas plus dans ce récit du 2 décembre que dans le livre qu'il publie en ce moment, l'auteur n'est «impartial», comme on a l'habitude de dire quand on veut louer un historien. L'impartialité, étrange vertu que Tacite n'a pas. Malheur à qui resterait impartial devant les plaies saignantes de la liberté! En présence du fait de décembre 1851, l'auteur sent toute la nature humaine se soulever en lui, il ne s'en cache point, et l'on doit s'en apercevoir en le lisant. Mais chez lui la passion pour la vérité égale la passion pour le droit. L'homme indigné ne ment pas. Cette histoire du 2 décembre donc, il le déclare au moment d'en citer quelques pages, aura été écrite, on vient de voir comment, dans les conditions de la réalité la plus absolue.

Nous jugeons utile d'en détacher dès à présent et d'en publier ici même un chapitre[31] qui, nous le pensons, frappera les esprits, en ce qu'il jette un jour nouveau sur le «succès» de M. Bonaparte. Grâce aux réticences des historiographes officiels du 2 décembre, on ne sait pas assez combien le coup d'état a été près de sa perte et on ignore tout à fait par quel moyen il s'est sauvé. Mettons ce fait spécial sous les yeux du lecteur.

JOURNÉE DU 4 DÉCEMBRE

LE COUP D'ÉTAT AUX ABOIS

I

«La résistance avait pris des proportions inattendues.

«Le combat était devenu menaçant; ce n'était plus un combat, c'était une bataille, et qui s'engageait de toutes parts. À l'Élysée et dans les ministères les gens pâlissaient; on avait voulu des barricades, on en avait.

«Tout le centre de Paris se couvrait de redoutes improvisées; les quartiers barricadés formaient une sorte d'immense trapèze compris entre les Halles et la rue Rambuteau d'une part et les boulevards de l'autre, et limité à l'est par la rue du Temple et à l'ouest par la rue Montmartre. Ce vaste réseau de rues, coupé en tous sens de redoutes et de retranchements, prenait d'heure en heure un aspect plus terrible et devenait une sorte de forteresse. Les combattants des barricades poussaient leurs grand'gardes jusque sur les quais. En dehors du trapèze que nous venons d'indiquer, les barricades montaient, nous l'avons dit, jusque dans le faubourg Saint-Martin et aux alentours du canal. Le quartier des écoles, où le comité de résistance avait envoyé le représentant de Flotte, était plus soulevé encore que la veille; la banlieue prenait feu; on battait le rappel aux Batignolles; Madier de Montjau agitait Belleville; trois barricades énormes se construisaient à la Chapelle-Saint-Denis. Dans les rues marchandes les bourgeois livraient leurs fusils, les femmes faisaient de la charpie.—Cela marche! Paris est parti! nous criait B*** entrant tout radieux au comité de résistance[32].—D'instant en instant les nouvelles nous arrivaient; toutes les permanences des divers quartiers se mettaient en communication avec nous. Les membres du comité délibéraient et lançaient les ordres et les instructions de combat de tout côté. La victoire semblait certaine. Il y eut un moment d'enthousiasme et de joie où ces hommes, encore placés entre la vie et la mort, s'embrassèrent.—Maintenant, s'écriait Jules Favre, qu'un régiment tourne ou qu'une légion sorte, Louis Bonaparte est perdu!—Demain la république sera à l'Hôtel de Ville, disait Michel (de Bourges). Tout fermentait, tout bouillonnait; dans les quartiers les plus paisibles, on déchirait les affiches, on démontait les ordonnances. Rue Beaubourg, pendant qu'on construisait une barricade, les femmes aux fenêtres criaient: courage! L'agitation gagnait même le faubourg Saint-Germain. À l'hôtel de la rue de Jérusalem, centre de cette grande toile d'araignée que la police étend sur Paris, tout tremblait; l'anxiété était profonde, on entrevoyait la république victorieuse; dans les cours, dans les bureaux, dans les couloirs, entre commis et sergents de ville, on commençait à parler avec attendrissement de Caussidière.

«S'il faut en croire ce qui a transpiré de cette caverne, le préfet Maupas, si ardent la veille et si odieusement lancé en avant, commençait à reculer et à défaillir. Il semblait prêter l'oreille avec terreur à ce bruit de marée montante que faisait l'insurrection,—la sainte et légitime insurrection du droit;—il bégayait, il balbutiait, le commandement s'évanouissait dans sa bouche.—*Ce petit jeune homme a la colique*, disait l'ancien préfet Carlier en le quittant. Dans cet effarement, Maupas se pendait à Morny. Le télégraphe électrique était en perpétuel dialogue de la préfecture de police au ministère de l'intérieur et du ministère de l'intérieur à la préfecture de police. Toutes les nouvelles les plus inquiétantes, tous les signes de panique et de désarroi arrivaient coup sur coup du préfet au ministre. Morny, moins effrayé, et homme d'esprit du moins, recevait toutes ces secousses dans son cabinet. On a raconté qu'à la première il avait dit: Maupas est malade, et à cette demande: que faut-il faire? avait répondu par le télégraphe: couchez-vous!—à la seconde il répondit encore: couchez-vous!—à la troisième, la patience lui échappant, il répondit: couchez-vous, j... f...!

«Le zèle des agents lâchait prise et commençait à tourner casaque. Un homme intrépide, envoyé par le comité de résistance pour soulever le faubourg Saint-Marceau, est arrêté rue des Fossés-Saint-Victor, les poches pleines des proclamations et des décrets de la gauche. On le dirige vers la préfecture de police; il s'attendait à être fusillé. Comme l'escouade qui l'emmenait passait devant la Morgue, quai Saint-Michel, des coups de fusil éclatent dans la Cité; le sergent de ville qui conduisait l'escouade dit aux soldats: Regagnez votre poste, je me charge du prisonnier. Les soldats éloignés, il coupe les cordes qui liaient les poignets du prisonnier et lui dit:—Allez-vous-en, je vous sauve la vie, n'oubliez pas que c'est moi qui vous ai mis en liberté! Regardez-moi bien pour me reconnaître.

«Les principaux complices militaires tenaient conseil; on agitait la question de savoir s'il ne serait pas nécessaire que Louis Bonaparte quittât immédiatement le faubourg Saint-Honoré et se transportât soit aux Invalides, soit au palais du Luxembourg, deux points stratégiques plus faciles à défendre d'un coup de main que l'Élysée. Les uns opinaient pour les Invalides, les autres pour le Luxembourg. Une altercation éclata à ce sujet entre deux généraux.

«C'est dans ce moment-là que l'ancien roi de Westphalie, Jérôme Bonaparte, voyant le coup d'état chanceler et prenant quelque souci du lendemain, écrivit à son neveu cette lettre significative:

«Mon cher neveu,

«Le sang français a coulé; arrêtez-en l'effusion par un sérieux appel au peuple. Vos sentiments sont mal compris. La seconde proclamation, dans laquelle vous parlez du plébiscite, est mal reçue du peuple, qui ne le considère pas comme le rétablissement du droit de suffrage. La liberté est sans garantie si une assemblée ne contribue pas à la constitution de la république. L'armée a la haute main. C'est le moment de compléter la victoire matérielle par une victoire morale, et ce qu'un gouvernement ne peut faire quand il est battu, il doit le faire quand il est victorieux. Après avoir détruit les vieux partis, opérez la restauration du peuple; proclamez que le suffrage universel, sincère, et agissant en harmonie avec la plus grande liberté, nommera le président et l'assemblée constituante pour sauver et restaurer la république.

«C'est au nom de la mémoire de mon frère, et en partageant son horreur pour la guerre civile, que je vous écris; croyez-en ma vieille expérience, et songez que la France, l'Europe et la postérité seront appelées à juger votre conduite.

«Votre oncle affectionné,

«Jérôme Bonaparte.»

«Place de la Madeleine, les deux représentants Fabvier et Crestin se rencontraient et s'abordaient. Le général Fabvier faisait remarquer à son collègue quatre pièces de canon attelées qui tournaient bride, quittaient le boulevard et prenaient au galop la direction de l'Élysée.—Est-ce que l'Élysée serait déjà sur la défensive? disait le général.—Et Crestin, lui montrant au delà de la place de la Révolution la façade du palais de l'assemblée, répondait:—Général, demain nous serons là.- Du haut de quelques mansardes qui ont vue sur la cour des écuries de l'Élysée, on remarquait depuis le matin dans cette cour trois voitures de voyage attelées et chargées, les postillons en selle, et prêtes à partir.

«L'impulsion était donnée en effet, l'ébranlement de colère et de haine devenait universel, le coup d'état semblait perdu; une secousse de plus, et Louis Bonaparte tombait. Que la journée s'achevât comme elle avait commencé, et tout était dit. Le coup d'état touchait au désespoir. L'heure des résolutions suprêmes était venue. Qu'allait-il faire? Il fallait qu'il frappât un grand coup, un coup inattendu, un coup effroyable. Il était réduit à cette situation: périr,—ou se sauver affreusement.

«Louis Bonaparte n'avait pas quitté l'Élysée. Il se tenait dans un cabinet du rez-de-chaussée, voisin de ce splendide salon doré, où, enfant, en 1815, il avait assisté à la seconde abdication de Napoléon. Il était là, seul; l'ordre était donné de ne laisser pénétrer personne jusqu'à lui. De temps en temps la porte s'entre-bâillait, et la tête grise du général Roguet, son aide de camp, apparaissait. Il n'était permis qu'au général Roguet d'ouvrir cette porte et d'entrer. Le général apportait les nouvelles, de plus en plus inquiétantes, et terminait fréquemment par ces mots: cela ne va pas, ou: cela va mal. Quand il avait fini, Louis Bonaparte, accoudé à une table, assis, les pieds sur les chenets, devant un grand feu, tournait à demi la tête sur le dossier de son fauteuil et, de son inflexion de voix la plus flegmatique, sans émotion apparente, répondait invariablement ces quatre mots:—Qu'on exécute mes ordres!—La dernière fois que le général Roguet entra de la sorte avec de mauvaises nouvelles, il était près d'une heure,—lui-même a raconté depuis ces détails, à l'honneur de l'impassibilité de son maître,—il informa le prince que les barricades dans les rues du centre tenaient bon et se multipliaient; que sur les boulevards les cris: à bas le dictateur!—(il n'osa dire: à bas Soulouque!)—et les sifflets éclataient partout au passage des troupes; que devant la galerie Jouffroy un adjudant-major avait été poursuivi par la foule et qu'au coin du café Cardinal, un capitaine d'état-major avait été précipité de son cheval. Louis Bonaparte se souleva à demi de son fauteuil, et dit avec calme au général en le regardant fixement:—Eh bien! qu'on dise à Saint-Arnaud d'exécuter mes ordres.

«Qu'était-ce que ces ordres?

«On va le voir.

«Ici nous nous recueillons, et le narrateur pose la plume avec une sorte d'hésitation et d'angoisse. Nous abordons l'abominable péripétie de cette lugubre journée du 4, le fait monstrueux d'où est sorti tout sanglant le succès du coup d'état. Nous allons dévoiler la plus sinistre des préméditations de Louis Bonaparte; nous allons révéler, dire, détailler, raconter ce que tous les historiographes du 2 décembre ont caché, ce que le général Magnan a soigneusement omis dans son rapport, ce qu'à Paris même, là où ces choses ont été vues, on ose à peine se chuchoter à l'oreille. Nous entrons dans l'horrible.

«Le 2 décembre est un crime couvert de nuit, un cercueil fermé et muet, des fentes duquel sortent des ruisseaux de sang.

«Nous allons entr'ouvrir ce cercueil.

II

«Dès le matin, car ici, insistons sur ce point, la préméditation est incontestable, dès le matin des affiches étranges avaient été collées à tous les coins de rue; ces affiches, nous les avons transcrites, on se les rappelle. Depuis soixante ans que le canon des révolutions tonne à de certains jours dans Paris et qu'il arrive parfois au pouvoir menacé de recourir à des ressources désespérées, on n'avait encore rien vu de pareil. Ces affiches annonçaient aux citoyens que tous les attroupements, de quelque nature qu'ils fussent, seraient dispersés par la force *sans sommation.* À Paris, ville centrale de la civilisation, on croit difficilement qu'un homme aille à l'extrémité de son crime, et l'on n'avait vu dans ces affiches qu'un procédé d'intimidation hideux, sauvage, mais presque ridicule.

«On se trompait. Ces affiches contenaient en germe le plan même de Louis
Bonaparte. Elles étaient sérieuses.

«Un mot sur ce qui va être le théâtre de l'acte inouï préparé et perpétré par l'homme de décembre.

«De la Madeleine au faubourg Poissonnière le boulevard était libre; depuis le théâtre du Gymnase jusqu'au théâtre de la porte Saint-Martin il était barricadé, ainsi que la rue de Bondy, la rue Meslay, la rue de la Lune et toutes les rues qui confinent ou débouchent aux portes Saint-Denis et Saint-Martin. Au delà de la porte Saint-Martin le boulevard redevenait libre jusqu'à la Bastille, à une barricade près, qui avait été ébauchée à la hauteur du Château-d'Eau. Entre les deux portes Saint-Denis et Saint-Martin, sept ou huit redoutes coupaient la chaussée de distance en distance. Un carré de quatre barricades enfermait la porte Saint-denis. Celle de ces quatre barricades qui regardait la Madeleine et qui devait recevoir le premier choc des troupes était construite au point culminant du boulevard, la gauche appuyée à l'angle de la rue de la Lune et la droite à la rue Mazagran. Quatre omnibus, cinq voitures de déménagement, le bureau de l'inspecteur des fiacres renversé, les colonnes vespasiennes démolies, les bancs du boulevard, les dalles de l'escalier de la rue de la Lune, la rampe de fer du trottoir arrachée tout entière et d'un seul effort par le formidable poignet de la foule, tel était cet entassement qui suffisait à peine à barrer le boulevard, fort large en cet endroit. Point de pavé à cause du macadam. La barricade n'atteignait même pas d'un bord à l'autre du boulevard et laissait un grand espace libre du côté de la rue Mazagran. Il y avait là une maison en construction. Voyant cette lacune, un jeune homme bien mis était monté sur l'échafaudage, et seul, sans se hâter, sans quitter son cigare, en avait coupé toutes les cordes. Des fenêtres voisines on l'applaudissait en riant. Un moment après l'échafaudage tombait à grand bruit, tout d'une pièce, et cet écroulement complétait la barricade.

«Pendant que cette redoute s'achevait, une vingtaine d'hommes entraient au Gymnase par la porte des acteurs, et en sortaient quelques instants après avec des fusils et un tambour trouvés dans le magasin des costumes et qui faisaient partie de ce qu'on appelle, dans le langage des théâtres, «les accessoires». Un d'eux prit le tambour et se mit à battre le rappel. Les autres, avec des vespasiennes jetées bas, des voitures couchées sur le flanc, des persiennes et des volets décrochés de leurs gonds et de vieux décors du théâtre, construisirent à la hauteur du poste Bonne-Nouvelle une petite barricade d'avant-poste ou plutôt une lunette qui observait les boulevards Poissonnière et Montmartre et la rue Hauteville. Les troupes avaient dès le matin évacué le corps de garde. On prit le drapeau de ce corps de garde, qu'on planta sur la barricade. C'est ce drapeau qui depuis a été déclaré par les journaux du coup d'état «drapeau rouge».

«Une quinzaine d'hommes s'installèrent dans ce poste avancé. Ils avaient des fusils, mais point ou peu de cartouches. Derrière eux, la grande barricade qui couvrait la porte Saint-Denis était occupée par une centaine de combattants au milieu desquels on remarquait deux femmes et un vieillard à cheveux blancs, appuyé de la main gauche sur une canne et tenant de la main droite un fusil. Une des deux femmes portait un sabre en bandoulière; en aidant à arracher la rampe du trottoir, elle s'était coupé trois doigts de la main à l'angle d'un barreau de fer; elle montrait sa blessure à la foule en criant: vive la république! L'autre femme, montée au sommet de la barricade, appuyée à la hampe du drapeau, escortée de deux hommes en blouse armés de fusils et présentant les armes, lisait à haute voix l'appel aux armes des représentants de la gauche; le peuple battait des mains.

«Tout ceci se faisait entre midi et une heure. Une population immense, en deçà des barricades, couvrait les trottoirs des deux côtés du boulevard, silencieuse sur quelques points, sur d'autres criant: à bas Soulouque! à bas le traître!

«Par intervalle des convois lugubres traversaient cette multitude; c'étaient des files de civières fermées, portées à bras par des infirmiers et des soldats. En tête marchaient des hommes tenant de longs bâtons auxquels pendaient des écriteaux bleus où l'on avait écrit en grosses lettres: *Service des hôpitaux militaires*. Sur les rideaux des civières on lisait: *Blessés. Ambulances*. Le temps était sombre et pluvieux.

«En ce moment-là il y avait foule à la Bourse; des afficheurs y collaient sur tous les murs des dépêches annonçant les adhésions des départements au coup d'état. Les agents de change, tout en poussant à la hausse, riaient et levaient les épaules devant ces placards. Tout à coup un spéculateur très connu, et grand applaudisseur du coup d'état depuis deux jours, survient tout pâle et haletant comme quelqu'un qui s'enfuit, et dit: On mitraille sur les boulevards.

«Voici ce qui se passait:

III

«Un peu après une heure, un quart d'heure après le dernier ordre donné par Louis Bonaparte au général Roguet, les boulevards, dans toute leur longueur depuis la Madeleine, s'étaient subitement couverts de cavalerie et d'infanterie. La division Carrelet, presque entière, composée des cinq brigades de Cotte, Bourgon, Canrobert, Dulac et Reybell, et présentant un effectif de seize mille quatre cent dix hommes, avait pris position et s'était échelonnée depuis la rue de la Paix jusqu'au faubourg Poissonnière. Chaque brigade avait avec elle sa batterie. Rien que sur le boulevard Poissonnière on comptait onze pièces de canon. Deux qui se tournaient le dos avaient été braquées, l'une à l'entrée de la rue Montmartre, l'autre à l'entrée du faubourg Montmartre, sans qu'on pût deviner pourquoi, la rue et le faubourg n'offrant même pas l'apparence d'une barricade. Les curieux, entassés sur les trottoirs et aux fenêtres, considéraient avec stupeur cet encombrement d'affûts, de sabres et de bayonnettes.

«Les troupes riaient et causaient», dit un témoin; un autre témoin dit: «Les soldats avaient un air étrange.» La plupart, la crosse en terre, s'appuyaient sur leurs fusils et semblaient à demi chancelants de lassitude, ou d'autre chose. Un de ces vieux officiers qui ont l'habitude de regarder dans le fond des yeux du soldat, le général L*** dit en passant devant le café Frascati: «Ils sont ivres.»

«Des symptômes se manifestaient.

«À un moment où la foule criait à la troupe: vive la république! à bas Louis Bonaparte! on entendit un officier dire à demi-voix: *Ceci va tourner à la charcuterie.*

«Un bataillon d'infanterie débouche par la rue Richelieu. Devant le café Cardinal il est accueilli par un cri unanime de: vive la république! Un écrivain qui était là, rédacteur d'un journal conservateur, ajoute: *À bas Soulouque!* L'officier d'état-major qui conduisait le détachement lui assène un coup de sabre qui, esquivé par l'écrivain, coupe un des petits arbres du boulevard.

«Comme le 1er de lanciers, commandé par le colonel Rochefort, arrivait à la hauteur de la rue Taitbout, un groupe nombreux couvrait l'asphalte du boulevard. C'étaient des habitants du quartier, des négociants, des artistes, des journalistes, et parmi eux quelques femmes tenant de jeunes enfants par la main. Au passage du régiment, hommes, femmes, tous crient: vive la constitution! vive la loi! vive la république! Le colonel Rochefort—le même qui avait présidé, le 31 octobre 1851, à l'École militaire, le banquet donné par le 1er lanciers au 7e, et qui, dans ce banquet, avait prononcé ce toast: «Au prince Napoléon, au chef de l'état; il est la personnification de l'ordre dont nous sommes les défenseurs»,—ce colonel, au cri tout légal poussé par la foule, lance son cheval au milieu du groupe, à travers les chaises du trottoir; les lanciers se ruent à sa suite, et hommes, femmes, enfants, tout est sabré. «Bon nombre d'entre eux restèrent sur place», dit un apologiste du coup d'état, lequel ajoute: «Ce fut l'affaire d'un instant[33].»

«Vers deux heures, on braquait deux obusiers à l'extrémité du boulevard Poissonnière, à cent cinquante pas de la petite barricade-lunette du poste Bonne-Nouvelle. En mettant ces pièces en batterie, les soldats du train, peu accoutumés pourtant aux fausses manoeuvres, brisèrent le timon d'un caisson.—*Vous voyez bien qu'ils sont soûls!* cria un homme du peuple.

«À deux heures et demie, car il faut suivre minute à minute et pas à pas ce drame hideux, le feu s'ouvrit devant la barricade, mollement, et comme avec distraction. Il semblait que les chefs militaires eussent l'esprit à toute autre chose qu'à un combat. En effet, on va savoir à quoi ils songeaient.

«Le premier coup de canon, mal ajusté, passa par-dessus toutes les barricades. Le projectile alla tuer au Château-d'Eau un jeune garçon qui puisait de l'eau dans le bassin.

«Les boutiques s'étaient fermées, et presque toutes les fenêtres. Une croisée pourtant était restée ouverte à un étage supérieur de la maison qui fait l'angle de la rue du Sentier. Les curieux continuaient d'affluer principalement sur le trottoir méridional. C'était de la foule, et rien de plus, hommes, femmes, enfants et vieillards, à laquelle la barricade, peu attaquée, peu défendue, faisait l'effet de la petite guerre.

«Cette barricade était un spectacle en attendant qu'elle devînt un prétexte.

IV

«Il y avait un quart d'heure environ que la troupe tiraillait et que la barricade ripostait sans qu'il y eût un blessé de part ni d'autre, quand tout à coup, comme par une commotion électrique, un mouvement extraordinaire et terrible se fit dans l'infanterie d'abord, puis dans la cavalerie. La troupe changea subitement de front.

«Les historiographes du coup d'état ont raconté qu'un coup de feu, dirigé contre les soldats, était parti de la fenêtre restée ouverte au coin de la rue du Sentier. D'autres ont dit du faîte de la maison qui fait l'angle de la rue Notre-Dame-de-Recouvrance et de la rue Poissonnière. Selon d'autres, le coup serait un coup de pistolet et aurait été tiré du toit de la haute maison qui marque le coin de la rue Mazagran. Ce coup est contesté, mais ce qui est incontestable, c'est que pour avoir tiré ce coup de pistolet problématique, qui n'est peut-être autre chose qu'une porte fermée avec bruit, un dentiste habitant la maison voisine a été fusillé. En somme, un coup de pistolet ou de fusil venant d'une des maisons du boulevard a-t-il été entendu? est-ce vrai? est-ce faux? une foule de témoins nient.

«Si le coup de feu a été tiré, il reste à éclaircir une question: a-t-il été une cause? ou a-t-il été un signal?

«Quoi qu'il en soit, subitement, comme nous venons de le dire, la cavalerie, l'infanterie, l'artillerie, firent front à la foule massée sur les trottoirs, et, sans qu'on put deviner pourquoi, brusquement, sans motif, «sans sommation», comme l'avaient déclaré les infâmes affiches du matin, du Gymnase jusqu'aux Bains chinois, c'est-à-dire dans toute la longueur du boulevard le plus riche, le plus vivant et le plus joyeux de Paris, une tuerie commença.

«L'armée se mit à fusiller le peuple à bout portant.

«Ce fut un moment sinistre et inexprimable; les cris, les bras levés au ciel, la surprise, l'épouvante, la foule fuyant dans toutes les directions, une grêle de balles pleuvant et remontant depuis les pavés jusqu'aux toits, en une minute les morts jonchant la chaussée, des jeunes gens tombant le cigare à la bouche, des femmes en robes de velours tuées roides par les biscaïens, deux libraires arquebusés au seuil de leurs boutiques sans avoir su ce qu'on leur voulait, des coups de fusil tirés par les soupiraux des caves et y tuant n'importe qui, le bazar criblé d'obus et de boulets, l'hôtel Sallandrouze bombardé, la Maison d'Or mitraillée, Tortoni pris d'assaut, des centaines de cadavres sur le boulevard, un ruisseau de sang rue de Richelieu.

«Qu'il soit encore ici permis au narrateur de s'interrompre.

«En présence de ces faits sans nom, moi qui écris ces lignes, je le déclare, je suis un greffier, j'enregistre le crime; j'appelle la cause. Là est toute ma fonction. Je cite Louis Bonaparte, je cite Saint-Arnaud, Maupas, Morny, Magnan, Carrelet, Canrobert, Reybell, ses complices; je cite les autres encore dont on retrouvera ailleurs les noms; je cite les bourreaux, les meurtriers, les témoins, les victimes, les canons chauds, les sabres fumants, l'ivresse des soldats, le deuil des familles, les mourants, les morts, l'horreur, le sang et les larmes à la barre du monde civilisé.

«Le narrateur seul, quel qu'il fût, on ne le croirait pas. Donnons donc la parole aux faits vivants, aux faits saignants. Écoutons les témoignages.

V

«Nous n'imprimerons pas le nom des témoins, nous avons dit pourquoi; mais on reconnaîtra l'accent sincère et poignant de la réalité.

«Un témoin dit:

«... Je n'avais pas fait trois pas sur le trottoir quand la troupe qui défilait s'arrêta tout à coup, fit volte-face la figure tournée vers le midi, abattit ses armes, et fit feu sur la foule éperdue, par un mouvement instantané.

«Le feu continua sans interruption pendant vingt minutes, dominé de temps en temps par quelques coups de canon.

«Au premier feu, je me jetai à terre et je me traînai comme un reptile sur le trottoir jusqu'à la première porte entr'ouverte que je pus rencontrer.

«C'était la boutique d'un marchand de vin, située au n° 180, à côté du bazar de l'Industrie. J'entrai le dernier. La fusillade continuait toujours.

«Il y avait dans cette boutique près de cinquante personnes, et parmi elles cinq ou six femmes, deux ou trois enfants. Trois malheureux étaient entrés blessés, deux moururent au bout d'un quart d'heure d'horribles souffrances; le troisième vivait encore quand je sortis de cette boutique à quatre heures; il ne survécut pas du reste à sa blessure, ainsi que je l'ai appris plus tard.

«Pour donner une idée du public sur lequel la troupe avait tiré, je ne puis rien faire de mieux que de citer quelques exemples des personnes réunies dans cette boutique.

«Quelques femmes, dont deux venaient d'acheter dans le quartier les provisions de leur dîner; un petit clerc d'huissier envoyé en course par son patron; deux ou trois coulissiers de la Bourse; deux ou trois propriétaires; quelques ouvriers, peu ou point vêtus de blouse. Un des malheureux réfugiés dans cette boutique m'a produit une vive impression; c'était un homme d'une trentaine d'années, blond, vêtu d'un paletot gris, il se rendait avec sa femme dîner au faubourg Montmartre dans sa famille, quand il fut arrêté sur le boulevard par le passage de la colonne de troupes. Dans le premier moment, et dès la première décharge, sa femme et lui tombèrent; il se releva, fut entraîné dans la boutique du marchand de vin, mais il n'avait plus sa femme à son bras, et son désespoir ne peut être dépeint. Il voulait à toute force, et malgré nos représentations, se faire ouvrir la porte et courir à la recherche de sa femme au milieu de la mitraille qui balayait la rue. Nous eûmes les plus grandes peines à le retenir pendant une heure. Le lendemain j'appris que sa femme avait été tuée et que le cadavre avait été reconnu dans la cité Bergère. Quinze jours plus tard, j'appris que ce malheureux, ayant menacé de faire subir à M. Bonaparte la peine du talion, avait été arrêté et transporté à Brest, en destination de Cayenne. Presque tous les citoyens réunis dans la boutique du marchand de vin appartenaient aux opinions monarchiques, et je ne rencontrai parmi eux qu'un ancien compositeur de *la Réforme*, du nom de Meunier, et l'un de ses amis, qui s'avouassent républicains. Vers quatre heures, je sortis de cette boutique.»

«Un témoin, de ceux qui croient avoir entendu le coup de feu parti de la rue de Mazagran, ajoute:

«Ce coup de feu, c'est pour la troupe le signal d'une fusillade dirigée sur toutes les maisons et leurs fenêtres, dont le roulement dure au moins trente minutes. Il est simultané depuis la porte Saint-Denis jusqu'au café du

Grand-Balcon. Le canon vient bientôt se mêler à la mousqueterie.»

«Un témoin dit:

«... À trois heures et un quart un mouvement singulier a lieu. Les soldats qui faisaient face à la porte Saint-Denis opèrent instantanément un changement de front, s'appuyant sur les maisons depuis le Gymnase, la maison du Pont-de-Fer, l'hôtel Saint-Phar, et aussitôt un feu roulant s'exécute sur les personnes qui se trouvent au côté opposé, depuis la rue Saint-Denis jusqu'à la rue Richelieu. Quelques minutes suffisent pour couvrir les trottoirs de cadavres; les maisons sont criblées de balles, et cette rage conserva son paroxysme pendant trois quarts d'heure.»

«Un témoin dit:

«... Les premiers coups de canon dirigés sur la barricade Bonne-Nouvelle avaient servi de signal au reste de la troupe, qui avait fait feu presque en même temps sur tout ce qui se trouvait à portée de son fusil.»

«Un témoin dit:

«Les paroles ne peuvent rendre un pareil acte de barbarie. Il faut en avoir été témoin pour oser le redire et pour attester la vérité d'un fait aussi inqualifiable.

«Il a été tiré des coups de fusil par milliers, c'est inappréciable[34], par la troupe, sur tout le monde inoffensif, et cela sans nécessité aucune. On avait voulu produire une forte impression. Voilà tout.»

«Un témoin dit:

«Lorsque l'agitation était très grande sur le boulevard, la ligne, suivie de l'artillerie et de la cavalerie, arrivait. On a vu un coup de fusil tiré du milieu de la troupe, et il était facile de voir qu'il avait été tiré en l'air, par la fumée qui s'élevait perpendiculairement. Alors ce fut le signal de tirer sans sommation et de charger à la bayonnette sur le peuple. Ceci est significatif, et prouve que la troupe voulait avoir un semblant de motif pour commencer le massacre qui a suivi.»

«Un témoin raconte:

«... Le canon chargé à mitraille hache les devantures des maisons depuis le magasin du *Prophète* jusqu'à la rue Montmartre. Du boulevard Bonne-Nouvelle on a dû tirer aussi à boulet sur la maison Billecocq, car elle a été atteinte à l'angle du côté d'Aubusson, et le boulet, après avoir percé le mur, a pénétré dans l'intérieur.»

«Un autre témoin, de ceux qui nient le coup de feu, dit:

«On a cherché à atténuer cette fusillade et ces assassinats, en prétendant que des fenêtres de quelques maisons on avait tiré sur les troupes. Outre que le rapport officiel du général Magnan semble démentir ce bruit, j'affirme que les décharges ont été instantanées de la porte Saint-Denis à la porte Montmartre, et qu'il n'y a pas eu, avant la décharge générale, un seul coup tiré isolément, soit des fenêtres, soit par la troupe, du faubourg Saint-Denis au boulevard des Italiens.»

«Un autre, qui n'a pas non plus entendu le coup de feu, dit:

«Les troupes défilaient devant le perron de Tortoni, où j'étais depuis vingt minutes environ, lorsque, avant qu'aucun bruit de coup de feu soit arrivé à nous, elles s'ébranlent; la cavalerie prend le galop, l'infanterie le pas de course. Tout d'un coup nous voyons venir du côté du boulevard Poissonnière une nappe de feu qui s'étend et gagne rapidement. La fusillade commencée, je puis garantir qu'aucune explosion n'avait précédé, que pas un coup de fusil n'était parti des maisons depuis le café Frascati jusqu'à l'endroit où je me tenais. Enfin, nous voyons les canons des fusils des soldats qui étaient devant nous s'abaisser et nous menacer. Nous nous réfugions rue Taitbout, sous une porte cochère. Au même moment les balles passent par-dessus nous et autour de nous. Une femme est tuée à dix pas de moi au moment où je me cachais sous la porte cochère. Il n'y avait là, je peux le jurer, ni barricade ni insurgés; il y avait des *chasseurs, et du gibier* qui fuyait, voilà tout.»

«Cette image «chasseurs et gibier» est celle qui vient tout d'abord à l'esprit de ceux qui ont vu cette chose épouvantable. Nous retrouvons l'image dans les paroles d'un autre témoin:

«... On voyait les gendarmes mobiles dans le bout de ma rue, et je sais qu'il en était de même dans le voisinage, tenant leurs fusils et se tenant eux-mêmes dans la position *du chasseur qui attend le départ du gibier*, c'est-à-dire le fusil près de l'épaule pour être plus prompt à ajuster et tirer.»

«Aussi, pour prodiguer les premiers soins aux blessés tombés dans la rue Montmartre près des portes, voyait-on de distance en distance les portes s'ouvrir, un bras s'allonger et retirer avec précipitation le cadavre ou le moribond que les balles lui disputaient encore.»

«Un autre témoin rencontre encore la même image:

«Les soldats embusqués au coin des rues attendaient les citoyens au passage *comme des chasseurs guettent leur gibier*, et, à mesure qu'ils les voyaient engagés dans la rue, ils tiraient sur eux *comme sur une cible*. De nombreux citoyens ont été tués de cette manière, rue du Sentier, rue Rougemont et rue du Faubourg-Poissonnière.

* * * * *

«Partez, disaient les officiers aux citoyens inoffensifs qui leur demandaient protection. À cette parole ceux-ci s'éloignaient bien vite et avec confiance; mais ce n'était là qu'un mot d'ordre qui signifiait: *mort*, et, en effet, à peine avaient-ils fait quelques pas qu'ils tombaient à la renverse.»

«Au moment où le feu commençait sur les boulevards, dit un autre témoin, un libraire voisin de la maison des tapis s'empressait de fermer sa devanture, lorsque des fuyards cherchant à entrer sont soupçonnés par la troupe ou la gendarmerie mobile, je ne sais laquelle, d'avoir fait feu sur elles. La troupe pénètre dans la maison du libraire. Le libraire veut faire des observations; il est seul amené devant sa porte, et sa femme et sa fille n'ont que le temps de se jeter entre lui et les soldats qu'il tombait mort. La femme avait la cuisse traversée et la fille était sauvée par le busc de son corset. La femme, m'a-t-on dit, est devenue folle depuis.»

«Un autre témoin dit:

«... Les soldats pénétrèrent dans les deux librairies qui sont entre la maison du *Prophète* et celle de M. Sallandrouze. Les meurtres commis sont avérés. On a égorgé les deux libraires sur le trottoir. Les autres prisonniers le furent dans les magasins.»

«Terminons par ces trois extraits, qu'on ne peut transcrire sans frissonner:

«Dans le premier quart d'heure de cette horreur, dit un témoin, le feu, un moment moins vif, laisse croire à quelques citoyens qui n'étaient que blessés qu'ils pouvaient se relever. Parmi les hommes gisant devant le *Prophète* deux se soulevèrent. L'un prit la fuite par la rue du Sentier dont quelques mètres seulement le séparaient. Il y parvint au milieu des balles qui emportèrent sa casquette. Le second ne put que se mettre à genoux, et, les mains jointes, supplier les soldats de lui faire grâce; mais il tomba à l'instant même fusillé. Le lendemain on pouvait remarquer, à côté du perron du *Prophète*, une place, à peine large de quelques pieds, où plus de cent balles avaient porté.

«À l'entrée de la rue Montmartre jusqu'à la fontaine, l'espace de soixante pas, il y avait soixante cadavres, hommes, femmes, dames, enfants, jeunes filles. Tous ces malheureux étaient tombés victimes des premiers coups de feu tirés par la troupe et par la gendarmerie, placées en face sur l'autre côté des boulevards. Tout cela fuyait aux premières détonations, faisait encore quelques pas, puis enfin s'affaissait pour ne plus se relever. Un jeune homme s'était réfugié dans le cadre d'une porte cochère et s'abritait sous la saillie du mur du côté des boulevards. *Il servait de cible* aux soldats. Après dix minutes de coups maladroits, il fut atteint malgré tous ses efforts pour s'amincir en s'élevant, et on le vit s'affaisser aussi pour ne plus se relever.»

«Un autre:

«... Les glaces et les fenêtres de la maison du Pont-de-Fer furent brisées. Un homme qui se trouvait dans la cour était devenu fou de terreur. Les caves étaient pleines de femmes qui s'y étaient sauvées inutilement. Les soldats faisaient feu dans les boutiques et par les soupiraux des caves. De Tortoni au Gymnase, c'était comme cela. Cela dura plus d'une heure.»

VI

«Bornons là ces extraits. Fermons cet appel lugubre. C'est assez pour les preuves.

«L'exécration du fait est patente. Cent autres témoignages que nous avons là sous les yeux répètent presque dans les mêmes termes les mêmes faits. Il est certain désormais, il est prouvé, il est hors de doute et de question, il est visible comme le soleil que, le jeudi 4 décembre 1851, la population inoffensive de Paris, la population non mêlée au combat, a été mitraillée sans sommation et massacrée dans un simple but d'intimidation, et qu'il n'y a pas d'autre sens à donner au mot mystérieux de M. Bonaparte.

«Cette exécution dura jusqu'à la nuit tombante. Pendant plus d'une heure ce fut sur le boulevard comme une orgie de mousqueterie et d'artillerie. La canonnade et les feux de peloton se croisaient au hasard; à un certain moment les soldats s'entre-tuaient. La batterie du 6e régiment d'artillerie qui faisait partie de la brigade Canrobert fut démontée; les chevaux, se cabrant au milieu des balles, brisèrent les avant-trains, les roues et les timons, et de toute la batterie, en moins d'une minute, il ne resta qu'une seule pièce qui pût rouler. Un escadron entier du 1er lanciers fut obligé de se réfugier dans un hangar rue Saint-Fiacre. On compta le lendemain, dans les flammes des lances, soixante-dix trous de balle. La furie avait pris les soldats. Au coin de la rue Rougemont, au milieu de la fumée, un général agita les bras comme pour les retenir; un chirurgien aide-major du 27e faillit être tué par des soldats qu'il voulait modérer. Un sergent dit à un officier qui lui arrêtait le bras: Lieutenant, vous trahissez. Les soldats n'avaient plus conscience d'eux-mêmes, ils étaient comme fous du crime qu'on leur faisait commettre. Il vient un moment où l'abomination même de ce que vous faites vous fait redoubler les coups. Le sang est une sorte de vin horrible; le massacre enivre.

«Il semblait qu'une main aveugle lançât la mort du fond d'une nuée. Les soldats n'étaient plus que des projectiles.

«Deux pièces étaient braquées de la chaussée du boulevard sur une seule façade de maison, le magasin Sallandrouze, et tiraient sur la façade à outrance, à toute volée, à quelques pas de distance, à bout portant. Cette maison, ancien hôtel bâti en pierre de taille et remarquable par son perron presque monumental, fendue par les boulets comme par des coins de fer, s'ouvrait, se lézardait, se crevassait du haut en bas; les soldats redoublaient. À chaque décharge un craquement se faisait entendre. Tout à coup un officier d'artillerie arrive au galop et crie: arrêtez! arrêtez! La maison penchait en avant; un boulet de plus, elle croulait sur les canons et sur les canonniers.

«Les canonniers étaient ivres au point que, ne sachant plus ce qu'ils faisaient, plusieurs se laissèrent tuer par le recul des canons. Les balles venaient à la fois de la porte Saint-Denis, du boulevard Poissonnière et du boulevard Montmartre; les artilleurs, qui les entendaient siffler dans tous les sens à leurs oreilles, se couchaient sur leurs chevaux, les hommes du train se réfugiaient sous les caissons et derrière les fourgons; on vit des soldats, laissant tomber leur képi, s'enfuir éperdus dans la rue Notre-Dame-de-Recouvrance; des cavaliers perdant la tête tiraient leurs carabines en l'air; d'autres mettaient pied à terre et se faisaient un abri de leurs chevaux. Trois ou quatre chevaux échappés couraient çà et là effarés de terreur.

«Des jeux effroyables se mêlaient au massacre. Les tirailleurs de Vincennes s'étaient établis sur une des barricades du boulevard qu'ils avaient prise à la bayonnette, et de là ils s'exerçaient au tir sur les passants éloignés. On entendait des maisons voisines ces dialogues hideux:—Je gage que je descends celui-ci.—Je parie que non.—Je parie que si.—Et le coup partait. Quand l'homme tombait, cela se devinait à un éclat de rire. Lorsqu'une femme passait:—Tirez à la femme! criaient les officiers; tirez aux femmes!

«C'était là un des mots d'ordre; sur le boulevard Montmartre, où l'on usait beaucoup de la bayonnette, un jeune capitaine d'état-major criait: Piquez les femmes!

«Une femme crut pouvoir traverser la rue Saint-Fiacre, un pain sous le bras; un tirailleur l'abattit.

«Rue Jean-Jacques-Rousseau on n'allait pas jusque-là; une femme cria: vive la république! elle fut seulement fouettée par les soldats. Mais revenons au boulevard.

«Un passant, huissier, fut visé au front et atteint. Il tomba sur les mains et sur les genoux en criant: grâce! Il reçut treize autres balles dans le corps. Il a survécu. Par un hasard inouï, aucune blessure n'était mortelle. La balle du front avait labouré la peau et fait le tour du crâne sans le briser.

«Un vieillard de quatrevingts ans, trouvé blotti on ne sait où, fut amené devant le perron du *Prophète* et fusillé. Il tomba.—*Il ne se fera pas de bosse à la tête*, dit un soldat. Le vieillard était tombé sur un monceau de cadavres. Deux jeunes gens d'Issy, mariés depuis un mois et ayant épousé les deux soeurs, traversaient le boulevard, venant de leurs affaires. Ils se virent couchés en joue. Ils se jetèrent à genoux, ils criaient: Nous avons épousé les deux soeurs! On les tua. Un marchand de coco, nommé Robert et demeurant faubourg Poissonnière, n° 97, s'enfuyait rue Montmartre, sa fontaine sur le dos. On le tua[35]. Un enfant de treize ans, apprenti sellier, passait sur le boulevard devant le café Vachette; on l'ajuste. Il pousse des cris désespérés; il tenait à la main une bride de cheval; il l'agitait en disant: Je fais une commission. On le tua. Trois balles lui trouèrent la poitrine. Tout le long du boulevard on entendait les hurlements et les soubresauts des blessés que les soldats lardaient à coups de bayonnette et laissaient là sans même les achever.

«Quelques bandits prenaient le temps de voler. Un caissier d'une association dont le siège était rue de la Banque sort de sa caisse à deux heures, va rue Bergère toucher un effet, revient avec l'argent, est tué sur le boulevard. Quand on releva son cadavre, il n'avait plus sur lui ni sa bague, ni sa montre, ni la somme d'argent qu'il rapportait.

«Sous prétexte de coups de fusil tirés sur la troupe, on entra dans dix ou douze maisons çà et là et l'on passa à la bayonnette tout ce qu'on y trouva. Il y a à toutes les maisons du boulevard des conduits de fonte par où les eaux sales des maisons se dégorgent au dehors dans le ruisseau. Les soldats, sans savoir pourquoi, prenaient en défiance ou en haine telle maison fermée du haut en bas, muette, morne, et qui, comme toutes les maisons du boulevard, semblait inhabitée, tant elle était silencieuse. Ils frappaient à la porte, la porte s'ouvrait, ils entraient. Un moment après on voyait sortir de la bouche des conduits de fonte un flot rouge et fumant. C'était du sang.

«Un capitaine, les yeux hors de la tête, criait aux soldats: Pas de quartier! Un chef de bataillon vociférait: Entrez dans les maisons et tuez tout!

«On entendait des sergents dire: Tapez sur les *bédouins, ferme sur les bédouins* !—«Du temps de l'oncle, raconte un témoin, les soldats appelaient les bourgeois pékins. Actuellement nous sommes des bédouins. Lorsque les soldats massacraient les habitants, c'était au cri de: *Hardi sur les bédouins!*»

«Au cercle de Frascati, où plusieurs habitués, entre autres un vieux général, étaient réunis, on entendait ce tonnerre de mousqueterie et de canonnade, et l'on ne pouvait croire qu'on tirât à balle. On riait et l'on disait: «C'est à poudre. Quelle mise en scène! Quel comédien que ce Bonaparte-là!» On se croyait au Cirque. Tout à coup les soldats entrent furieux, et veulent fusiller tout le monde. On ne se doutait pas du danger qu'on courait. On riait toujours. Un témoin nous disait: *Nous croyions que cela faisait partie de la bouffonnerie*. Cependant, les soldats menaçant toujours, on finit par comprendre.—*Tuons tout*! disaient-ils. Un lieutenant qui reconnut le vieux général les en empêcha. Pourtant un sergent: *Lieutenant, f...-nous la paix; ce n'est pas votre affaire, c'est la nôtre*.

«Les soldats tuaient pour tuer. Un témoin dit: On a fusillé dans la cour des maisons jusqu'aux chevaux, jusqu'aux chiens.»

«Dans la maison qui fait, avec Frascati, l'angle de la rue Richelieu, on voulait arquebuser tranquillement même les femmes et les enfants; ils étaient déjà en tas pour cela en face d'un peloton quand un colonel survint; il sursit au meurtre, parqua ces pauvres êtres tremblants dans le passage des Panoramas, dont il fit fermer les grilles, et les sauva. Un écrivain distingué, M. Lireux, ayant échappé aux premières balles, fut promené deux heures durant, de corps de garde en corps de garde, pour être fusillé. Il fallut des miracles pour le sauver. Le célèbre artiste Sax, qui se trouvait par occasion dans le magasin de musique de Brandus, allait y être fusillé, quand un général le reconnut. Partout ailleurs on tua au hasard.

«Le premier qui fut tué dans cette boucherie,—l'histoire garde aussi le nom du premier massacré de la Saint-Barthélémy,—s'appelait Théodore Debaecque, et demeurait dans la maison du coin de la rue du Sentier, par laquelle le carnage commença.

VII

«La tuerie terminée,—c'est-à-dire à la nuit noire,—on avait commencé en plein jour,—on n'enleva pas les cadavres; ils étaient tellement pressés que rien que devant une seule boutique, la boutique de Barbedienne, on en compta trente-trois. Chaque carré de terre découpé dans l'asphalte au pied des arbres du boulevard était un réservoir de sang. «Les morts, dit un témoin, étaient entassés en monceaux, les uns sur les autres, vieillards, enfants, blouses et paletots réunis dans un indescriptible pêle-mêle, têtes, bras, jambes confondus.»

«Un autre témoin décrit ainsi un groupe de trois individus: «Deux étaient renversés sur le dos; un troisième, s'étant embarrassé entre leurs jambes, était tombé sur eux.» Les cadavres isolés étaient rares, on les remarquait plus que les autres. Un jeune homme bien vêtu était assis, adossé à un mur, les jambes écartées, les bras à demi croisés, un jonc de Verdier dans la main droite, et semblait regarder; il était mort. Un peu plus loin les balles avaient cloué contre une boutique un adolescent en pantalon de velours de coton, qui tenait à la main des épreuves d'imprimerie. Le vent agitait ces feuilles sanglantes sur lesquelles le poignet du mort s'était crispé. Un pauvre vieux, à cheveux blancs, était étendu au milieu de la chaussée, avec son parapluie à côté de lui. Il touchait presque du coude un jeune homme en bottes vernies et en gants jaunes qui gisait ayant encore le lorgnon dans l'oeil. À quelques pas était couchée, la tête sur le trottoir, les pieds sur le pavé, une femme du peuple qui s'enfuyait son enfant dans ses bras. La mère et l'enfant étaient morts, mais la mère n'avait pas lâché l'enfant.

«Ah! vous me direz, monsieur Bonaparte, que vous en êtes bien fâché, mais que c'est un malheur; qu'en présence de Paris prêt à se soulever il a bien fallu prendre un parti et que vous avez été acculé à cette nécessité; et que, quant au coup d'état, vous aviez des dettes, que vos ministres avaient des dettes, que vos aides de camp avaient des dettes, que vos valets de pied avaient des dettes; que vous répondiez de tout; qu'on n'est pas prince, que diable! pour ne pas manger de temps en temps quelques millions de trop; qu'il faut bien s'amuser un peu et jouir de la vie; que c'est la faute à l'assemblée qui n'a pas su comprendre cela et qui voulait vous condamner à quelque chose comme deux maigres millions par an, et, qui plus est, vous forcer de quitter le pouvoir au bout de vos quatre ans et d'exécuter la constitution; qu'on ne peut pas, après tout, sortir de l'Élysée pour entrer à Clichy; que vous aviez en vain eu recours aux petits expédients prévus par l'article 405; que les scandales approchaient, que la presse démagogique jasait, que l'affaire des lingots d'or allait éclater, que vous devez du respect au nom de Napoléon, et que, ma foi! n'ayant plus d'autre choix, plutôt que d'être un des vulgaires escrocs du code, vous avez mieux aimé être un des grands assassins de l'histoire!

«Donc, au lieu de vous souiller, ce sang vous a lavé. Fort bien.

«Je continue.

VIII

«Quand ce fut fini, Paris vint voir; la foule afflua dans ces lieux terribles; on la laissa faire. C'était le but du massacreur. Louis Bonaparte n'avait pas fait cela pour le cacher.

«Le côté sud du boulevard était couvert de papiers de cartouches déchirées, le trottoir du côté nord disparaissait sous les plâtras détachés par les balles des façades des maisons, et était tout blanc comme s'il avait neigé; les flaques de sang faisaient de larges taches noirâtres dans cette neige de débris. Le pied n'évitait un cadavre que pour rencontrer des éclats de vitre, de plâtre ou de pierre; certaines maisons étaient si écrasées de mitraille et de boulets qu'elles semblaient prêtes à crouler, entre autres la maison Sallandrouze dont nous avons parlé et le magasin de deuil au coin du faubourg Montmartre. «La maison Billecoq, dit un témoin, est encore aujourd'hui étayée par de fortes pièces en bois et la façade sera en partie reconstruite. La maison des tapis est percée à jour en plusieurs endroits.» Un autre témoin dit: «Toutes les maisons, depuis le cercle des étrangers jusqu'à la rue Poissonnière, étaient littéralement criblées de balles, du côté droit du boulevard surtout. Une des grandes glaces du magasin de la *Petite Jeannette* en avait reçu certainement plus de deux cents pour sa part. Il n'y avait pas une fenêtre qui n'eût la sienne. On respirait une atmosphère de salpêtre.» Trente-sept cadavres étaient entassés dans la cité Bergère, et les passants pouvaient les compter à travers la grille. Une femme était arrêtée à l'angle de la rue Richelieu. Elle regardait. Tout à coup elle s'aperçoit qu'elle a les pieds mouillés:—Tiens, dit-elle, il a donc plu? j'ai les pieds dans l'eau.—Non, madame, lui dit un passant, ce n'est pas de l'eau.—Elle avait les pieds dans une mare de sang.

«Rue Grange-Batelière, on voyait dans un coin trois cadavres entièrement nus.

«Pendant la tuerie, les barricades du boulevard avaient été enlevées par la brigade Bourgon. Les cadavres des défenseurs de la barricade de la porte Saint-Denis dont nous avons parlé en commençant ce récit furent entassés devant la porte de la maison Jouvin. Mais, dit un témoin, «ce n'était rien comparé aux monceaux qui couvraient le boulevard».

«À deux pas du théâtre des Variétés, la foule s'arrêtait devant une casquette pleine de cervelle et de sang accrochée à une branche d'arbre.

«Un témoin dit: «Un peu plus loin que les Variétés, je rencontre un cadavre, la face contre terre; je veux le relever, aidé de quelques personnes; des soldats nous repoussent... Un peu plus loin il y avait deux corps, un homme et une femme, puis un seul, un ouvrier...» (nous abrégeons...) «De la rue Montmartre à la rue du Sentier, *on marchait littéralement dans le sang*; il couvrait le trottoir dans certains endroits d'une épaisseur de quelques lignes, et, sans hyperbole, sans exagération, il fallait des précautions pour ne pas y mettre les pieds. Je comptai là trente-trois cadavres. Ce spectacle était au-dessus de mes forces; je sentais de grosses larmes sillonner mes joues. Je demandai à traverser la chaussée pour rentrer chez moi, ce qui me fut *accordé.*»

«Un témoin dit: «L'aspect du boulevard était horrible. *Nous marchions dans le sang, à la lettre.* Nous comptâmes dix-huit cadavres dans une longueur de vingt-cinq pas.»

«Un témoin, marchand de la rue du Sentier, dit: «J'ai fait le trajet du boulevard du Temple chez moi; je suis rentré avec un pouce de sang à mon pantalon.»

«Le représentant Versigny raconte: «Nous apercevions au loin, jusque près de la porte Saint-Denis, les immenses feux des bivouacs de la troupe. C'était, avec quelques rares lampions, la seule clarté qui permit de se retrouver au milieu de cet affreux carnage. Le combat du jour n'était rien à côté de ces cadavres et de ce silence. R... et moi, nous étions anéantis. Un citoyen vint à passer; sur une de mes exclamations, il s'approcha, me prit la main et me dit:—Vous êtes républicain, moi j'étais ce qu'on appelait un ami de l'ordre, un réactionnaire; mais il faudrait être abandonné de Dieu pour ne pas exécrer cette effroyable orgie. La France est déshonorée! et il nous quitta en sanglotant.»

«Un témoin qui nous permet de le nommer, un légitimiste, l'honorable M. de Cherville, déclare: «... Le soir, j'ai voulu recommencer ces tristes investigations. Je rencontrai, rue Le Peletier, MM. Bouillon et Gervais (de Caen); nous fîmes quelques pas ensemble, et je glissai. Je me retins à M. Bouillon. Je regardai à mes pieds. J'avais marché dans une large flaque de sang. Alors M. Bouillon me raconta que le matin, étant à sa fenêtre, il avait vu le pharmacien dont il me montrait la boutique, occupé à en fermer la porte. Une femme tomba, le pharmacien se précipita pour la relever; au même instant un soldat l'ajusta et le frappa à dix pas d'une balle dans la tête. M. Bouillon, indigné et oubliant son propre danger, cria aux passants qui étaient là: Vous témoignerez tous de ce qui vient de se passer.»

«Vers les onze heures du soir, quand les bivouacs furent allumés partout, M. Bonaparte permit qu'on s'amusât. Il y eut sur le boulevard comme une fête de nuit. Les soldats riaient et chantaient en jetant au feu les débris des barricades, puis, comme à Strasbourg et à Boulogne, vinrent les distributions d'argent. Écoutons ce que raconte un témoin: «J'ai vu, à la porte Saint-Denis, un officier d'état-major remettre deux cents francs au chef d'un détachement de vingt hommes en lui disant: Le prince m'a chargé de vous remettre cet argent, pour être distribué à vos braves soldats. Il ne bornera pas là les témoignages de sa satisfaction.—Chaque soldat a reçu dix francs.»

«Le soir d'Austerlitz, l'empereur disait:—Soldats, je suis content de vous!

«Un autre ajoute: «Les soldats, le cigare à la bouche, narguaient les passants et faisaient sonner l'argent qu'ils avaient dans la poche.» Un autre dit: «Les officiers cassaient les rouleaux de louis *comme des bâtons de chocolat.*»

«Les sentinelles ne permettaient qu'aux femmes de passer; si un homme se présentait, on lui criait: au large! Des tables étaient dressées dans les bivouacs; officiers et soldats y buvaient. La flamme des brasiers se reflétait sur tous ces visages joyeux. Les bouchons et les capsules blanches du vin de Champagne surnageaient sur les ruisseaux rouges de sang. De bivouac à bivouac on s'appelait avec de grands cris et des plaisanteries obscènes. On se saluait: vive les gendarmes! vive les lanciers! et tous ajoutaient: vive Louis-Napoléon! On entendait le choc des verres et le bruit des bouteilles brisées. Çà et là, dans l'ombre, une bougie de cire jaune ou une lanterne à la main, des femmes rôdaient parmi les cadavres, regardant l'une après l'autre ces faces pâles et cherchant celle-ci son fils, celle-ci son père, celle-là son mari.

IX

«Délivrons-nous tout de suite de ces affreux détails.

«Le lendemain 5, au cimetière Montmartre, on vit une chose épouvantable.

«Un vaste espace, resté vague jusqu'à ce jour, fut «utilisé» pour l'inhumation provisoire de quelques-uns des massacrés. Ils étaient ensevelis la tête hors de terre, afin que leurs familles pussent les reconnaître. La plupart, les pieds dehors, avec un peu de terre sur la poitrine. La foule allait là, le flot des curieux vous poussait, on errait au milieu des sépulcres, et par instants on sentait la terre plier sous soi; on marchait sur le ventre d'un cadavre. On se retournait, on voyait sortir de terre des bottes et des sabots ou des brodequins de femme; de l'autre côté était la tête que votre pression sur le corps faisait remuer.

«Un témoin illustre, le grand statuaire David, aujourd'hui proscrit et errant hors de France, dit:

«J'ai vu au cimetière Montmartre une quarantaine de cadavres encore vêtus de leurs habits; on les avait placés à côté l'un de l'autre; quelques pelletées de terre les cachaient jusqu'à la tête, qu'on avait laissée découverte, afin que les parents les reconnussent. Il y avait si peu de terre qu'on voyait les pieds encore à découvert, et le public marchait sur ces corps, ce qui était horrible. Il y avait là de nobles têtes de jeunes hommes tout empreintes de courage; au milieu était une pauvre femme, la domestique d'un boulanger, qui avait été tuée en portant le pain aux pratiques de son maître, et à côté une belle jeune fille, marchande de fleurs sur le boulevard. Ceux qui cherchaient des personnes disparues étaient obligés de fouler aux pieds les corps afin de pouvoir regarder de près les têtes. J'ai entendu un homme du peuple dire avec une expression d'horreur: On marche comme sur un tremplin.»

«La foule continua de se porter aux divers lieux où des victimes avaient été déposées, notamment cité Bergère; si bien que ce même jour, 5, comme la multitude croissait et devenait importune, et qu'il fallait éloigner les curieux, on put lire sur un grand écriteau à l'entrée de la cité Bergère ces mots en lettres majuscules: *Ici il n'y a plus de cadavres.*

«Les trois cadavres nus de la rue Grange-Batelière ne furent enlevés que le 5 au soir.

«On le voit et nous y insistons, dans le premier moment et pour le profit qu'il en voulait faire, le coup d'état ne chercha pas le moins du monde à cacher son crime; la pudeur ne lui vint que plus tard; le premier jour, bien au contraire, il l'étala. L'atrocité ne suffisait pas, il fallait le cynisme. Massacrer n'était que le moyen, terrifier était le but.

X

«Ce but fut-il atteint?

«Oui.

«Immédiatement, dès le soir du 4 décembre, le bouillonnement public tomba. La stupeur glaça Paris. L'indignation qui élevait la voix devant le coup d'état se tut subitement devant le carnage. Ceci ne ressemblait plus à rien de l'histoire. On sentit qu'on avait affaire à quelqu'un d'inconnu.

«Crassus a écrasé les gladiateurs; Hérode a égorgé les enfants; Charles IX a exterminé les huguenots, Pierre de Russie les strélitz, Méhémet-Ali les mameluks, Mahmoud les janissaires; Danton a massacré les prisonniers. Louis Bonaparte venait d'inventer un massacre nouveau, le massacre des passants.

«Ce massacre termina la lutte. Il y a des heures où ce qui devrait exaspérer les peuples, les consterne. La population de Paris sentit qu'elle avait le pied d'un bandit sur la gorge. Elle ne se débattit plus. Ce même soir, Mathieu (de la Drôme) entra dans le lieu où siégeait le comité de résistance et nous dit: «Nous ne sommes plus à Paris, nous ne sommes plus sous la République; nous sommes à Naples et chez le roi Bomba.»

«À partir de ce moment, quels que fussent les efforts du comité, des représentants et de leurs courageux auxiliaires, il n'y eut plus, sur quelques points seulement, par exemple à cette barricade du Petit-Carreau où tomba si héroïquement Denis Dussoubs, le frère du représentant, qu'une résistance qui ressemblait moins à un combat qu'aux dernières convulsions du désespoir. Tout était fini.

«Le lendemain 5, les troupes victorieuses paradaient sur les boulevards. On vit un général montrer son sabre nu au peuple et crier: *La république, la voilà!*

«Ainsi un égorgement infâme, le massacre des passants, voilà ce que contenait, comme nécessité suprême, la «mesure» du 2 décembre. Pour l'entreprendre, il fallait être un traître; pour la faire réussir, il fallait être un meurtrier.

«C'est par ce procédé que le coup d'état conquit la France et vainquit Paris. Oui, Paris! On a besoin de se le répéter à soi-même, c'est à Paris que cela s'est passé!

«Grand Dieu! les baskirs sont entrés dans Paris la lance haute en chantant leur chant sauvage, Moscou avait été brûlé; les prussiens sont entrés dans Paris, on avait pris Berlin; les autrichiens sont entrés dans Paris, on avait bombardé Vienne; les anglais sont entrés dans Paris, le camp de Boulogne avait menacé Londres; ils sont arrivés à nos barrières, ces hommes de tous les peuples, tambours battants, clairons en tête, drapeaux déployés, sabres nus, canons roulants, mèches allumées, ivres, ennemis, vainqueurs, vengeurs, criant avec rage devant les dômes de Paris les noms de leurs capitales, Londres, Berlin, Vienne, Moscou! Eh bien! dès qu'ils ont mis le pied sur le seuil de cette ville, dès que le sabot de leurs chevaux a sonné sur le pavé de nos rues, autrichiens, anglais, prussiens, russes, tous, en pénétrant dans Paris, ont entrevu dans ces murs, dans ces édifices, dans ce peuple, quelque chose de prédestiné, de vénérable et d'auguste; tous ont senti la sainte horreur de la ville sacrée; tous ont compris qu'ils avaient là, devant eux, non la ville d'un peuple, mais la ville du genre humain; tous ont baissé l'épée levée! Oui, massacrer les parisiens, traiter Paris en place prise d'assaut, mettre à sac un quartier de Paris, violer la seconde Ville Éternelle, assassiner la civilisation dans son sanctuaire, mitrailler les vieillards, les enfants et les femmes dans cette grande enceinte, foyer du monde, ce que Wellington avait défendu à ses montagnards demi-nus, ce que Schwartzenberg avait interdit à ses croates, ce que Blücher n'avait pas permis à sa landwehr, ce que Platow n'avait pas osé faire faire par ses cosaques, toi, tu l'as fait faire par des soldats français, misérable!»

LIVRE QUATRIÈME

LES AUTRES CRIMES

I

QUESTIONS SINISTRES

Quel est le total des morts?

Louis Bonaparte, sentant venir l'histoire et s'imaginant que les Charles IX peuvent atténuer les Saint-Barthélémy, a publié, comme pièce *justificative*, un état dit «officiel des personnes décédées». On remarque dans *cette liste alphabétique*[36] des mentions comme celle-ci:—Adde, libraire, boulevard Poissonnière, 17, tué chez lui.—Boursier, enfant de sept ans et demi, tué rue Tiquetonne.—Belval, ébéniste, rue de la Lune, 10, tué chez lui.—Coquard, propriétaire à Vire (Calvados), tué boulevard Montmartre.—Debaecque, négociant, rue du Sentier, 45, tué chez lui.—De Couvercelle, fleuriste, rue Saint-Denis, 257, tué chez lui.—Labilte, bijoutier, boulevard Saint-Martin, 63, tué chez lui.—Monpelas, parfumeur, rue Saint-Martin, 181, tué chez lui.—Demoiselle Grellier, femme de ménage, faubourg Saint-Martin, 209, tuée boulevard Montmartre.—Femme Guillard, dame de comptoir, faubourg Saint-Denis, 77, tuée boulevard Saint-Denis.—Femme Garnier, dame de confiance, boulevard Bonne-Nouvelle, 6, tuée boulevard Saint-Denis.—Femme Ledaust, femme de ménage, passage du Caire, 76, à la Morgue.—Françoise Noël, giletière, rue des Fossés-Montmartre, 20, morte à la

Charité.—Le comte Poninski, rentier, rue de la Paix, 32, tué boulevard Montmartre.—Femme Raboisson, couturière, morte à la maison nationale de santé.—Femme Vidal, rue du Temple, 97, morte à l'Hôtel-Dieu.—Femme Seguin, brodeuse, rue Saint-Martin, 240, morte à l'hospice Beaujon.—Demoiselle Seniac, demoiselle de boutique, rue du Temple, 196, morte à l'hospice Beaujon.—Thirion de Montauban, propriétaire, rue de Lancry, tué sur sa porte, etc., etc.

Abrégeons. Louis Bonaparte, dans ce document, avoue cent *quatrevingt-onze* assassinats.

Cette pièce enregistrée pour ce qu'elle vaut, quel est le vrai total? Quel est le chiffre réel des victimes? De combien de cadavres le coup d'état de décembre est-il jonché? Qui peut le dire? Qui le sait? Qui le saura jamais? Comme on l'a vu plus haut, un témoin dépose: «Je comptai là trente-trois cadavres»; un autre, sur un autre point du boulevard, dit: «Nous comptâmes dix-huit cadavres dans une longueur de vingt ou vingt-cinq pas»; un autre, placé ailleurs, dit: «Il y avait là, dans soixante pas, plus de soixante cadavres.» L'écrivain si longtemps menacé de mort nous a dit à nous-même: «J'ai vu de mes yeux plus de huit cents morts dans toute la longueur du boulevard.» Maintenant cherchez, calculez ce qu'il faut de crânes brisés et de poitrines défoncées par la mitraille pour couvrir de sang «à la lettre» un demi-quart de lieue de boulevards. Faites comme les femmes, comme les soeurs, comme les filles, comme les mères désespérées, prenez un flambeau, allez-vous-en dans cette nuit, tâtez à terre, tâtez le pavé, tâtez le mur, ramassez les cadavres, questionnez les spectres, et comptez si vous pouvez.

Le nombre des victimes! On en est réduit aux conjectures. C'est là une question que l'histoire réserve. Cette question, nous prenons, quant à nous, l'engagement de l'examiner et de l'approfondir plus tard.

Le premier jour, Louis Bonaparte étala sa tuerie. Nous avons dit pourquoi. Cela lui était utile. Après quoi, ayant tiré de la chose tout le parti qu'il en voulait, il la cacha. On donna l'ordre aux gazettes élyséennes de se taire, à Magnan d'omettre, aux historiographes d'ignorer. On enterra les morts après minuit, sans flambeaux, sans convois, sans chants, sans prêtres, furtivement. Défense aux familles de pleurer trop haut.

Et il n'y a pas eu seulement le massacre du boulevard, il y a eu le reste, il y a eu les fusillades sommaires, les exécutions inédites.

Un des témoins que nous avons interrogés demanda à un chef de bataillon de la gendarmerie mobile, laquelle s'est distinguée dans ces égorgements: Eh bien, voyons! le chiffre? Est-ce quatre cents?—L'homme a haussé les épaules.—Est-ce six cents?—L'homme a hoché la tête.—Est-ce huit cents?—Mettez douze cents, a dit l'officier, et vous n'y serez pas encore.

À l'heure qu'il est, personne ne sait au juste ce que c'est que le 2 décembre, ce qu'il a fait, ce qu'il a osé, qui il a tué, qui il a enseveli, qui il a enterré. Dès le matin du crime, les imprimeries ont été mises sous le scellé, la parole a été supprimée par Louis Bonaparte, homme de silence et de nuit. Le 2, le 3, le 4, le 5 et depuis, la vérité a été prise à la gorge et étranglée au moment où elle allait parler. Elle n'a pu même jeter un cri. Il a épaissi l'obscurité sur son guet-apens, et il a en partie réussi. Quels que soient les efforts de l'histoire, le 2 décembre plongera peut-être longtemps encore dans une sorte d'affreux crépuscule. Ce crime est composé d'audace et d'ombre; d'un côté il s'étale cyniquement au grand jour, de l'autre il se dérobe et s'en va dans la brume. Effronterie oblique et hideuse qui cache on ne sait quelles monstruosités sous son manteau.

Ce qu'on entrevoit suffit. D'un certain côté du 2 décembre tout est ténèbres, mais on voit des tombes dans ces ténèbres.

Sous ce grand attentat on distingue confusément une foule d'attentats. La providence le veut ainsi; elle attache aux trahisons des nécessités. Ah! tu te parjures! ah! tu violes ton serment! ah! tu enfreins le droit et la justice! Eh bien! prends une corde, car tu seras forcé d'étrangler; prends un poignard, car tu seras forcé de poignarder; prends une massue, car tu seras forcé d'écraser; prends de l'ombre et de la nuit, car tu seras forcé de te cacher. Un crime appelle l'autre; l'horreur est pleine de logique. On ne s'arrête pas, et on ne fait pas un noeud au milieu. Allez! ceci d'abord; bien. Puis cela, puis cela encore; allez toujours! La loi est comme le voile du temple; quand elle se déchire, c'est du haut en bas.

Oui, répétons-le, dans ce qu'on a appelé «l'acte du 2 décembre» on trouve du crime à toute profondeur. Le parjure à la surface, l'assassinat au fond. Meurtres partiels, tueries en masse, mitraillades en plein jour, fusillades nocturnes, une vapeur de sang sort de toutes parts du coup d'état.

Cherchez dans la fosse commune des cimetières, cherchez sous les pavés des rues, sous les talus du Champ de Mars, sous les arbres des jardins publics, cherchez dans le lit de la Seine.

Peu de révélations. C'est tout simple. Bonaparte a eu cet art monstrueux de lier à lui une foule de malheureux hommes dans la nation officielle par je ne sais quelle effroyable complicité universelle. Les papiers timbrés des magistrats, les écritoires des greffiers, les gibernes des soldats, les prières des prêtres sont ses complices. Il a jeté son crime autour de lui comme un réseau, et les préfets, les maires, les juges, les officiers et les soldats y sont pris. La complicité descend du général au caporal, et remonte du caporal au président. Le sergent de ville se sent compromis comme le ministre. Le gendarme dont le pistolet s'est appuyé sur l'oreille d'un malheureux et dont l'uniforme est éclaboussé de cervelle humaine, se sent coupable comme le colonel. En haut, des hommes atroces ont donné des ordres qui ont été exécutés en bas par des hommes féroces. La férocité garde le secret à l'atrocité. De là ce silence hideux.

Entre cette férocité et cette atrocité, il y a même eu émulation et lutte; ce qui échappait à l'une était ressaisi par l'autre. L'avenir ne voudra pas croire à ces prodiges d'acharnement. Un ouvrier passait sur le Pont-au-Change, des gendarmes mobiles l'arrêtent; on lui flaire les mains.—Il sent la poudre, dit un gendarme. On fusilla l'ouvrier; quatre balles lui traversèrent le corps.—Jetez-le à l'eau! crie un sergent. Les gendarmes le prennent par la tête et par les pieds et le jettent par-dessus le pont.—L'homme fusillé et noyé s'en va à vau-l'eau. Cependant il n'était pas mort; la fraîcheur glaciale de la rivière le ranime; il était hors d'état de faire un mouvement, son sang coulait dans l'eau par quatre trous, mais sa blouse le soutint, il vint échouer sous l'arche d'un pont. Là des gens du port le trouvent, on le ramasse, on le porte à l'hôpital, il guérit; guéri, il sort. Le lendemain on l'arrête et on le traduit devant un conseil de guerre. La mort l'ayant refusé, Louis Bonaparte l'a repris. L'homme est aujourd'hui à Lambessa.

Ce que le Champ de Mars a vu particulièrement, les effroyables scènes nocturnes qui l'ont épouvanté et déshonoré, l'histoire ne peut les dire encore. Grâce à Louis Bonaparte, ce champ auguste de la Fédération peut s'appeler désormais Haceldama. Un des malheureux soldats que l'homme du 2 décembre a transformés en bourreaux raconte avec horreur et à voix basse que dans une seule nuit le nombre des fusillés n'a pas été de moins de huit cents.

Louis Bonaparte a creusé en hâte une fosse et y a jeté son crime. Quelques pelletées de terre, le goupillon d'un prêtre, et tout a été dit. Maintenant, le carnaval impérial danse dessus.

Est-ce là tout? est-ce que cela est fini? est-ce que Dieu permet et accepte de tels ensevelissements? Ne le croyez pas. Quelque jour, sous les pieds de Bonaparte, entre les pavés de marbre de l'Élysée ou des Tuileries, cette fosse se rouvrira brusquement, et l'on en verra sortir l'un après l'autre chaque cadavre avec sa plaie, le jeune homme frappé au coeur, le vieillard branlant sa vieille tête trouée d'une balle, la mère sabrée avec son enfant tué dans ses bras, tous debout, livides, terribles, et fixant sur leur assassin des yeux sanglants.

En attendant ce jour, et dès à présent, l'histoire commence votre procès, Louis Bonaparte. L'histoire rejette votre liste officielle des morts et vos *pièces justificatives*.

L'histoire dit qu'elles mentent et que vous mentez.

Vous avez mis à la France un bandeau sur les yeux et un bâillon dans la bouche. Pourquoi?

Est-ce pour faire des actions loyales? Non, des crimes. Qui a peur de la clarté fait le mal.

Vous avez fusillé la nuit, au Champ de Mars, à la Préfecture, au Palais de justice, sur les places, sur les quais, partout.

Vous dites que non.

Je dis que si.

Avec vous on a le droit de supposer, le droit de soupçonner, le droit d'accuser.

Et quand vous niez, on a le droit de croire; votre négation est acquise à l'affirmation.

Votre 2 décembre est montré au doigt par la conscience publique. Personne n'y songe sans un secret frisson. Qu'avez-vous fait dans cette ombre-là?

Vos jours sont hideux, vos nuits sont suspectes.

Ah! homme de ténèbres que vous êtes!

* * * * *

Revenons à la boucherie du boulevard, au mot: «qu'on exécute mes ordres!» et à la journée du 4.

Louis Bonaparte, le soir de ce jour-là, dut se comparer à Charles X qui n'avait pas voulu brûler Paris, et à Louis-Philippe qui n'avait pas voulu verser le sang du peuple, et il dut se rendre à lui-même cette justice qu'il était un grand politique. Quelques jours après, M. le général Th..., anciennement attaché à l'un des fils du roi Louis-Philippe, vint à l'Élysée. Du plus loin que Louis Bonaparte le vit, faisant dans sa pensée la comparaison que nous venons d'indiquer, il cria d'un air de triomphe au général: Eh bien?

M. Louis Bonaparte est bien véritablement l'homme qui disait à l'un de ses ministres d'autrefois, de qui nous le tenons: *Si j'avais été Charles X et si, dans les journées de Juillet, j'avais pris Laffitte, Benjamin Constant et Lafayette, je les aurais fait fusiller comme des chiens.*

Le 4 décembre, Louis Bonaparte eût été arraché le soir même de l'Élysée, et la loi triomphait, s'il eût été un de ces hommes qui hésitent devant un massacre. Par bonheur pour lui, il n'avait pas de ces délicatesses. Quelques cadavres de plus ou de moins, qu'est-ce que cela fait? Allons, tuez! tuez au hasard! sabrez! fusillez, canonnez, écrasez, broyez! terrifiez-moi cette odieuse ville de Paris! Le coup d'état penchait, ce grand meurtre le releva. Louis Bonaparte avait failli se perdre par sa félonie, il se sauva par sa férocité. S'il n'avait été que Faliero, c'était fait de lui; heureusement il était César Borgia. Il se jeta à la nage avec son crime dans un fleuve de sang; un moins coupable s'y fût noyé, il le traversa. C'est là ce qu'on appelle son succès. Aujourd'hui il est sur l'autre rive, essayant de se sécher et de s'essuyer, tout ruisselant de ce sang qu'il prend pour de la pourpre, et demandant l'empire.

II

SUITE DES CRIMES

Et voilà ce malfaiteur!

Et l'on ne t'applaudirait pas, ô vérité, quand aux yeux de l'Europe, aux yeux du monde, en présence du peuple, à la face de Dieu, en attestant l'honneur, le serment, la foi, la religion, la sainteté de la vie humaine, le droit, la générosité de toutes les âmes, les femmes, les soeurs, les mères, la civilisation, la liberté, la république, la France, devant ses valets, son sénat et son conseil d'état, devant ses généraux, ses prêtres et ses agents de police, toi qui représentes le peuple, car le peuple, c'est la réalité; toi qui représentes l'intelligence, car l'intelligence, c'est la lumière; toi qui représentes l'humanité, car l'humanité, c'est la raison; au nom du peuple enchaîné, au nom de l'intelligence proscrite, au nom de l'humanité violée, devant ce tas d'esclaves qui ne peut ou qui n'ose dire un mot, tu soufflettes ce brigand de l'ordre!

Ah! qu'un autre cherche des mots modérés. Oui, je suis net et dur, je suis sans pitié pour cet impitoyable et je m'en fais gloire.

Poursuivons.

À ce que nous venons de raconter ajoutez tous les autres crimes sur lesquels nous aurons plus d'une occasion de revenir, et dont, si Dieu nous prête la vie, nous raconterons l'histoire en détail. Ajoutez les incarcérations en masse avec des circonstances féroces, les prisons regorgeant[37], le séquestre[38] des biens des proscrits dans dix départements, notamment dans la Nièvre, dans l'Allier et dans les Basses-Alpes; ajoutez la confiscation des biens d'Orléans avec le morceau donné au clergé, Schindcrhannes faisait toujours la part du curé. Ajoutez les commissions mixtes et la commission dite de clémence[39]; les conseils de guerre combinés avec les juges d'instruction et multipliant les abominations, les exils par fournées, l'expulsion d'une partie de la France hors de France; rien que pour un seul département, l'Hérault, trois mille deux cents bannis ou déportés; ajoutez cette épouvantable proscription, comparable aux plus tragiques désolations de l'histoire, qui, pour tendance, pour opinion, pour dissidence honnête avec ce gouvernement, pour une parole d'homme libre dite même avant le 2 décembre, prend, saisit, appréhende, arrache le laboureur à son champ, l'ouvrier à son métier, le propriétaire à sa maison, le médecin à ses malades, le notaire à son étude, le conseiller général à ses administrés, le juge à son tribunal, le mari à sa femme, le frère à son frère, le père à ses enfants, l'enfant à ses parents, et marque d'une croix sinistre toutes les têtes depuis les plus hautes jusqu'aux plus obscures. Personne n'échappe. Un homme en haillons, la barbe longue, entre un matin dans ma chambre à Bruxelles. J'arrive, dit-il; j'ai fait la route à pied; voilà deux jours que je n'ai mangé. On lui donne du pain. Il mange. Je lui dis:—D'où venez-vous?—De Limoges.—Pourquoi êtes-vous ici?—Je ne sais pas; on m'a chassé de chez nous.—Qu'est-ce que vous êtes?—Je suis sabotier.

Ajoutez l'Afrique, ajoutez la Guyane, ajoutez les atrocités de Bertrand, les atrocités de Canrobert, les atrocités d'Espinasse, les atrocités de Martimprey; les cargaisons de femmes expédiées par le général Guyon; le représentant Miot traîné de casemate en casemate; les baraques où l'on est cent cinquante, sous le soleil des tropiques, avec la promiscuité, avec l'ordure, avec la vermine, et où tous ces innocents, tous ces patriotes, tous ces honnêtes gens expirent, loin des leurs, dans la fièvre, dans la misère, dans l'horreur, dans le désespoir, se tordant les mains. Ajoutez tous ces malheureux livrés aux gendarmes, liés deux à deux, emmagasinés dans les faux ponts du *Magellan*, du *Canada* ou du *Duguesclin*; jetés à Lambessa, jetés à Cayenne avec les forçats, sans savoir ce qu'on leur veut, sans pouvoir deviner ce qu'ils ont fait. Celui-ci, Alphonse Lambert, de l'Indre, arraché de son lit mourant; cet autre, Patureau Francoeur, vigneron, déporté parce que, dans son village, on avait voulu en faire un président de la république; cet autre, Valette, charpentier à Châteauroux, déporté pour avoir, six mois avant le 2 décembre, un jour d'exécution capitale, refusé de dresser la guillotine.

Ajoutez la chasse aux hommes dans les villages, la battue de Viroy dans les montagnes de Lure, la battue de Pellion dans les bois de Clamecy avec quinze cents hommes; l'ordre rétabli à Crest, deux mille insurgés, trois cents tués; les colonnes mobiles partout; quiconque se lève pour la loi, sabré et arquebusé; celui-ci, Charles Sauvan, à Marseille, crie: vive la république! un grenadier du 54e fait feu sur lui, la balle entre par les reins et sort par le ventre; cet autre, Vincent, de Bourges, est adjoint de sa commune; il proteste, comme magistrat, contre le coup d'état; on le traque dans son village, il s'enfuit, on le poursuit, un cavalier lui abat deux doigts d'un coup de sabre, un autre lui fend la tête, il tombe; on le transporte au fort d'Ivry avant de le panser; c'est un vieillard de soixante-seize ans.

Ajoutez des faits comme ceux-ci: dans le Cher, le représentant Viguier est arrêté. Arrêté, pourquoi? Parce qu'il est représentant, parce qu'il est inviolable, parce que le suffrage du peuple l'a fait sacré. On jette Viguier dans les prisons. Un jour, on lui permet de sortir *une heure* pour régler des affaires qui réclamaient impérieusement sa présence. Avant de sortir, deux gendarmes, le nommé Pierre Guéret et le nommé Dubernelle, brigadier, s'emparent de Viguier; le brigadier lui joint les deux mains l'une contre l'autre, de façon que les paumes se touchent, et lui lie étroitement les poignets avec une chaîne; le bout de la chaîne pendait, le brigadier fait passer de force et à tours redoublés le bout de chaîne entre les deux mains de Viguier, au risque de lui briser les poignets par la pression. Les mains du prisonnier bleuissent et se gonflent.—C'est la question que vous me donnez là, dit tranquillement Viguier.—Cachez vos mains, répond le gendarme en ricanant, si vous avez honte.—Misérable, reprend Viguier, celui de nous deux que cette chaîne déshonore, c'est toi. Viguier traverse ainsi les rues de Bourges, qu'il habite depuis trente ans, entre deux gendarmes, levant les mains, montrant ses chaînes. Le représentant Viguier a soixante-dix ans.

Ajoutez les fusillades sommaires dans vingt départements: «Tout ce qui résiste», écrit le sieur Saint-Arnaud, ministre de la guerre, «doit être fusillé au nom de la société en légitime défense[40]». «Six jours ont suffi pour *écraser* l'insurrection», mande le général Levaillant, commandant l'état de siége du Var. «J'ai fait de bonnes prises», mande de Saint-Étienne le commandant Viroy; «j'ai fusillé sans désemparer huit individus; je traque les chefs dans les bois». À Bordeaux, le général Bourjoly enjoint aux chefs de colonnes mobiles de «faire fusiller sur-le-champ tous les individus pris les armes à la main». À Forcalquier, c'est mieux encore; la proclamation d'état de siége porte: «La ville de Forcalquier est en état de siége. Les citoyens *n'ayant pas pris part* aux événements de la journée et *détenteurs* d'armes sont sommés de les rendre sous peine d'être fusillés.» La colonne mobile de Pézenas arrive à Servian; un homme cherche à s'échapper d'une maison cernée, on le tue d'un coup de fusil. À Entrains, on fait quatrevingts prisonniers; un se sauve à la nage, on fait feu sur lui, une balle l'atteint, il disparaït sous l'eau; on fusille les autres. À ces choses exécrables ajoutez ces choses infâmes: à Brioude, dans la Haute-Loire, un homme et une femme jetés en prison pour avoir labouré le champ d'un proscrit; à Loriol, dans la Drôme, Astier, garde champêtre, condamné à vingt ans de travaux forcés pour avoir donné asile à des fugitifs; ajoutez, et la plume tremble à écrire ceci, la peine de mort rétablie, la guillotine politique relevée, des sentences horribles; les citoyens condamnés à la mort sur l'échafaud par les juges janissaires des conseils de guerre; à Clamecy, Milletot, Jouannin, Guillemot, Sabatier et Four; à Lyon, Courty, Romegal, Bressieux, Fauritz, Julien, Roustain et Garan, adjoint du maire de Cliouscat; à Montpellier, dix-sept pour l'affaire de Bédarrieux, Mercadier, Delpech, Denis, André, Barthez, Triadou, Pierre Carrière, Galzy, Calas dit le Vacher, Gardy, Jacques Pagès, Michel Hercule, Mar, Vène, Frié, Malaterre, Beaumont, Pradal, les six derniers par bonheur contumaces, et à Montpellier, encore quatre autres, Choumac, Vidal, Cadelard et Pagès. Quel est le crime de ces hommes? Leur crime c'est le vôtre, si vous êtes un bon citoyen, c'est le mien à moi qui écris ces lignes, c'est l'obéissance à l'article 110 de la constitution, c'est la résistance armée à l'attentat de Louis Bonaparte; et le conseil «ordonne que l'exécution aura lieu *dans la forme ordinaire*, sur une des places publiques de Béziers» pour les quatre derniers, et pour les dix-sept autres «sur une des places publiques de Bédarrieux»; *le Moniteur* l'annonce; il est vrai que *le Moniteur* annonce en même temps que le service du dernier bal des Tuileries était fait par trois cents maîtres d'hôtel dans la tenue rigoureuse prescrite par le cérémonial de l'ancienne maison impériale.

À moins qu'un universel cri d'horreur n'arrête à temps cet homme, toutes ces têtes tomberont.

À l'heure où nous écrivons ceci, voici ce qui vient de se passer à Belley:

Un homme de Bugez près Belley, un ouvrier nommé Charlet, avait ardemment soutenu, au 10 décembre 1848, la candidature de Louis Bonaparte. Il avait distribué des bulletins, appuyé, propagé, colporté; l'élection fut pour lui un triomphe; il espérait en Louis-Napoléon, il prenait au sérieux les écrits socialistes de l'homme de Ham et ses programmes «humanitaires» et républicains; au 10 décembre il y a eu beaucoup de ces dupes honnêtes; ce sont aujourd'hui les plus indignés. Quand Louis Bonaparte fut au pouvoir, quand on vit l'homme à l'oeuvre, les illusions s'évanouirent. Charlet, homme d'intelligence, fut un de ceux dont la probité républicaine se révolta, et peu à peu, à mesure que Louis Bonaparte s'enfonçait plus avant dans la réaction, Charlet se détachait de lui; il passa ainsi de l'adhésion la plus confiante à l'opposition la plus loyale et la plus vive. C'est l'histoire de beaucoup d'autres nobles coeurs.

Au 2 décembre, Charlet n'hésita pas. En présence de tous les attentats réunis dans l'acte infâme de Louis Bonaparte, Charlet sentit la loi remuer en lui; il se dit qu'il devait être d'autant plus sévère qu'il était un de ceux dont la confiance avait été le plus trahie. Il comprit clairement qu'il n'y avait plus qu'un devoir pour le citoyen, un devoir étroit et qui se confondait avec le droit, défendre la république, défendre la constitution, et résister par tous les moyens à l'homme que la gauche, et son crime plus encore que la gauche, venait de mettre hors la loi. Les réfugiés de Suisse passèrent la frontière en armes, traversèrent le Rhône près d'Anglefort et entrèrent dans le département de l'Ain. Charlet se joignit à eux.

À Seyssel, la petite troupe rencontra les douaniers. Les douaniers, complices volontaires ou égarés du coup d'état, voulurent s'opposer à leur passage. Un engagement eut lieu, un douanier fut tué, Charlet fut pris.

Le coup d'état traduisit Charlet devant un conseil de guerre. On l'accusait de la mort du douanier qui, après tout, n'était qu'un fait de combat. Dans tous les cas, Charlet était étranger à cette mort; le douanier était tombé percé d'une balle, et Charlet n'avait d'autre arme qu'une lime aiguisée. Charlet ne reconnut pas pour un tribunal le groupe d'hommes qui prétendait le juger. Il leur dit: Vous n'êtes pas des juges; où est la loi? la loi est de mon côté.—Il refusa de répondre.

Interrogé sur le fait du douanier tué, il eût pu tout éclaircir d'un mot; mais descendre à une explication, c'eût été accepter dans une certaine mesure ce tribunal. Il ne voulut pas; il garda le silence.

Ces hommes le condamnèrent à mort «selon la forme ordinaire des exécutions criminelles».

La condamnation prononcée, on sembla l'oublier; les jours, les semaines, les mois s'écoulaient. De toute part, dans la prison, on disait à Charlet: Vous êtes sauvé.

Le 29 juin, au point du jour, la ville de Belley vit une chose lugubre. L'échafaud était sorti de terre pendant la nuit et se dressait au milieu de la place publique.

Les habitants s'abordaient tout pâles et s'interrogeaient: Avez-vous vu ce qui est dans la place?—Oui.—Pour qui?

C'était pour Charlet.

La sentence de mort avait été déférée à M. Bonaparte; elle avait longtemps dormi à l'Élysée; on avait d'autres affaires; mais un beau matin, après sept mois, personne ne songeant plus ni à l'engagement de Seyssel, ni au douanier tué, ni à Charlet, M. Bonaparte, ayant besoin probablement de mettre quelque chose entre la fête du 10 mai et la fête du 15 août, avait signé l'ordre d'exécution.

Le 29 juin donc, il y a quelques jours à peine, Charlet fut extrait de sa prison. On lui dit qu'il allait mourir. Il resta calme. Un homme qui est avec la justice ne craint pas la mort, car il sent qu'il y a deux choses en lui, l'une, son corps, qu'on peut tuer, l'autre, la justice, à laquelle on ne lie pas les bras et dont la tête ne tombe pas sous le couteau.

On voulut faire monter Charlet en charrette.—Non, dit-il aux gendarmes, j'irai à pied, je puis marcher, je n'ai pas peur.

La foule était grande sur son passage. Tout le monde le connaissait dans la ville et l'aimait; ses amis cherchaient son regard. Charlet, les bras attachés derrière le dos, saluait de la tête à droite et à gauche.—Adieu, Jacques! adieu, Pierre! disait-il, et il souriait.—Adieu, Charlet, répondaient-ils, et tous pleuraient. La gendarmerie et la troupe de ligne entouraient l'échafaud. Il y monta d'un pas lent et ferme. Quand on le vit debout sur l'échafaud, la foule eut un long frémissement; les femmes jetaient des cris, les hommes crispaient le poing.

Pendant qu'on le bouclait sur la bascule, il regarda le couperet et dit:—Quand je pense que j'ai été bonapartiste! Puis, levant les yeux au ciel, il cria: Vive la république!

Un moment après sa tête tombait.

Ce fut un deuil dans Belley et dans tous les villages de l'Ain.—Comment est-il mort? demandait-on.—Bravement.—Dieu soit loué!

C'est de cette façon qu'un homme vient d'être tué.

La pensée succombe et s'abîme dans l'horreur en présence d'un fait si monstrueux.

Ce crime ajouté aux autres crimes les achève et les scelle d'une sorte de sceau sinistre.

C'est plus que le complément, c'est le couronnement.

On sent que M. Bonaparte doit être content. Faire fusiller la nuit, dans l'obscurité, dans la solitude, au Champ de Mars, sous les arches des ponts, derrière un mur désert, n'importe qui, au hasard, pêle-mêle, des inconnus, des ombres, dont on ne sait pas même le chiffre, faire tuer des anonymes par des anonymes, et que tout cela s'en aille dans les ténèbres, dans le néant, dans l'oubli, en somme, c'est peu satisfaisant pour l'amour-propre; on a l'air de se cacher et vraiment on se cache en effet; c'est médiocre. Les gens à scrupules ont le droit de vous dire: Vous voyez bien que vous avez peur; vous n'oseriez faire ces choses-là en public; vous reculez devant vos propres actes. Et, dans une certaine mesure, ils semblent avoir raison. Arquebuser les gens la nuit, c'est une violation de toutes les lois divines et humaines, mais ce n'est pas assez insolent. On ne se sent pas triomphant après. Quelque chose de mieux est possible.

Le grand jour, la place publique, l'échafaud légal, l'appareil régulier de la vindicte sociale, livrer les innocents à cela, les faire périr de cette manière, ah! c'est différent; parlez-moi de ceci! Commettre un meurtre en plein midi au beau milieu de la ville, au moyen d'une machine appelée tribunal ou conseil de guerre, au moyen d'une autre machine, lentement bâtie par un charpentier, ajustée, emboîtée, vissée et graissée à loisir; dire: ce sera pour telle heure; apporter deux corbeilles et dire: ceci sera pour le corps et ceci pour la tête; l'heure venue, amener la victime liée de cordes, assistée d'un prêtre, procéder au meurtre avec calme, charger un greffier d'en dresser procès-verbal, entourer le meurtre de gendarmes le sabre nu, de telle sorte que le peuple qui est là frissonne et ne sache plus ce qu'il voit, et doute si ces hommes en uniforme sont une brigade de gendarmerie ou une bande de brigands, et se demande, en regardant l'homme qui lâche le couperet, si c'est le bourreau et si ce n'est pas plutôt un assassin! voilà qui est hardi et ferme, voilà une parodie du fait légal bien effrontée et bien tentante et qui vaut la peine d'être exécutée; voilà un large et splendide soufflet sur la joue de la justice. À la bonne heure!

Faire cela sept mois après la lutte, froidement, inutilement, comme un oubli qu'on répare, comme un devoir qu'on accomplit, c'est effrayant, c'est complet; on a un air d'être dans son droit qui déconcerte les consciences et qui fait frémir les honnêtes gens.

Rapprochement terrible et qui contient toute la situation: Voici deux hommes, un ouvrier et un prince. Le prince commet un crime, il entre aux Tuileries; l'ouvrier fait son devoir, il monte sur l'échafaud. Et qui est-ce qui dresse l'échafaud de l'ouvrier? C'est le prince.

Oui, cet homme qui, s'il eût été vaincu en décembre, n'eût échappé à la peine de mort que par l'omnipotence du progrès et par une extension, à coup sûr trop généreuse, du principe de l'inviolabilité de la vie humaine, cet homme, ce Louis Bonaparte, ce prince qui transporte les façons de faire des Poulmann et des Soufflard dans la politique, c'est lui qui rebâtit l'échafaud! et il ne tremble pas! et il ne pâlit pas! et il ne sent pas que c'est là une échelle fatale, qu'on est maître de ne point la relever, mais qu'une fois relevée on n'est plus maître de la renverser, et que celui qui la dresse pour autrui la retrouve plus tard pour lui-même. Elle le reconnaît et lui dit: tu m'as mise là; je t'ai attendu.

Non, cet homme ne raisonne pas; il a des besoins, il a des caprices, il faut qu'il les satisfasse. Ce sont des envies de dictateur. La toute-puissance serait fade si on ne l'assaisonnait de cette façon. Allons, coupez la tête à Charlet et aux autres. M. Bonaparte est prince-président de la république française; M. Bonaparte a seize millions par an, quarante-quatre mille francs par jour, vingt-quatre cuisiniers pour son service personnel et autant d'aides de camp; il a droit de chasse aux étangs de Saclay et de Saint-Quentin, aux forêts de Laigne, d'Ourscamp et de Carlemont, aux bois de Champagne et de Barbeau; il a les Tuileries, le Louvre, l'Élysée, Rambouillet, Saint-Cloud, Versailles, Compiègne; il a sa loge impériale à tous les spectacles, fête et gala et musique tous les jours, le sourire de M. Sibour et le bras de Mme la marquise de Douglas pour entrer au bal, tout cela ne lui suffit pas, il lui faut encore cette guillotine. Il lui faut quelques-uns de ces paniers rouges parmi les paniers de vin de Champagne.

Oh! cachons nos visages de nos deux mains! Cet homme, ce hideux boucher du droit et de la justice, avait encore le tablier sur le ventre et les mains dans les entrailles fumantes de la constitution et les pieds dans le sang de toutes les lois égorgées, quand vous, juges, quand vous, magistrats, hommes des lois, hommes du droit!...—Mais je m'arrête; je vous retrouverai plus tard, avec vos robes noires et avec vos robes rouges, avec vos robes couleur d'encre et vos robes couleur de sang, et je les retrouverai aussi, je les ai déjà châtiés et je les châtierai encore, ces autres, vos chefs, ces juristes souteneurs du guet-apens, ces prostitués, ce Baroche, ce Suin, ce Royer, ce Mongis, ce Rouher, ce Troplong, déserteurs des lois, tous ces noms qui n'expriment plus autre chose que la quantité de mépris possible à l'homme!

Et s'il n'a pas scié ses victimes entre deux planches comme Christiern II, s'il n'a pas enfoui les gens en vie comme Ludovic le Maure, s'il n'a pas bâti les murs de son palais avec des hommes vivants et des pierres comme Timour-Beig, qui naquit, dit la légende, les mains fermées et pleines de sang; s'il n'a pas ouvert le ventre aux femmes grosses comme César, duc de Valentinois; s'il n'a pas estrapadé les femmes par les seins, *testibusque viros*, comme Ferdinand de Tolède; s'il n'a pas roué vif, brûlé vif, bouilli vif, écorché vif, crucifié, empalé, écartelé, ne vous en prenez pas à lui, ce n'est pas sa faute; c'est que le siècle s'y refuse obstinément. Il a fait tout ce qui était humainement ou inhumainement possible. Le dix-neuvième siècle, siècle de douceur, siècle de décadence, comme disent les absolutistes et les papistes, étant donné, Louis Bonaparte a égalé en férocité ses contemporains Haynau, Radetzky, Filangieri, Schwartzenberg et Ferdinand de Naples, et les a dépassés même. Mérite rare, et dont il faut lui tenir compte comme d'une difficulté de plus, la scène s'est passée en France. Rendons-lui cette justice: au temps où nous sommes, Ludovic Sforce, le Valentinois, le duc d'Albe, Timour et

Christiern II n'auraient rien fait de plus que Louis Bonaparte; dans leur époque, il eût fait tout ce qu'ils ont fait; dans la nôtre, au moment de construire et de dresser les gibets, les roues, les chevalets, les grues à estrapades, les tours vivantes, les croix et les bûchers, ils se seraient arrêtés comme lui, malgré eux et à leur insu, devant la résistance secrète et invincible du milieu moral, devant la force invisible du progrès accompli, devant le formidable et mystérieux refus de tout un siècle qui se lève, au nord, au midi, à l'orient, à l'occident, autour des tyrans, et qui leur dit non!

III

CE QU'EUT ÉTÉ 1852

Mais sans cet abominable Deux-Décembre, «nécessaire», comme disent les complices et à leur suite les dupes, que se serait-il donc passé en France? Mon Dieu! ceci:

Remontons de quelques pas en arrière et rappelons sommairement la situation telle qu'elle était avant le coup d'état.

Le parti du passé, sous le nom de l'ordre, résistait à la république, en d'autres termes résistait à l'avenir.

Qu'on s'y oppose ou non, qu'on y consente ou non, la république, toute illusion laissée de côté, est l'avenir, prochain ou lointain, mais inévitable des nations.

Comment s'établira la république? Elle peut s'établir de deux façons, par la lutte ou par le progrès. Les démocrates la veulent par le progrès; leurs adversaires, les hommes du passé, semblent la vouloir par la lutte.

Comme nous venons de le rappeler, les hommes du passé résistent; ils s'obstinent; ils donnent des coups de hache dans l'arbre, se figurant qu'ils arrêteront la sève qui monte. Ils prodiguent la force, la puérilité et la colère.

Ne jetons aucune parole amère à nos anciens adversaires tombés avec nous, le même jour que nous, et plusieurs honorablement de leur côté, bornons-nous à constater que c'est dans cette lutte que la majorité de l'assemblée législative de France était entrée dès les premiers jours de son installation, dès le mois de mai 1849.

Cette politique de résistance est une politique funeste. Cette lutte de l'homme contre Dieu est nécessairement vaine; mais, nulle comme résultat, elle est féconde en catastrophes. Ce qui doit être sera; il faut que ce qui doit couler coule, que ce qui doit tomber tombe, que ce qui doit naître naisse, que ce qui doit croître croisse; mais faites obstacle à ces lois naturelles, le trouble survient, le désordre commence. Chose triste, c'est ce désordre qu'on avait appelé l'ordre.

Liez une veine, vous avez la maladie; entravez un fleuve, vous avez l'inondation; barrez l'avenir, vous avez les révolutions.

Obstinez-vous à conserver au milieu de vous, comme s'il était vivant, le passé qui est mort, vous produisez je ne sais quel choléra moral; la corruption se répand, elle est dans l'air, on la respire; des classes entières de la société, les fonctionnaires, par exemple, tombent en pourriture. Gardez les cadavres dans vos maisons; la peste éclatera.

Fatalement, cette politique aveugle ceux qui la pratiquent. Ces hommes qui se qualifient hommes d'état en sont à ne pas comprendre qu'ils ont fait eux-mêmes, de leurs mains et à grand'peine et à la sueur de leur front, ces événements terribles dont ils se lamentent, et que ces catastrophes qui croulent sur eux ont été construites par eux. Que dirait-on d'un paysan qui ferait un barrage d'un bord à l'autre d'une rivière devant sa cabane, et qui, quand la rivière, devenue torrent, déborderait, quand elle renverserait son mur, quand elle emporterait son toit, s'écrierait: méchante rivière! Les hommes d'état du passé, ces grands constructeurs de digues en travers des courants, passent leur temps à s'écrier: méchant peuple!

Otez Polignac et les ordonnances de juillet, c'est-à-dire le barrage, et Charles X serait mort aux Tuileries. Réformez en 1847 la loi électorale, c'est-à-dire encore ôtez le barrage, Louis-Philippe serait mort sur le trône.—Est-ce à dire que la république ne serait pas venue? Cela, non. La république, répétons-le, c'est l'avenir; elle serait venue, mais pas à pas, progrès à progrès, conquête à conquête, comme un fleuve qui coule et non comme un déluge qui envahit; elle serait venue à son heure, quand tout aurait été prêt pour la recevoir; elle serait venue, non pas certes plus viable, car dès à présent elle est indestructible, mais plus tranquille, sans réaction possible, sans princes la guettant, sans coup d'état derrière elle.

La politique de résistance au mouvement humain excelle, insistons sur ce point, à créer des cataclysmes artificiels. Ainsi elle avait réussi à faire de l'année 1852 une sorte d'éventualité redoutable, et cela toujours par le même procédé, au moyen d'un barrage. Voici un chemin de fer, le convoi va passer dans une heure; jetez une poutre en travers des rails, quand le convoi arrivera il s'y écrasera, vous aurez Fampoux; ôtez la poutre avant l'arrivée du train, le convoi passera sans même se douter qu'il y avait là une catastrophe. Cette poutre, c'est la loi du 31 mai.

Les chefs de la majorité de l'assemblée législative l'avaient jetée en travers de 1852, et ils criaient: c'est là que la société se brisera! La gauche leur disait: ôtez la poutre! ôtez la poutre, laissez passer librement le suffrage universel. Ceci est toute l'histoire de la loi du 31 mai.

Ce sont là des choses qu'un enfant comprendrait et que les «hommes d'état» ne comprennent pas.

Maintenant répondons à la question que nous posions tout à l'heure:—Sans le 2 décembre, que se serait-il passé en 1852?

Supprimez la loi du 31 mai, ôtez au peuple son barrage, ôtez à Bonaparte son levier, son arme, son prétexte, laissez tranquille le suffrage universel, ôtez la poutre de dessus les rails, savez-vous ce que vous auriez eu en 1852?

Rien.

Des élections.

Des espèces de dimanches calmes où le peuple serait venu voter, hier travailleur, aujourd'hui électeur, demain travailleur, toujours souverain.

On reprend: Oui, des élections! vous en parlez bien à votre aise. Mais la «chambre rouge» qui serait sortie de ces élections?

N'avait-on pas annoncé que la constituante de 1848 serait une «chambre rouge»? Chambres rouges, croquemitaines rouges, toutes ces prédictions se valent. Ceux qui promènent au bout d'un bâton ces fantasmagories devant les populations effarouchées savent ce qu'ils font et rient derrière la loque horrible qu'ils font flotter. Sous la longue robe écarlate du fantôme auquel on avait donné ce nom, 1852, on voit passer les bottes fortes du coup d'état.

IV

LA JACQUERIE

Cependant après le 2 décembre, une fois le crime commis, il fallait bien donner le change à l'opinion. Le coup d'état se mit à crier à la jacquerie comme cet assassin qui criait au voleur.

Ajoutons qu'une jacquerie avait été promise et que M. Bonaparte ne pouvait, sans quelque inconvénient, manquer à la fois à toutes ses promesses. Qu'était le spectre rouge, sinon la jacquerie? Il fallait bien donner quelque réalité à ce spectre; on ne peut pas éclater de rire brusquement au nez des populations et leur dire: Il n'y avait rien! je vous ai toujours fait peur de vous-mêmes.

Il y a donc eu JACQUERIE. Les promesses de l'affiche ont été tenues.

Les imaginations de l'entourage se sont donné carrière; on a exhumé les épouvantes de la Mère l'Oie, et plus d'un enfant, en lisant le journal, aurait pu reconnaître l'ogre du bonhomme Perrault déguisé en socialiste; on a supposé, on a inventé; la presse étant supprimée, c'était fort simple; mentir est facile quand on a d'avance arraché la langue au démenti.

On a crié: Alerte, bourgeois! sans nous vous étiez perdus. Nous vous avons mitraillés, mais c'était pour votre bien. Regardez, les lollards étaient à vos portes, les anabaptistes escaladaient votre mur, les hussites cognaient à vos persiennes, les maigres montaient votre escalier, les ventres-creux convoitaient votre dîner. Alerte! N'a-t-on pas un peu violé mesdames vos femmes?

On a donné la parole à un des principaux rédacteurs de *la Patrie*, nommé Froissard:

«Je n'oserois écrire ni raconter les horribles faits et inconvenables qu'ils faisoient aux dames. Mais entre les autres désordonnances et vilains faits, ils tuèrent un chevalier et le boutèrent en une broche, et le tournèrent au feu et le rôtirent devant la dame et ses enfants. Après ce que dix ou douze eurent la dame efforcée et violée, ils les en voulurent faire manger par force, et puis les tuèrent et firent mourir de malemort.

«Ces méchantes gens roboient et ardoient tout, et tuoient et efforçoient et violoient toutes dames et pucelles sans pitié et sans merci, ainsi comme des chiens enragés.

«Tout en semblable manière si faites gens se maintenoient entre Paris et Noyon, et entre Paris et Soissons et Ham en Vermandois, par toute la terre de Coucy. Là étoient les grands violeurs et malfaiteurs; et exclurent, que entre la comté de Valois, que en l'évêché de Laon, de Soissons et de Noyon, plus de cent châteaux et de bonnes maisons de chevaliers et écuyers; et tuoient et roboient quand que ils trouvoient. Mais *Dieu* par sa grâce y mit tel remède, de quoi on le doit bien regracier.»

On remplaça seulement Dieu par monseigneur le prince-président. C'était bien le moins.

Aujourd'hui, après huit mois écoulés, on sait à quoi s'en tenir sur cette «jacquerie»; les faits ont fini par arriver au jour. Et où? Comment? Devant les tribunaux mêmes de M. Bonaparte. Les sous-préfets dont les femmes avaient été violées n'avaient jamais été mariés; les curés qui avaient été rôtis vifs et dont les Jacques avaient mangé le coeur ont écrit qu'ils se portaient bien; les gendarmes autour des cadavres desquels on avait dansé sont venus déposer devant les conseils de guerre; les caisses publiques pillées se sont retrouvées intactes entre les mains de M. Bonaparte qui les a «sauvées»; le fameux déficit de cinq mille francs de Clamecy s'est réduit à deux cents francs dépensés en bons de pain.—Une publication officielle avait dit le 8 décembre: «Le curé, le maire et le sous-préfet de Joigny et plusieurs gendarmes ont été lâchement massacrés.» Quelqu'un a répondu dans une lettre rendue publique: «Pas une goutte de sang n'a été répandue à Joigny; la vie de personne n'y a été menacée.» Qui a écrit cette lettre? Ce même maire de Joigny, *lâchement massacré.* M. Henri de Lacretelle, auquel une bande armée avait extorqué deux mille francs dans son château de Cormatin, est encore stupéfait à cette heure, non de l'extorsion, mais de l'invention. M. de Lamartine, qu'une autre bande avait voulu saccager et probablement mettre à la lanterne, et dont le château de Saint-Point avait été incendié, et qui «avait écrit pour réclamer le secours du «gouvernement», a appris la chose par les journaux.

La pièce suivante a été produite devant le conseil de guerre de la Nièvre, présidé par l'ex-colonel Martimprey:

ORDRE DU COMITÉ

«La probité est une vertu des républicains.

«*Tout voleur ou pillard sera fusillé.*

«Tout détenteur d'armes qui, dans les douze heures, ne les aura pas déposées à la mairie ou qui ne les aura pas rendues, sera arrêté et détenu jusqu'à nouvel ordre.

«Tout citoyen ivre sera désarmé et emprisonné.

«Clamecy, 7 décembre 1851.

«Vive la république sociale!

«*Le comité révolutionnaire social.*»

Ce qu'on vient de lire est la proclamation des «jacques». Mort aux pillards! Mort aux voleurs! Tel est le cri de ces voleurs et de ces pillards.

Un de ces jacques, nommé Gustave Verdun-Lagarde, de Lot-et-Garonne, est mort en exil à Bruxelles, le 1er mai 1852, léguant cent mille francs à sa ville natale pour y fonder une école d'agriculture. Ce partageux a partagé en effet.

Il n'y a donc point eu, et les honnêtes biseauteurs du coup d'état en conviennent aujourd'hui dans l'intimité avec un aimable enjouement, il n'y a point eu de «jacquerie», c'est vrai; mais le tour est fait.

Il y a eu dans les départements ce qu'il y a eu à Paris, la résistance légale, la résistance prescrite aux citoyens par l'article 110 de la constitution, et, au-dessus de la constitution, par le droit naturel; il y a eu la *légitime défense*,—cette fois le mot est à sa place,—contre les «sauveurs»; la lutte à main armée du droit et de la loi contre l'infâme insurrection du pouvoir. La république, surprise par guet-apens, s'est colletée avec le coup d'état. Voilà tout.

Vingt-sept départements se sont levés. L'Ain, l'Aude, le Cher, les Bouches-du-Rhône, la Côte-d'Or, la Haute-Garonne, Lot-et-Garonne, le Loiret, la Marne, la Meurthe, le Nord, le Bas-Rhin, le Rhône, Seine-et-Marne, ont fait dignement leur devoir; les Basses-Alpes, l'Aveyron, la Drôme, le Gard, le Gers, l'Hérault, le Jura, la Nièvre, le Puy-de-Dôme, Saône-et-Loire, le Var et Vaucluse l'ont fait intrépidement. Ils ont succombé comme à Paris.

Le coup d'état a été féroce là comme à Paris. Nous venons de jeter un coup d'oeil sommaire sur ses crimes.

C'est cette résistance légale, constitutionnelle, vertueuse, cette résistance dans laquelle l'héroïsme fut du côté des citoyens, et l'atrocité du côté du pouvoir, c'est là ce que le coup d'état a appelé la jacquerie. Répétons-le, un peu de spectre rouge était utile.

Cette jacquerie était à deux fins: elle servait de deux façons la politique de l'Élysée; elle offrait un double avantage; d'une part faire voter oui sur le «plébiscite», faire voter sous le sabre et en face du spectre, comprimer les intelligents, effrayer les crédules, la terreur pour ceux-ci, la peur pour ceux-là, comme nous l'expliquerons tout à l'heure, tout le succès et tout le secret du vote du 20 décembre est là; d'autre part, donner prétexte aux proscriptions.

1852 ne contenait donc en soi-même aucun danger réel. La loi du 31 mai, tuée moralement, était morte avant le 2 décembre. Une assemblée nouvelle, un président nouveau, la constitution purement et simplement mise en pratique, des élections, rien de plus. Ôtez M. Bonaparte, voilà 1852.

Mais il fallait que M. Bonaparte s'en allât. Là était l'obstacle. De là est venue la catastrophe.

* * * * *

Ainsi cet homme, un beau matin a pris à la gorge la constitution, la république, la loi, la France; il a donné à l'avenir un coup de poignard par derrière; il a foulé aux pieds le droit, le bon sens, la justice, la raison, la liberté; il a arrêté des hommes inviolables, il a séquestré des hommes innocents, il a banni des hommes illustres; il a empoigné le peuple dans la personne de ses représentants; il a mitraillé les boulevards de Paris; il a fait patauger sa cavalerie dans le sang des vieillards et des femmes; il a arquebusé sans sommation, il a fusillé sans jugement; il a empli Mazas, la Conciergerie, Sainte-Pélagie, Vincennes; les forts, les cellules, les casemates, les cachots de prisonniers, et de cadavres les cimetières; il a fait mettre à Saint-Lazare la femme qui portait du pain à son mari caché, il a envoyé aux galères pour vingt ans l'homme qui donnait asile à un proscrit; il a déchiré tous les codes et violé tous les mandats; il a fait pourrir les déportés par milliers dans la cale horrible des pontons; il a envoyé à Lambessa et à Cayenne cent cinquante enfants de douze à quinze ans; lui qui était plus grotesque que

Falstaff, il est devenu plus terrible que Richard III; et tout cela pourquoi? Parce qu'il y avait, il l'a dit, «contre son pouvoir un complot»; parce que l'année qui finissait s'entendait traîtreusement avec l'année qui commençait, pour le renverser; parce que l'article 45 se concertait perfidement avec le calendrier pour le mettre dehors; parce que le deuxième dimanche de mai voulait le «déposer»; parce que son serment avait l'audace de tramer sa chute; parce que sa parole d'honneur conspirait contre lui!

Le lendemain du triomphe, on le raconte, il a dit: Le deuxième dimanche de mai est mort. Non! c'est la probité qui est morte, c'est l'honneur qui est mort, c'est le nom de l'empereur qui est mort!

Comme l'homme qui est dans la chapelle Saint-Jérôme doit tressaillir, et quel désespoir! Voici l'impopularité qui monte autour de la grande figure, et c'est ce fatal neveu qui a posé l'échelle! Voici les grands souvenirs qui s'effacent et les mauvais souvenirs qui reviennent. On n'ose déjà plus parler d'Iéna, de Marengo, de Wagram. De quoi parle-t-on? du duc d'Enghien, de Jaffa, du 18 brumaire. On oublie le héros, et l'on ne voit plus que le despote. La caricature commence à tourmenter le profil de César. Et puis quel personnage à côté de lui! Il y a des gens déjà qui confondent l'oncle avec le neveu, à la joie de l'Élysée et à la honte de la France! le parodiste prend des airs de chef d'emploi. Hélas! sur cette immense splendeur il ne fallait pas moins que cette immense souillure! Oui! pire que Hudson Lowe! Hudson Lowe n'était qu'un geôlier, Hudson Lowe n'était qu'un bourreau. L'homme qui assassine véritablement Napoléon, c'est Louis Bonaparte; Hudson Lowe n'avait tué que sa vie, Louis Bonaparte tue sa gloire.

Ah! le malheureux! il prend tout, il use tout, il salit tout, il déshonore tout. Il choisit pour son guet-apens le mois, le jour d'Austerlitz. Il revient de Satory comme on revient d'Aboukir. Il fait sortir du 2 décembre je ne sais quel oiseau de nuit, et il le perche sur le drapeau de France, et il dit: Soldats, voici l'aigle. Il emprunte à Napoléon le chapeau et à Murat le plumet. Il a son étiquette impériale, ses chambellans, ses aides de camp, ses courtisans. Sous l'empereur c'étaient des rois, sous lui ce sont des laquais. Il a sa politique à lui; il a son treize vendémiaire à lui; il a son dix-huit brumaire à lui. Il se compare. À l'Élysée, Napoléon le Grand a disparu; on dit: *l'oncle Napoléon.* L'homme du destin est passé Géronte. Le complet, ce n'est pas le premier, c'est celui-ci. Il est évident que le premier n'est venu que pour faire le lit du second. Louis Bonaparte, entouré de valets et de filles, accommode pour les besoins de sa table et de son alcôve le couronnement, le sacre, la légion d'honneur, le camp de Boulogne, la colonne Vendôme, Lodi, Arcole, Saint-Jean d'Acre, Eylau, Friedland, Champaubert...—Ah! français! regardez le pourceau couvert de fange qui se vautre sur cette peau de lion!

LIVRE CINQUIÈME

LE PARLEMENTARISME

I

Un jour, il y a soixante-trois ans de cela, le peuple français, possédé par une famille depuis huit cents années, opprimé par les barons jusqu'à Louis XI, et depuis Louis XI par les parlements, c'est-à-dire, pour employer la sincère expression d'un grand seigneur du dix-huitième siècle, «mangé d'abord par les loups et ensuite par les poux»; parqué en provinces, en châtellenies, en bailliages et en sénéchaussées; exploité, pressuré, taxé, taillé, pelé, tondu, rasé, rogné et vilipendé à merci; mis à l'amende indéfiniment pour le bon plaisir des maîtres; gouverné, conduit, mené, surmené, traîné, torturé; battu de verges et marqué d'un fer chaud pour un jurement; envoyé aux galères pour un lapin tué sur les terres du roi; pendu pour cinq sous; fournissant ses millions à Versailles et son squelette à Montfaucon; chargé de prohibitions, d'ordonnances, de patentes, de lettres royaux, d'édits bursaux et ruraux, de lois, de codes, de coutumes; écrasé de gabelles, d'aides, de censives, de mainmortes, d'accises et d'excises, de redevances, de dîmes, de péages, de corvées, de banqueroutes; bâtonné d'un bâton qu'on appelait sceptre; suant, soufflant, geignant, marchant toujours, couronné, mais aux genoux, plus bête de somme que nation, se redressa tout à coup, voulut devenir homme, et se mit en tête de demander des comptes à la monarchie, de demander des comptes à la providence, et de liquider ses huit siècles de misères. Ce fut un grand effort.

II

On choisit une vaste salle qu'on entoura de gradins, puis on prit des planches, et avec ces planches on construisit au milieu de la salle une espèce d'estrade. Quand l'estrade fut faite, ce qu'en ce temps-là on appelait la nation, c'est-à-dire le clergé en soutanes rouges et violettes, la noblesse empanachée de blanc et l'épée au côté, et la bourgeoisie vêtue de noir, vinrent s'asseoir sur les gradins. À peine fut-on assis, qu'on vit monter à l'estrade et s'y dresser une figure extraordinaire.—Quel est ce monstre? dirent les uns; quel est ce géant? dirent les autres. C'était un être singulier, inattendu, inconnu, brusquement sorti de l'ombre, qui faisait peur et qui fascinait; une maladie hideuse lui avait fait une sorte de tête de tigre; toutes les laideurs semblaient avoir été déposées sur ce masque par tous les vices; il était, comme la bourgeoisie, vêtu de noir, c'est-à-dire de deuil. Son oeil fauve jetait sur l'assemblée des éblouissements; il ressemblait au reproche et à la menace; tous le considéraient avec une sorte de curiosité où se mêlait l'horreur. Il éleva la main, on fit silence.

Alors on entendit sortir de cette face difforme une parole sublime. C'était la voix du monde nouveau qui parlait par la bouche du vieux monde; c'était 89 qui se levait debout et qui interpellait, et qui accusait, et qui dénonçait à Dieu et aux hommes toutes les dates fatales de la monarchie; c'était le passé, spectacle auguste, le passé meurtri de liens, marqué à l'épaule, vieil esclave, vieux forçat, le passé infortuné, qui appelait à grands cris l'avenir, l'avenir libérateur! voilà ce que c'était que cet inconnu, voilà ce qu'il faisait sur cette estrade. À sa parole, qui par moments était un tonnerre, préjugés, fictions, abus, superstitions, erreurs, intolérance, ignorance, fiscalités infâmes, pénalités barbares, autorités caduques, magistratures vermoulues, codes décrépits, lois pourries, tout ce qui devait périr eut un tremblement, et l'écroulement de ces choses commença. Cette apparition formidable a laissé un nom dans la mémoire des hommes; on devrait l'appeler la Révolution, on l'appelle Mirabeau.

III

Du jour où cet homme mit le pied sur cette estrade, cette estrade se transfigura, la tribune française fut fondée.

La tribune française! Il faudrait un livre pour dire ce que contient ce mot. La tribune française, c'est, depuis soixante ans, la bouche ouverte de l'esprit humain. De l'esprit humain disant tout, mêlant tout, combinant tout, fécondant tout, le bien, le mal, le vrai, le faux, le juste, l'injuste, le haut, le bas, l'horrible, le beau, le rêve, le fait, la passion, la raison, l'amour, la haine, la matière, l'idéal; mais en somme, car c'est là son travail sublime et éternel, faisant la nuit pour en tirer le jour, faisant le chaos pour en tirer la vie, faisant la révolution pour en tirer la république.

Ce qui a passé sur cette tribune, ce qu'elle a vu, ce qu'elle a fait, quelles tempêtes l'ont assaillie, quels événements elle a enfantés, quels hommes l'ont ébranlée de leurs clameurs, quels hommes l'ont sacrée de leurs paroles, comment le raconter? Après Mirabeau,—Vergniaud, Camille Desmoulins, Saint-Just, ce jeune homme sévère, Danton, ce tribun énorme, Robespierre, cette incarnation de l'année immense et terrible. Là on a entendu de ces interruptions farouches:—Ah çà! vous, s'écrie un orateur de la Convention, est-ce que vous allez me couper la parole aujourd'hui?—Oui, répond une voix, et le cou demain!—Et de ces apostrophes superbes:—Ministre de la justice, dit le général Foy à un garde des sceaux inique, je vous condamne en sortant de cette enceinte à regarder la statue de l'Hôpital!—Là, tout a été plaidé, nous venons de le dire, les mauvaises causes comme les bonnes; les bonnes seulement ont été gagnées définitivement; là, en présence des résistances, des négations, des obstacles, ceux qui veulent l'avenir comme ceux qui veulent le passé ont perdu paticncc; là il est arrivé à la vérité de devenir violente et au mensonge de devenir furieux; là tous les extrêmes ont surgi. À cette tribune, la guillotine a eu son orateur, Marat, et l'inquisition, le sien, Montalembert. Terrorisme au nom du salut public, terrorisme au nom de Rome; fiel dans les deux bouches, angoisse dans l'auditoire; quand l'un parlait, on croyait voir glisser le couteau; quand l'autre parlait, on croyait entendre pétiller le bûcher. Là ont combattu les partis, tous avec acharnement, quelques-uns avec gloire. Là, le pouvoir royal a violé le droit populaire dans la personne de Manuel, devenue auguste pour l'histoire par cette violation; là ont apparu, dédaignant le passé qu'ils servaient, deux vieillards mélancoliques, Royer-Collard, la probité hautaine, Chateaubriand, le génie amer; là, Thiers, l'adresse, a lutté contre Guizot, la force; là on s'est mêlé, on s'est abordé, on s'est combattu, on a agité l'évidence comme une épée. Là, pendant plus d'un quart de siècle, les haines, les rages, les superstitions, les égoïsmes, les impostures, hurlant, sifflant, aboyant, se dressant, se tordant, criant toujours les mêmes calomnies, montrant toujours le même poing fermé, crachant depuis le Christ les mêmes salives, ont tourbillonné comme une nuée d'orage autour de ta face sereine, ô Vérité!

IV

Tout cela était vivant, ardent, fécond, tumultueux, grand. Et quand tout avait été plaidé, débattu, scruté, fouillé, approfondi, dit, contredit, que sortait-il du chaos? toujours l'étincelle; que sortait-il du nuage? toujours la clarté. Tout ce que pouvait faire la tempête, c'était d'agiter le rayon et de le changer en éclair. Là, à cette tribune, on a posé, analysé, éclairé et presque toujours résolu toutes les questions, questions de finances, questions de crédit, questions de travail, questions de circulation, questions de salaire, questions d'état, questions de territoire, questions de paix, questions de guerre. Là on a prononcé, pour la première fois, ce mot qui contenait toute une société nouvelle: les Droits de l'Homme. Là on a entendu sonner pendant cinquante ans l'enclume sur laquelle des forgerons surhumains forgeaient des idées pures; les idées, ces glaives du peuple, ces lances de la justice, ces armures du droit. Là, pénétrés subitement d'effluves sympathiques, comme des braises qui rougissent au vent, tous ceux qui avaient un foyer en eux-mêmes, les puissants avocats, comme Ledru-Rollin et Berryer, les grands historiens, comme Guizot, les grands poëtes, comme Lamartine, se trouvaient tout de suite et naturellement grands orateurs.

Cette tribune était un lieu de force et de vertu. Elle vit, elle inspira, car on croirait volontiers que ces émanations sortaient d'elles, tous les dévouements, toutes les abnégations, toutes les énergies, toutes les intrépidités. Quant à nous, nous honorons tous les courages, même dans les rangs qui nous sont opposés. Un jour la tribune fut enveloppée d'ombre; il sembla que l'abîme s'était fait autour d'elle; on entendait dans cette ombre comme le mugissement d'une mer, et tout à coup, dans cette nuit livide, à ce rebord de marbre où s'était cramponnée la forte main de Danton, on vit apparaître une pique portant une tête coupée. Boissy d'Anglas salua.

Ce jour-là fut un jour menaçant. Mais le peuple ne renverse pas les tribunes. Les tribunes sont à lui, et il le sait. Placez une tribune au centre du monde, et avant peu, aux quatre coins de la terre, la république se lèvera. La tribune rayonne pour le peuple, il ne l'ignore pas. Quelquefois la tribune le courrouce et le fait écumer; il la bat de son flot, il la couvre même ainsi qu'au 15 mai, puis il se retire majestueusement comme l'océan et la laisse debout comme le phare. Renverser les tribunes, quand on est le peuple, c'est une sottise; ce n'est une bonne besogne que pour les tyrans.

Le peuple se soulevait, s'irritait, s'indignait; quelque erreur généreuse l'avait saisi, quelque illusion l'égarait; il se méprenait sur un fait, sur un acte, sur une mesure, sur une loi; il entrait en colère, il sortait de ce superbe calme où se repose sa force, il accourait sur les places publiques avec des grondements sourds et des bonds formidables; c'était une émeute, une insurrection, la guerre civile, une révolution peut-être. La tribune était là. Une voix aimée s'élevait et disait au peuple: arrête, regarde, écoute, juge! *Si forte virum quem conspexere, silent*; ceci était vrai dans Rome et vrai à Paris; le peuple s'arrêtait. Ô tribune! piédestal des hommes forts! de là sortaient l'éloquence, la loi, l'autorité, le patriotisme, le dévouement, et les grandes pensées, freins des peuples, muselières de lions.

En soixante ans toutes les natures d'esprit, toutes les sortes d'intelligence, toutes les espèces de génie ont successivement pris la parole dans ce lieu le plus sonore du monde. Depuis la première constituante jusqu'à la dernière, depuis la première législative jusqu'à la dernière, à travers la convention, les conseils et les chambres, comptez les hommes si vous pouvez! C'est un dénombrement d'Homère. Suivez la série. Que de figures qui contrastent depuis Danton jusqu'à Thiers! Que de figures qui se ressemblent depuis Barrère jusqu'à Baroche, depuis Lafayette jusqu'à Cavaignac! Aux noms que nous avons déjà nommés, Mirabeau, Vergniaud, Danton, Saint-Just, Robespierre, Camille Desmoulins, Manuel, Foy, Royer-Collard, Chateaubriand, Thiers, Guizot, Ledru-Rollin, Berryer, Lamartine, ajoutez ces autres noms, divers, parfois ennemis, savants, artistes, hommes d'état, hommes de guerre, hommes de loi, démocrates, monarchistes, libéraux, socialistes, républicains, tous fameux, quelques-uns illustres, ayant chacun l'auréole qui lui est propre, Barnave, Cazalès, Maury, Mounier, Thouret, Chapelier, Pétion, Buzot, Brissot, Sieyès, Condorcet, Chénier, Carnot, Lanjuinais, Pontécoulant, Cambacérès, Talleyrand, Fontanes, Benjamin Constant, Casimir Périer, Chauvelin, Voyer d'Argenson, Laffitte, Dupont (de l'Eure), Camille Jordan, Lainé, Fitz-James, Bonald, Villèle, Martignac, Cuvier, Villemain, les deux Lameth, les deux David, le peintre en 93, le sculpteur en 48, Lamarque, Mauguin, Odilon Barrot, Arago, Garnier-Pagès, Louis Blanc, Marc Dufraisse, Lamennais, Émile de Girardin, Lamoricière, Dufaure, Crémieux, Michel (de Bourges), Jules Favre...— Que de talents, que d'aptitudes variées! que de services rendus! quelle lutte de toutes les réalités contre toutes les erreurs! que de cerveaux en travail! quelle dépense, au profit du progrès, de savoir, de philosophie, de passion, de conviction, d'expérience, de sympathie, d'éloquence! que de chaleur fécondante répandue! quelle immense traînée de lumière!

Et nous ne les nommons pas tous. Pour nous servir d'une expression qu'on emprunte quelquefois à l'auteur de ce livre, «nous en passons et des meilleurs». Nous n'avons même pas signalé cette vaillante légion de jeunes orateurs qui surgissait à gauche dans ces dernières années,

Arnauld (de l'Ariège), Bancel, Chauffour, Pascal Duprat, Esquiros, de Flotte, Farcounet, Victor Hennequin, Madier de Montjau, Morellet, Noël Parfait, Pelletier, Sain, Versigny.

Insistons-y, à partir de Mirabeau, il y a eu dans le monde, dans la sociabilité humaine, dans la civilisation, un point culminant, un lieu central, un foyer, un sommet. Ce sommet, ce fut la tribune de France; admirable point de repère pour les générations en marche, cime éblouissante dans les temps paisibles, fanal dans l'obscurité des catastrophes. Des extrémités de l'univers intelligent, les peuples fixaient leur regard sur ce faîte où rayonnait l'esprit humain; quand quelque brusque nuit les enveloppait, ils entendaient venir de là une grande voix qui leur parlait dans l'ombre. *Admonet et magna testatur voce per umbras.*; Voix qui tout à coup, quand l'heure était venue, chant du coq annonçant l'aube, cri de l'aigle appelant le soleil, sonnait comme un clairon de guerre ou comme une trompette de jugement, et faisait dresser debout, terribles, agitant leurs linceuls, cherchant des glaives dans leurs sépulcres, toutes ces héroïques nations mortes, la Pologne, la Hongrie, l'Italie! Alors, à cette voix de la France, le ciel splendide de l'avenir s'entr'ouvrait, les vieux despotismes aveuglés et épouvantés courbaient le front dans les ténèbres d'en bas, et l'on voyait, les pieds sur la nuée, le front dans les étoiles, l'épée flamboyante à la main, apparaître, ses grandes ailes ouvertes dans l'azur, la Liberté, l'archange des peuples!

V

Cette tribune, c'était la terreur de toutes les tyrannies et de tous les fanatismes, c'était l'espoir de tout ce qui est opprimé sous le ciel. Quiconque mettait le pied sur ce sommet sentait distinctement les pulsations du grand coeur de l'humanité; là, pourvu qu'il fût un homme de bonne volonté, son âme grandissait en lui et rayonnait au dehors; quelque chose d'universel s'emparait de lui et emplissait son esprit comme le souffle emplit la voile; tant qu'il était sur ces quatre planches, il était plus fort et meilleur; il se sentait, dans cette minute sacrée, vivre de la vie collective des nations; il lui venait des paroles bonnes pour tous les hommes; il apercevait, au delà de l'assemblée groupée à ses pieds et souvent pleine de tumulte, le peuple attentif, sérieux, l'oreille tendue et le doigt sur la bouche, et, au delà du peuple, le genre humain pensif, assis en cercle et écoutant. Telle était cette grande tribune du haut de laquelle un homme parlait au monde.

De cette tribune sans, cesse en vibration, partaient perpétuellement des sortes d'ondes sonores, d'immenses oscillations de sentiments et d'idées qui, de flot en flot et de peuple en peuple, allaient aux confins de la terre remuer ces vagues intelligentes qu'on appelle des âmes. Souvent on ne savait pourquoi telle loi, telle construction, telle institution chancelait là-bas, plus loin que les frontières, plus loin que les mers; la papauté au delà des Alpes, le trône du czar à l'extrémité de l'Europe, l'esclavage en Amérique, la peine de mort partout. C'est que la tribune de France avait tressailli. À de certaines heures un tressaillement de cette tribune, c'était un tremblement de terre. La tribune de France parlait, tout ce qui pense ici-bas entrait en recueillement; les paroles dites s'en allaient dans l'obscurité, à travers l'espace, au hasard, n'importe où;—ce n'est que du vent, ce n'est que du bruit, disaient les esprits stériles qui vivent d'ironie,—et le lendemain, ou trois mois après, ou un an plus tard, quelque chose tombait sur la surface du globe, ou quelque chose surgissait. Qui avait fait cela? Ce bruit qui s'était évanoui, ce vent qui avait passé. Ce bruit, ce vent, c'était le verbe. Force sacrée. Du verbe de Dieu est sortie la création des êtres; du verbe de l'homme sortira la société des peuples.

VI

Une fois monté sur cette tribune, l'homme qui y était n'était plus un homme; c'était cet ouvrier mystérieux qu'on voit le soir, au crépuscule, marchant à grands pas dans les sillons et lançant dans l'espace, avec un geste d'empire, les germes, les semences, la moisson future, la richesse de l'été prochain, le pain, la vie.

Il va, il vient, il revient; sa main s'ouvre et se vide, et s'emplit et se vide encore; la plaine sombre s'émeut, la profonde nature s'entr'ouvre, l'abîme inconnu de la création commence son travail, les rosées en suspens descendent, le brin de folle avoine frissonne et songe que l'épi de blé lui succédera; le soleil caché derrière l'horizon aime ce que fait cet homme et sait que ses rayons ne seront pas perdus. Oeuvre sainte et merveilleuse!

L'orateur, c'est le semeur. Il prend dans son coeur ses instincts, ses passions, ses croyances, ses souffrances, ses rêves, ses idées, et les jette à poignées au milieu des hommes. Tout cerveau lui est sillon. Un mot tombé de la tribune prend toujours racine quelque part et devient une chose. Vous dites: ce n'est rien, c'est un homme qui parle; et vous haussez les épaules. Esprits à courte vue! c'est un avenir qui germe; c'est un monde qui éclôt.

VI

Deux grands problèmes pendent sur le monde: la guerre doit disparaître et la conquête doit continuer. Ces deux nécessités de la civilisation en croissance semblaient s'exclure. Comment satisfaire à l'une sans manquer à l'autre? Qui pouvait résoudre les deux problèmes à la fois, qui les résolvait? La tribune. La tribune, c'est la paix, et la tribune, c'est la conquête. Les conquêtes par l'épée, qui en veut? Personne; Les peuples sont des patries. Les conquêtes par l'idée, qui en veut? Tout le monde. Les peuples sont l'humanité. Or deux tribunes éclatantes dominaient les nations, la tribune anglaise, faisant les affaires, et la tribune française, créant les idées. La tribune française avait élaboré dès 89 tous les principes qui sont l'absolu politique, et elle avait commencé à élaborer depuis 1848 tous les principes qui sont l'absolu social. Une fois un principe tiré des limbes et mis au jour, elle le jetait dans le monde armé de toutes pièces et lui disait: va! Le principe conquérant entrait en campagne, rencontrait les douaniers à la frontière et passait malgré les chiens de garde; rencontrait les sentinelles aux portes de villes et passait malgré les consignes; prenait le chemin de fer, montait sur le paquebot, parcourait les continents, traversait les mers, abordait les passants sur les chemins, s'asseyait au foyer des familles, se glissait entre l'ami et l'ami, entre le frère et le frère, entre l'homme et la femme, entre le maître et l'esclave, entre le peuple et le roi, et à ceux qui lui demandaient: qui es-tu? il répondait: je suis la vérité; ct à ccux qui lui demandaient: d'où viens-tu? il répondait: je viens de France. Alors, celui qui l'avait questionné lui tendait la main, et c'était mieux qu'une province, c'était une intelligence annexée. Désormais entre Paris, métropole, et cet homme isolé dans sa solitude, et cette ville perdue au fond des bois ou des steppes, et ce peuple courbé sous le joug, un courant de pensée et d'amour s'établissait. Sous l'influence de ces courants, certaines nationalités s'affaiblissaient, certaines se fortifiaient et se relevaient. Le sauvage se sentait moins sauvage, le turc moins turc, le russe moins russe, le hongrois plus hongrois, l'italien plus italien. Lentement et par degrés, l'esprit français, pour le progrès universel, s'assimilait les nations. Grâce à cette admirable langue française, composée par la providence avec un merveilleux équilibre d'assez de consonnes pour être prononcée par les peuples du nord, et d'assez de voyelles pour être prononcée par les peuples du midi, grâce à cette langue qui est une puissance de la civilisation et de l'humanité, peu à peu, et par son seul rayonnement, cette haute tribune centrale de Paris conquérait les peuples et les faisait France. La frontière matérielle de la France était ce qu'elle pouvait; mais il n'y avait pas de traités de 1815 pour la frontière morale. La frontière morale reculait sans cesse et allait s'élargissant de jour en jour, et avant un quart de siècle peut-être on eût dit le monde français comme on a dit le monde romain.

Voilà ce qu'était, voilà ce que faisait pour la France la tribune, prodigieuse turbine d'idées, gigantesque appareil de civilisation, élevant perpétuellement le niveau des intelligences dans l'univers entier, et dégageant, au milieu de l'humanité, une quantité énorme de lumière.

C'est là ce que M. Bonaparte a supprimé.

VIII

Oui, cette tribune, M. Louis Bonaparte l'a renversée. Cette puissance créée par nos grands enfantements révolutionnaires, il l'a brisée, broyée, écrasée, déchirée à la pointe des bayonnettes, foulée aux pieds des chevaux. Son oncle avait émis un aphorisme: Le trône, c'est une planche recouverte de velours; lui a émis le sien: La tribune, c'est une planche recouverte d'une toile sur laquelle on lit: *Liberté, égalité, fraternité* Il a jeté la planche et la toile, et la liberté, et l'égalité, et la fraternité, au feu d'un bivouac. Un éclat de rire des soldats, un peu de fumée, et tout a été dit.

Est-ce vrai? Est-ce possible? Cela s'est-il passé ainsi? Une telle chose a-t-elle pu se voir? Mon Dieu, oui; c'est même fort simple. Pour couper la tête de Cicéron et clouer ses deux mains sur les rostres, il suffit d'une brute qui ait un couperet et d'une autre brute qui ait des clous et un marteau.

La tribune était pour, la France trois choses: un moyen d'initiation extérieure, un procédé de gouvernement intérieur, une gloire. Louis Bonaparte a supprimé l'initiation. La France enseignait les peuples, et les conquérait par l'amour; à quoi bon? Il a supprimé le mode de gouvernement, le sien vaut mieux. Il a soufflé sur la gloire, et l'a éteinte. De certains souffles ont cette propriété.

Du reste, attenter à la tribune, c'est un crime de famille. Le premier
Bonaparte l'avait déjà commis, mais du moins ce qu'il avait apporté à la
France pour remplacer cette gloire, c'était de la gloire,

non de
l'ignominie.

Louis Bonaparte ne s'est pas contenté de renverser la tribune. Il a voulu la ridiculiser. C'est un effort comme un autre. C'est bien le moins, quand on ne peut pas dire deux mots de suite, quand on ne harangue que le cahier à la main, quand on est bègue de parole et d'intelligence, qu'on se moque un peu de Mirabeau! Le général Ratapoil dit au général Foy: tais-toi, bavard! Qu'est-ce que c'est que ça, la tribune? s'écrie M. Bonaparte Louis; c'est du «parlementarisme»! Que dites-vous de parlementarisme? Parlementarisme me plaît. Parlementarisme est une perle. Voilà le dictionnaire enrichi. Cet académicien de coups d'état fait des mots. Au fait, on n'est pas un barbare pour ne pas semer de temps en temps un barbarisme. Lui aussi est un semeur; cela germe dans la cervelle des niais. L'oncle avait «les idéologues»; le neveu a «les parlementaristes». Parlementarisme, messieurs, parlementarisme, mesdames. Cela répond à tout. Vous hasardez cette timide observation:—Il est peut-être fâcheux qu'on ait ruiné tant de familles, déporté tant d'hommes, proscrit tant de citoyens, empli tant de civières, creusé tant de fosses, versé tant de sang...—Ah çà! réplique une grosse voix qui a l'accent hollandais, vous regrettez donc le «parlementarisme»? Tirez-vous de là. Parlementarisme est une trouvaille. Je donne ma voix à M. Louis Bonaparte pour le premier fauteuil vacant à l'institut. Comment donc! mais il faut encourager la néologie! Cet homme sort du charnier, cet homme sort de la morgue, cet homme a les mains fumantes comme un boucher, il se gratte l'oreille, sourit, et invente des vocables comme Julie d'Angennes. Il marie l'esprit de l'hôtel de Rambouillet à l'odeur de Montfaucon. C'est rare. Nous voterons pour lui tous les deux, n'est-ce pas, monsieur de Montalembert?

IX

Donc «le parlementarisme», c'est-à-dire la garantie des citoyens, la liberté de discussion, la liberté de la presse, la liberté individuelle, le contrôle de l'impôt, la clarté dans les recettes et dans les dépenses, la serrure de sûreté du coffre-fort public, le droit de savoir ce qu'on fait de votre argent, la solidité du crédit, la liberté de conscience, la liberté des cultes, le point d'appui de la propriété, le recours contre les confiscations et les spoliations, la sécurité de chacun, le contrepoids à l'arbitraire, la dignité de la nation, l'éclat de la France, les fortes moeurs des peuples libres, l'initiative publique, le mouvement, la vie, tout cela n'est plus. Effacé, anéanti, disparu, évanoui! Et cette «délivrance» n'a coûté à la France que quelque chose comme vingt-cinq millions partagés entre douze ou quinze sauveurs et quarante mille francs d'eau-de-vie par brigade! Vraiment, ce n'est pas cher; ces messieurs du coup d'état ont fait la chose au rabais.

Aujourd'hui c'est fait, c'est parfait, c'est complet. L'herbe pousse au palais Bourbon. Une forêt vierge commence à croître entre le pont de la Concorde et la place Bourgogne. On distingue dans la broussaille la guérite d'un factionnaire. Le corps législatif épanche son urne dans les roseaux et coule au pied de cette guérite avec un doux murmure.

Aujourd'hui c'est terminé. Le grand oeuvre est accompli. Et les résultats de la chose! Savez-vous bien que messieurs tels et tels ont gagné des maisons de ville et des maisons des champs rien que sur le chemin de fer de ceinture? Faites des affaires, gobergez-vous, prenez du ventre; il n'est plus question d'être un grand peuple, d'être un puissant peuple, d'être une nation libre, d'être un foyer lumineux; la France n'y voit plus clair. Voilà un succès. La France vote Louis-Napoléon, porte Louis-Napoléon, engraisse Louis-Napoléon, contemple Louis-Napoléon, admire Louis-Napoléon, et en demeure stupide. Le but de la civilisation est atteint.

Aujourd'hui plus de tapage, plus de vacarme, plus de parlage, de parlement et de parlementarisme. Le corps législatif, le sénat, le conseil d'état sont des bouches cousues. On n'a plus à craindre de lire un beau discours le matin en s'éveillant. C'en est fait de ce qui pensait, de ce qui méditait, de ce qui créait, de ce qui parlait, de ce qui brillait, de ce qui rayonnait dans ce grand peuple. Soyez fiers, français! Levez la tête, français! Vous n'êtes plus rien, et cet homme est tout. Il tient dans sa main votre intelligence comme un enfant tient un oiseau. Le jour où il lui plaira, il donnera le coup de pouce au génie de la France. Ce sera encore un vacarme de moins. En attendant, répétons-le en choeur: plus de parlementarisme, plus de tribune. Au lieu de toutes ces grandes voix qui dialoguaient pour l'enseignement du monde, qui étaient l'une l'idée, l'autre le fait, l'autre le droit, l'autre la justice, l'autre la gloire, l'autre la foi, l'autre l'espérance, l'autre la science, l'autre le génie, qui instruisaient, qui charmaient, qui rassuraient, qui consolaient, qui encourageaient, qui fécondaient, au lieu de toutes ces voix sublimes, qu'est-ce qu'on entend dans cette nuit noire qui couvre la France? Le bruit d'un éperon qui sonne et d'un sabre qui traîne sur le pavé.

Alléluia! dit M. Sibour. Hosanna! répond M. Parisis.

LIVRE SIXIÈME

L'ABSOLUTION

(PREMIÈRE FORME. LES 7,500,000 VOIX.)

LES 7,500,000 VOIX

I

On nous dit: Vous n'y songez pas! tous ces faits que vous appelez crimes sont désormais des «faits accomplis», et par conséquent respectables; tout cela est accepté, tout cela est adopté, tout cela est légitimé, tout cela est couvert, tout cela est absous.

—Accepté! adopté! légitimé! couvert! absous! par quoi?

—Par un vote.

—Quel vote?

—Les sept millions cinq cent mille voix!

—En effet. Il y a eu plébiscite, et vote, et 7,500,000 oui. Parlons-en.

II

Un brigand arrête une diligence au coin d'un bois.

Il est à la tête d'une bande déterminée.

Les voyageurs sont plus nombreux, mais ils sont séparés, désunis, parqués dans des compartiments, à moitié endormis, surpris au milieu de la nuit, saisis à l'improviste et sans armes.

Le brigand leur ordonne de descendre, de ne pas jeter un cri, de ne pas souffler mot et de se coucher la face contre terre.

Quelques-uns résistent, il leur brûle la cervelle.

Les autres obéissent et se couchent sur le pavé, muets, immobiles, terrifiés, pêle-mêle avec les morts et pareils aux morts.

Le brigand, pendant que ses complices leur tiennent le pied sur les reins et le pistolet sur la tempe, fouille leurs poches, force leurs malles et leur prend tout ce qu'ils ont de précieux.

Les poches vidées, les malles pillées, le coup d'état fini, il leur dit:

«—Maintenant, afin de me mettre en règle avec la justice, j'ai écrit sur un papier que vous reconnaissez que tout ce que je vous ai pris m'appartenait et que vous me le concédez de votre plein gré. J'entends que ceci soit votre avis. On va vous mettre à chacun une plume dans la main, et, sans dire un mot, sans faire un geste, sans quitter l'attitude où vous êtes...»

Le ventre contre terre, la face dans la boue...

«... Vous étendrez le bras droit et vous signerez tous ce papier. Si quelqu'un bouge ou parle, voici la gueule de mon pistolet. Du reste, vous êtes libres.»

Les voyageurs étendent le bras et signent.

Cela fait, le brigand relève la tête et dit:

—J'ai sept millions cinq cent mille voix.

III

M. Louis Bonaparte est président de cette diligence.

Rappelons quelques principes.

Pour qu'un scrutin politique soit valable, il faut trois conditions absolues: premièrement, que le vote soit libre; deuxièmement, que le vote soit éclairé; troisièmement, que le chiffre soit sincère. Si l'une de ces trois conditions manque, le scrutin est nul. Qu'est-il, si les trois à la fois font défaut?

Appliquons ces règles.

Premièrement. *Que le vote soit libre.*

Quelle a été la liberté du vote du 20 décembre, nous venons de le dire; nous avons exprimé cette liberté par une image frappante d'évidence. Nous pouvons nous dispenser d'y rien ajouter. Que chacun de ceux qui ont voté se recueille et se demande sous quelle violence morale et matérielle il a déposé son bulletin dans la boîte. Nous pourrions citer telle commune de l'Yonne où, sur cinq cents chefs de famille, quatre cent trente ont été arrêtés; le reste a voté oui; telle commune du Loiret où, sur six cent trente-neuf chefs de famille, quatre cent quatrevingt-dix-sept ont été arrêtés ou expulsés; les cent quarante-deux échappés ont voté oui; et ce que nous disons du Loiret et de l'Yonne, il faudrait le dire de tous les départements. Depuis le 2 décembre, chaque ville a sa nuée d'espions; chaque bourg, chaque village, chaque hameau a son dénonciateur. Voter non, c'était la prison, c'était l'exil, c'était Lambessa. Dans les villages de tel département on apportait à la porte des mairies, nous disait un témoin oculaire, «des charges d'âne de bulletins oui». Les maires, flanqués des gardes champêtres, les remettaient aux paysans. Il fallait voter. À Savigny, près Saint-Maur, le matin du vote, des gendarmes enthousiastes déclaraient que celui qui voterait non ne coucherait pas dans son lit. La gendarmerie a écroué à la maison d'arrêt de Valenciennes M. Parent fils, suppléant du juge de paix du canton de Bouchain, pour avoir engagé des habitants d'Avesne-le-Sec à voter non. Le neveu du représentant Aubry (du Nord) ayant vu distribuer par les agents du préfet des bulletins oui, dans la grande place de Lille, descendit sur cette place le lendemain et y distribua des bulletins non; il fût arrêté et mis à la citadelle.

Pour ce qui est du vote de l'armée, une partie a voté dans sa propre cause. Le reste a suivi.

Quant à la liberté même de ce vote des soldats, écoutons l'armée parler elle-même. Voici ce qu'écrit un soldat du 6e de ligne commandé par le colonel Garderens de Boisse:

«Pour la troupe, le vote fut un appel. Les sous-officiers, les caporaux, les tambours et les soldats, placés par rang de contrôle, étaient appelés par le fourrier, en présence du colonel, du lieutenant-colonel, du chef de bataillon et des officiers de la compagnie, et, au fur et à mesure que chaque homme appelé répondait: *Présent*, son nom était inscrit par le sergent-major. Le colonel disait, en se frottant les mains:—«Ma foi, messieurs, cela va comme sur des roulettes», quand un caporal de la compagnie à laquelle j'appartiens s'approche de la table où était le sergent-major et le prie de lui céder la plume, afin qu'il puisse inscrire lui-même son nom sur le registre Non qui devait rester en blanc.

«—Comment! s'écrie le colonel, vous qui êtes porté pour fourrier et qui allez être nommé à la première vacance, vous désobéissez formellement à votre colonel, et cela en présence de votre compagnie! Encore si ce refus que vous faites en ce moment n'était qu'un acte d'insubordination.

Mais vous ne savez donc pas, malheureux, que par votre vote vous réclamez la destruction de l'armée, l'incendie de la maison de votre père, l'anéantissement de la société tout entière! Vous tendez la main à la crapule! Comment! X..., vous que je voulais pousser, vous venez aujourd'hui m'avouer tout cela?»

«Le pauvre diable, on le pense bien, se laissa inscrire comme tous les autres.»

Multipliez ce colonel par six cent mille, vous avez la pression des fonctionnaires de tout ordre, militaires, politiques, civils, administratifs, ecclésiastiques, judiciaires, douaniers, municipaux, scolaires, commerciaux, consulaires, par toute la France, sur le soldat, le bourgeois et le paysan. Ajoutez, comme nous l'avons déjà indiqué plus haut, la fausse jacquerie communiste et le réel terrorisme bonapartiste, le gouvernement pesant par la fantasmagorie sur les faibles et par la dictature sur les récalcitrants, et agitant deux épouvantes à la fois. Il faudrait un volume spécial pour raconter, exposer et approfondir les innombrables détails de cette immense extorsion de signatures qu'on appelle le vote du 20 décembre.

Le vote du 20 décembre a terrassé l'honneur, l'initiative, l'intelligence et la vie morale de la nation. La France a été à ce vote comme le troupeau va à l'abattoir.

Passons.

Deuxièmement. *Que le vote soit éclairé.*

Voici qui est élémentaire: là où il n'y a pas de liberté de la presse, il n'y a pas de vote. La liberté de la presse est la condition *sine qua non* du suffrage universel. Nullité radicale de tout scrutin fait en l'absence de la liberté de la presse. La liberté de la presse entraîne comme corollaires nécessaires la liberté de réunion, la liberté d'affichage, la liberté de colportage, toutes les libertés qu'engendre le droit, préexistant à tout, de s'éclairer avant de voter.

Voter, c'est gouverner; voter, c'est juger. Se figure-t-on un pilote aveugle au gouvernail? Se figure-t-on le juge les oreillcs bouchées et les yeux crevés? Liberté donc, liberté de s'éclairer par tous les moyens, par l'enquête, par la presse, par la parole, par la discussion. Ceci est la garantie expresse et la condition d'être du suffrage universel. Pour qu'une chose soit faite valablement, il faut qu'elle soit faite sciemment. Où il n'y a pas de flambeau, il n'y pas d'acte.

Ce sont là des axiomes. Hors de ces axiomes, tout est nul de soi.

Maintenant, voyons. M. Bonaparte, dans son scrutin du 20 décembre, a-t-il obéi à ces axiomes? A-t-il rempli ces conditions de presse libre, de réunions libres, de tribune libre, d'affichage libre, de colportage libre, d'enquête libre? Un immense éclat de rire répond, même à l'Élysée.

Ainsi vous êtes forcé vous-même d'en convenir; c'est comme cela qu'on a usé du «suffrage universel»!

Quoi! je ne sais rien de ce qui s'est passé! On a tué, égorgé, mitraillé, assassiné, et je l'ignore! On a séquestré, torturé, expulsé, exilé, déporté, et je l'entrevois à peine! Mon maire et mon curé me disent: Ces gens-là qu'on emmène liés de cordes, ce sont des repris de justice! Je suis un paysan, je cultive un coin de terre au fond d'une province, vous supprimez le journal, vous étouffez les révélations, vous empêchez la vérité de m'arriver, et vous me faites voter! Quoi! dans la nuit la plus profonde! Quoi! à tâtons! Quoi! vous sortez brusquement de l'ombre un sabre à la main, et vous me dites: vote! et vous appelez cela un scrutin!

Certes! un scrutin «libre et spontané», disent les feuilles du coup d'état.

Toutes les roueries ont travaillé à ce vote. Un maire de village, espèce d'Escobar sauvageon poussé en plein champ, disait à ses paysans: *Si vous votez oui, c'est pour la république; si vous votez non, c'est contre la république.* Les paysans ont voté oui.

Et puis éclairons une autre face de cette turpitude qu'on nomme «le plébiscite du 20 décembre». Comment la question a-t-elle été posée? y a-t-il eu choix possible? a-t-on, et c'était bien le moins que dût faire un homme de coup d'état dans un si étrange scrutin que celui où il remettait tout en question, a-t-on ouvert à chaque parti la porte par où son principe pouvait entrer? a-t-il été permis aux légitimistes de se tourner vers leur prince exilé et vers l'antique honneur des fleurs de lys? a-t-il été permis aux orléanistes de se tourner vers cette famille proscrite qu'honorent les vaillants services de deux soldats, MM. de Joinville et d'Aumale, et qu'illustre cette grande âme, Mme la duchesse d'Orléans? a-t-on offert au peuple,—qui n'est pas un parti, lui, qui est le peuple, c'est-à-dire le souverain,—lui a-t-on offert cette république vraie devant laquelle s'évanouit toute monarchie comme la nuit devant le jour, cette république qui est l'avenir évident et irrésistible du monde civilisé; la république sans dictature; la république de concorde, de science et de liberté; la république du suffrage universel, de la paix universelle et du bien-être universel; la république initiatrice des peuples et libératrice des nationalités; cette république qui, après tout et quoi qu'on fasse, «aura», comme l'a dit ailleurs[41] l'auteur de ce livre, «la France demain et après-demain l'Europe»? A-t-on offert cela? Non. Voici comment M. Bonaparte a présenté la chose: il y a eu à ce scrutin deux candidats: premier candidat, M. Bonaparte; deuxième candidat, l'abîme. La France a eu le choix. Admirez l'adresse de l'homme et un peu son humilité. M. Bonaparte s'est donné pour vis-à-vis dans cette affaire, qui? M. de Chambord? Non. M. de Joinville? Non. La république? Encore moins. M. Bonaparte, comme ces jolies créoles qui font ressortir leur beauté au moyen de quelque effroyable hottentote, s'est donné pour concurrent dans cette élection un fantôme, une vision, un socialisme de Nuremberg avec des dents et des griffes et une braise dans les yeux, l'ogre du Petit Poucet, le vampire dc la Porte Saint-Martin, l'hydre de Théramène, le grand serpent de mer du *Constitutionnel* que les actionnaires ont eu la bonne grâce de lui prêter, le dragon de l'Apocalypse, la Tarasque, la Drée, le Gra-ouilli, un épouvantail. Aidé d'un Ruggieri quelconque, M. Bonaparte a fait sur ce monstre en carton un effet de feu de Bengale rouge, et a dit au votant effaré: Il n'y a de possible que ceci ou moi; Choisis! Il a dit: Choisis entre la belle et la bête; la bête, c'est le communisme; la belle, c'est ma dictature. Choisis!—Pas de milieu! La société par terre, ta maison brûlée, ta grange pillée, ta vache volée, ton champ confisqué, ta femme violée, tes enfants massacrés, ton vin bu par autrui, toi-même mangé tout vif par cette grande gueule béante que tu vois là, ou moi empereur! Choisis. Moi ou Croquemitaine.

Le bourgeois, effrayé et par conséquent enfant, le paysan, ignorant et par conséquent enfant, ont préféré M. Bonaparte à Croquemitaine. C'est là son triomphe.

Disons pourtant que, sur dix millions de votants, il paraît que cinq cent mille auraient encore mieux aimé Croquemitaine.

Après tout, M. Bonaparte n'a eu que sept millions cinq cent mille voix.

Donc, et de cette façon, librement, comme on voit, sciemment, comme on voit, ce que M. Bonaparte a la bonté d'appeler le suffrage universel a voté. Voté quoi?

La dictature, l'autocratie, la servitude, la république despotat, la France pachalik, les chaînes sur toutes les mains, le scellé sur toutes les bouches, le silence, l'abaissement, la peur, l'espion âme de tout! On a donné à un homme,—à vous!—l'omnipotence et l'omniscience! On a fait de cet homme le constituant suprême, le législateur unique, l'alpha du droit, l'oméga du pouvoir!

On a décrété qu'il est Minos, qu'il est Numa, qu'il est Solon, qu'il est Lycurgue! On a incarné en lui le peuple, la nation, l'état, la loi! et pour dix ans! Quoi! voter, moi citoyen, non-seulement mon dessaisissement, ma déchéance et mon abdication, mais l'abdication pour dix années des générations nouvelles du suffrage universel sur lesquelles je n'ai aucun droit, sur lesquelles, vous usurpateur, vous me forcez d'usurper, ce qui, du reste, soit dit en passant, suffirait pour frapper de nullité ce scrutin monstrueux si toutes les nullités n'y étaient pas déjà amoncelées, entassées et amalgamées! Quoi! c'est cela ce que vous me faites faire! Vous me faites voter que tout est fini, qu'il n'y a plus rien, que le peuple est un nègre! Quoi! vous me dites: Attendu que tu es souverain, tu vas te donner un maître; attendu que tu es la France, tu vas devenir Haïti! Quelle abominable dérision!

Voilà le vote du 20 décembre, cette sanction, comme dit M. de Morny, cette absolution, comme dit M. Bonaparte.

Vraiment, dans peu de temps d'ici, dans un an, dans un mois, dans une semaine peut-être, quand tout ce que nous voyons en ce moment se sera évanoui, on aura quelque honte d'avoir fait, ne fût-ce qu'une minute, à cet infâme semblant de vote qu'on appelle le scrutin des sept millions cinq cent mille voix, l'honneur de le discuter. C'est là pourtant la base unique, l'unique point d'appui, l'unique rempart de ce pouvoir prodigieux de M. Bonaparte. Ce vote est l'excuse des lâches; ce vote est le bouclier des consciences déshonorées. Généraux, magistrats, évêques, toutes les forfaitures, toutes les prévarications, toutes les complicités, réfugient derrière ce vote leur ignominie. La France a parlé, disent-ils; *vox populi, vox Dei*, le suffrage universel a voté; tout est couvert par un scrutin.—Ça un vote! ça un scrutin! on crache dessus, et l'on passe.

Troisièmement. Que le chiffre soit sincère.

J'admire ce chiffre: 7,500,000. Il a dû faire bon effet, à travers le brouillard du 1er janvier, en lettres d'or de trois pieds de haut, sur le portail de Notre-Dame.

J'admire ce chiffre. Savez-vous pourquoi? Parce que je le trouve humble. 7,500,000! Pourquoi 7,500,000? C'est peu. Personne ne refusait à M. Bonaparte la bonne mesure. Après ce qu'il avait fait le 2 décembre, il avait droit à mieux que cela. Vraiment, qui l'eût chicané? Qui l'empêchait de mettre huit millions, dix millions, un chiffre rond? Quant à moi, j'ai été trompé dans mes espérances. Je comptais sur l'unanimité. Coup d'état, vous êtes modeste.

Quoi! on a fait tout ce que nous venons de rappeler ou de raconter, on a prêté un serment et l'on s'est parjuré, on était le gardien d'une constitution et on l'a détruite, on était le serviteur d'une république et on l'a trahie, on était l'agent d'une assemblée souveraine et on l'a violemment brisée, on a fait de la consigne militaire un poignard pour tuer l'honneur militaire, on s'est servi du drapeau de la France pour essuyer de la boue et de la honte, on a mis les poucettes aux généraux d'Afrique, on a fait voyager les représentants du peuple dans les voitures cellulaires, on a empli Mazas, Vincennes, le mont Valérien et Sainte-Pélagie d'hommes inviolables; on a arquebusé à bout portant sur la barricade du droit le législateur revêtu de cette écharpe, signe sacré et vénérable de la loi; on a donné à tel colonel que nous pourrions nommer cent mille francs pour fouler aux pieds le devoir, et à chaque soldat dix francs par jour; on a dépensé en quatre journées quarante mille francs d'eau-de-vie par brigade; on a couvert de l'or de la Banque le tapis franc de l'Élysée, et on a dit aux amis: prenez! on a tué M. Adde chez lui, M. Belval chez lui, M. Debaecque chez lui, M. Labilte chez lui, M. de Couvercelle chez lui, M. Monpelas chez lui, M. Thirion de Montauban chez lui; on a massacré sur les boulevards et ailleurs, fusillé on ne sait où on ne sait qui, commis force meurtres dont on a la modestie de n'avouer que cent quatrevingt-onze, quoi! on a changé les fossés des arbres du boulevard en cuvettes pleines de sang, on a répandu le sang de l'enfant avec le sang de la mère, et mêlé à tout cela le vin de Champagne des gendarmes, on a fait toutes ces choses, on s'est donné toutes ces peines, et quand on demande à la nation: êtes-vous contente? on n'obtient que sept millions cinq cent mille oui!—Vraiment, ce n'est pas payé.

Dévouez-vous donc à «sauver une société»! Ô ingratitude des peuples!

En vérité, trois millions de bouches ont répondu non! Qui est-ce qui disait donc que les sauvages de la mer du Sud appelaient les français les *oui-oui*?

Parlons sérieusement. Car l'ironie pèse dans ces matières tragiques.

Gens du coup d'état, personne ne croit à vos sept millions cinq cent mille voix.

Tenez, un accès de franchise, avouez-le, vous êtes tous un peu grecs, vous trichez. Dans votre bilan du 2 décembre, vous comptez trop de votes,—et pas assez de cadavres.

7,500,000! Qu'est-ce que c'est que ce chiffre-là? D'où vient-il? D'où sort-il? Que voulez-vous que nous en fassions?

Sept millions, huit millions, dix millions, qu'importe! nous vous accordons tout et nous vous contestons tout.

Les sept millions, vous les avez, plus les cinq cent mille; la somme plus l'appoint, vous le dites, prince, vous l'affirmez, vous le jurez, mais qui le prouve?

Qui a compté? Baroche. Qui a scruté? Rouher. Qui a contrôlé? Piétri. Qui a additionné? Maupas. Qui a vérifié? Troplong. Qui a proclamé? vous.

C'est-à-dire que la bassesse a compté, la platitude a scruté, la rouerie a contrôlé, le faux a additionné, la vénalité a vérifié, le mensonge a proclamé.

Bien.

Sur ce, M. Bonaparte monte au Capitole, ordonne à M. Sibour de remercier Jupiter, fait endosser une livrée bleu et or au sénat, bleu et argent au corps législatif, vert et or à son cocher, met la main sur son coeur, déclare qu'il est le produit du «suffrage universel», et que sa «légitimité» est sortie de l'urne du scrutin. Cette urne est un gobelet.

IV

Nous le déclarons donc, nous le déclarons purement et simplement, le 20 décembre 1851, dix-huit jours après le 2, M. Bonaparte a fourré la main dans la conscience de chacun, et a volé à chacun son vote. D'autres font le mouchoir, lui fait l'empire. Tous les jours, pour des espiègleries de ce genre, un sergent de ville prend un homme au collet, et le mène au poste.

Entendons-nous pourtant.

Est-ce à dire que nous prétendions que personne n'a réellement voté pour M. Bonaparte? Que personne n'a volontairement dit oui? Que personne n'a librement et sciemment accepté cet homme?

Loin de là.

M. Bonaparte a eu pour lui la tourbe des fonctionnaires, les douze cent mille parasites du budget, et leurs tenants et aboutissants; les corrompus, les compromis, les habiles; et à leur suite, les crétins, masse notable.

Il a eu pour lui MM. les cardinaux, MM. les évêques, MM. les chanoines, MM. les curés, MM. les vicaires, L'ABSOLUTION.—LES 7,500,000 VOIX.

MM. les archidiacres, diacres et sous-diacres, MM. les prébendiers, MM. les marguilliers, MM. les sacristains, MM. les bedeaux, MM. les suisses de paroisse, et les hommes «religieux», comme on dit. Oui, nous ne faisons nulle difficulté d'en convenir, M. Bonaparte a eu pour lui tous ces évêques qui se signent en Veuillot et en Montalembert, et tous ces hommes religieux, race précieuse, ancienne, mais fort accrue et recrutée depuis les terreurs propriétaires de 1848, lesquels prient en ces termes: Ô mon Dieu! faites hausser les actions de Lyon! Doux seigneur Jésus, faites-moi gagner vingt-cinq pour cent sur mon Naples-certificats-Rothschild! Saints apôtres, vendez mes vins! Bien-heureux martyrs, doublez mes loyers! Sainte Marie, mère de Dieu, vierge immaculée, étoile de la mer, jardin fermé, *hortus conclusus*, daignez jeter un oeil favorable sur mon petit commerce situé au coin de la rue Tirechappe et de la rue Quincampoix! tour d'ivoire, faites que la boutique d'en face aille mal!

Ont voté réellement et incontestablement pour M. Bonaparte: première catégorie, le fonctionnaire; deuxième catégorie, le niais; troisième catégorie, le voltairien-propriétaire-industriel religieux.

Disons-le, l'intelligence humaine, et l'intellect bourgeois en particulier, ont de singulières énigmes. Nous le savons et nous n'avons nul désir de le cacher; depuis le boutiquier jusqu'au banquier, depuis le petit marchand jusqu'à l'agent de change, bon nombre d'hommes de commerce et d'industrie en France, c'est-à-dire bon nombre de ces hommes qui savent ce que c'est qu'une confiance bien placée, qu'un dépôt fidèlement gardé, qu'une clef mise en mains sûres, ont voté, après le 2 décembre, pour M. Bonaparte. Le vote consommé, vous auriez accosté un de ces hommes de négoce, le premier venu, au hasard, et voici le dialogue que vous auriez pu échanger avec lui:

—Vous avez nommé Louis Bonaparte président de la république?

—Oui.

Le prendriez-vous pour garçon de caisse?

—Non, certes!

V

Et c'est là le scrutin,—répétons-le, insistons-y, ne nous lassons pas; *je crie cent fois les mêmes choses,* dit Isaïe, *pour qu'on les entende une fois*;—c'est là le scrutin, c'est là le plébiscite, c'est là le vote, c'est là le décret souverain du «suffrage universel», à l'ombre duquel s'abritent, dont se font un titre d'autorité et un diplôme de gouvernement ces hommes qui tiennent la France aujourd'hui, qui commandent, qui dominent, qui administrent, qui jugent, qui règnent, les mains dans l'or jusqu'aux coudes, les pieds dans le sang jusqu'aux genoux!

Maintenant, et pour en finir, faisons une concession à M. Bonaparte. Plus de chicanes. Son scrutin du 20 décembre a été libre, il a été éclairé; tous les journaux ont imprimé ce qui leur a plu; qui a dit le contraire? des calomniateurs; on a ouvert les réunions électorales, les murs ont disparu sous les affiches, les passants de Paris ont balayé du pied, sur les boulevards et dans les rues, une neige de bulletins blancs, bleus, jaunes, rouges; a parlé qui a voulu, a écrit qui a voulu; le chiffre est sincère; ce n'est pas Baroche qui a compté, c'est Barème; Louis Blanc, Guinard, Félix Pyat, Raspail, Caussidière, Thoré, Ledru-Rollin, Étienne Arago, Albert, Barbès, Blanqui et Gent ont été scrutateurs; ce sont eux-mêmes qui ont proclamé les sept millions cinq cent mille voix. Soit. Nous accordons tout cela. Après? Qu'est-ce que le coup d'état en conclut?

Ce qu'il en conclut? il se frotte les mains, il n'en demande pas davantage, cela lui suffit, il conclut que c'est bien, que tout est clos, que tout est fini, qu'on n'a plus rien à dire, qu'il est «absous».

Halte-là!

Le vote libre, le chiffre sincère, ce n'est que le côté matériel de la question, il reste le côté moral. Il y a donc un côté moral? Mais oui, prince, et c'est là précisément le vrai côté, le grand côté de cette question du 2 décembre. Examinons-le.

VI

Il faut d'abord, monsieur Bonaparte, que vous sachiez un peu ce que c'est que la conscience humaine.

Il y a deux choses dans ce monde, apprenez cette nouveauté, qu'on appelle le bien et le mal. Il faut qu'on vous le révèle, mentir n'est pas bien, trahir est mal, assassiner est pire. Cela a beau être utile, cela est défendu. Par qui? me direz-vous. Nous vous l'expliquerons plus loin; mais poursuivons. L'homme, sachez encore cette particularité, est un être pensant, libre dans ce monde, responsable dans l'autre. Chose étrange et qui vous surprendra, il n'est pas fait uniquement pour jouir, pour satisfaire toutes ses fantaisies, pour se mouvoir au hasard de ses appétits, pour écraser ce qui est là devant lui quand il marche, brin d'herbe ou parole jurée, pour dévorer ce qui se présente quand il a faim. La vie n'est pas sa proie. Par exemple, pour passer de zéro par an à douze cent mille francs il n'est pas permis de faire un serment qu'on n'a pas l'intention de tenir, et, pour passer de douze cent mille francs à douze millions, il n'est pas permis de briser la constitution et les lois de son pays, de se ruer par guet-apens sur une assemblée souveraine, de mitrailler Paris, de déporter dix mille personnes et d'en proscrire quarante mille. Je continue de vous faire pénétrer dans ce mystère singulier. Certes, il est agréable de faire mettre des bas de soie blancs à ses laquais, mais, pour arriver à ce grand résultat, il n'est pas permis de supprimer la gloire et la pensée d'un peuple, de renverser la tribune centrale du monde civilisé, d'entraver le progrès du genre humain et de verser des flots de sang. Cela est défendu. Par qui? me répéterez-vous, vous qui ne voyez devant vous personne qui vous défende rien. Patience. Vous le saurez tout à l'heure.

Quoi!—ici vous vous révoltez, et je le comprends,—lorsqu'on a d'un côté son intérêt, son ambition, sa fortune, son plaisir, un beau palais à conserver faubourg Saint-Honoré, et de l'autre côté les jérémiades et les criailleries des femmes auxquelles on prend leurs fils, des familles auxquelles on arrache leur père, des enfants auxquels on ôte leur pain, du peuple auquel on confisque sa liberté, de la société à laquelle on retire son point d'appui, les lois; quoi! lorsque ces criailleries sont d'un côté et l'intérêt de l'autre, il ne serait pas permis de dédaigner ces vacarmes, de laisser «vociférer» tous ces gens-là, de marcher sur l'obstacle, et d'aller tout naturellement là où l'on voit sa fortune, son plaisir et le beau palais du faubourg Saint-Honoré! Voilà qui est fort! Quoi! il faudrait se préoccuper de ce que, il y a trois ou quatre ans, on ne sait plus quand, on ne sait plus où, un jour de décembre, qu'il faisait très froid, qu'il pleuvait, qu'on avait besoin de quitter une chambre d'auberge pour se loger mieux, on a prononcé, on ne sait plus à propos de quoi, dans une salle mal éclairée, devant huit ou neuf cents imbéciles qui vous ont cru, ces huit lettres: Je le jure! Quoi! quand on médite «un grand acte» il faudrait passer son temps à s'interroger sur ce qui pourra résulter du parti qu'on prend! se faire un souci de ce que celui-ci sera mangé de vermine dans les casemates, de ce que celui-là pourrira dans les pontons, de ce que cet autre crèvera à Cayenne, de ce que cet autre aura été tué à coups de bayonnette, de ce que cet autre aura été écrasé à coups de pavés, de ce que cet autre aura été assez bête pour se faire fusiller, de ce que ceux-ci seront ruinés, de ce que ceux-là seront exilés, et de ce que tous ces hommes qu'on ruine, qu'on exile, qu'on fusille, qu'on massacre, qui pourrissent dans les cales et qui crèvent en Afrique, seront d'honnêtes gens qui auront fait leur devoir! c'est à ces choses-là qu'on s'arrêtera! Comment! on a des besoins, on n'a pas d'argent, on est prince, le hasard vous met le pouvoir dans les mains, on en use, on autorise des loteries, on fait exposer des lingots d'or dans le passage Jouffroy, la poche de tout le monde s'ouvre, on en tire ce qu'on peut, on en donne à ses amis, à des compagnons dévoués auxquels on doit de la reconnaissance, et comme il arrive un moment où l'indiscrétion publique se mêle de la chose, où cette infâme liberté de la presse veut percer le mystère et où la justice s'imagine que cela la regarde, il faudrait quitter l'Élysée, sortir du pouvoir, et aller stupidement s'asseoir entre deux gendarmes sur le banc de la sixième chambre! Allons donc! est-ce qu'il n'est pas plus simple de s'asseoir sur le trône de l'empereur? est-ce qu'il n'est pas plus simple de briser la liberté de la presse? est-ce qu'il n'est pas plus simple de briser la justice? est-ce qu'il n'est pas plus court de mettre les juges sous ses pieds? ils ne demandent pas mieux, d'ailleurs! ils sont tout prêts! Et cela ne serait pas permis! Et cela serait défendu!

Oui, monseigneur, cela est défendu.

Qui est-ce qui s'y oppose? Qui est-ce qui ne permet pas? Qui est-ce qui défend?

Monsieur Bonaparte, on est le maître, on a huit millions de voix pour ses crimes et douze millions de francs pour ses menus plaisirs, on a un sénat et M. Sibour dedans, on a des armées, des canons, des forteresses, des Troplongs à plat ventre, des Baroche; quelqu'un qui est perdu dans l'obscurité, un passant, un inconnu se dresse devant vous et vous dit: Tu ne feras pas cela.

Ce quelqu'un, cette bouche qui parle dans l'ombre, qu'on ne voit pas, mais qu'on entend, ce passant, cet inconnu, cet insolent, c'est la conscience humaine.

Voilà ce que c'est que la conscience humaine. C'est quelqu'un, je le répète, qu'on ne voit pas, et qui est plus fort qu'une armée, plus nombreux que sept millions cinq cent mille voix, plus haut qu'un sénat, plus religieux qu'un archevêque, plus savant en droit que M. Troplong, plus prompt à devancer n'importe quelle justice que M. Baroche, et qui tutoie votre majesté.

VII

Approfondissons un peu toutes ces nouveautés.

Apprenez donc encore ceci, monsieur Bonaparte: ce qui distingue l'homme de la brute, c'est la notion du bien et du mal, de ce bien et de ce mal dont je vous parlais tout à l'heure.

Là est l'abîme.

L'animal est un être complet. Ce qui fait la grandeur de l'homme, c'est d'être incomplet; c'est de se sentir par une foule de points hors du fini; c'est de percevoir quelque chose au delà de soi, quelque chose en deçà. Ce quelque chose qui est au delà et en deçà de l'homme, c'est le mystère; c'est,—pour employer ces faibles expressions humaines qui sont toujours successives et qui n'expriment jamais qu'un côté des choses,—le monde moral. Ce monde moral, l'homme y baigne autant, plus encore que dans le monde matériel. Il vit dans ce qu'il sent plus que dans ce qu'il voit. La création a beau l'obséder, le besoin a beau l'assaillir, la jouissance a beau le tenter, la bête qui est en lui a beau le tourmenter, une sorte d'aspiration perpétuelle à une région autre le jette irrésistiblement hors de la création, hors du besoin, hors de la jouissance, hors de la bête. Il entrevoit toujours, partout, à chaque instant, à toute minute, le monde supérieur, et il remplit son âme de cette vision, et il en règle ses actions. Il ne se sent pas achevé dans cette vie d'en bas. Il porte en lui, pour ainsi dire, un exemplaire mystérieux du monde antérieur et ultérieur, du monde parfait, auquel il compare sans cesse et malgré lui le monde imparfait, et lui-même, et ses infirmités, et ses appétits, et ses passions et ses actions. Quand il reconnaît qu'il s'approche de ce modèle idéal, il est joyeux; quand il reconnaît qu'il s'en éloigne, il est triste. Il comprend profondément qu'il n'y a rien d'inutile et d'admissible dans ce monde, rien qui ne vienne de quelque chose et qui ne conduise à quelque chose. Le juste, l'injuste, le bien, le mal, les bonnes oeuvres, les actions mauvaises tombent dans le gouffre, mais ne se perdent pas, s'en vont dans l'infini à la charge ou au bénéfice de ceux qui les accomplissent. Après la mort on les retrouve, et le total se fait. Se perdre, s'évanouir, s'anéantir, cesser d'être, n'est pas plus possible pour l'atome moral que pour l'atome matériel. De là, en l'homme, ce grand et double sentiment de sa liberté et de sa responsabilité. Il lui est donné d'être bon ou d'être méchant. Ce sera un compte à régler. Il peut être coupable; et, chose frappante et sur laquelle j'insiste, c'est là sa grandeur. Rien de pareil pour la brute. Pour elle, rien que l'instinct, boire à la soif, manger à la faim, procréer à la saison, dormir quand le soleil se couche, s'éveiller quand il se lève, faire le contraire si c'est une bête de nuit. L'animal n'a qu'une espèce de moi obscur que n'éclaire aucune lueur morale. Toute sa loi, je le répète, c'est l'instinct. L'instinct, sorte de rail où la nature fatale entraîne la brute. Pas de liberté, donc pas de responsabilité; pas d'autre vie par conséquent. La brute ne fait ni bien ni mal; elle ignore. Le tigre est innocent.

Si vous étiez par hasard innocent comme le tigre?

À de certains moments on est tenté de croire que, n'ayant pas plus d'avertissement intérieur que lui, vous n'avez pas plus de responsabilité.

Vraiment, il y a des heures où je vous plains. Qui sait? vous n'êtes peut-être qu'une malheureuse force aveugle.

Monsieur Louis Bonaparte, la notion du bien et du mal, vous ne l'avez pas. Vous êtes le seul homme peut-être dans l'humanité tout entière qui n'ait pas cette notion. Cela vous donne barre sur le genre humain. Oui, vous êtes redoutable. C'est là ce qui fait votre génie, dit-on; je conviens que, dans tous les cas, c'est ce qui fait en ce moment votre puissance.

Mais savez-vous ce qui sort de ce genre de puissance? le fait, oui; le droit, non.

Le crime essaye de tromper l'histoire sur son vrai nom; il vient et dit: je suis le succès.—Tu es le crime!

Vous êtes couronné et masqué. À bas le masque! À bas la couronne!

Ah! vous perdez votre peine, vous perdez vos appels au peuple, vos plébiscites, vos scrutins, vos bulletins, vos additions, vos commissions exécutives proclamant le total, vos banderoles rouges ou vertes avec ce chiffre en papier doré: 7,500,000! Vous ne tirerez rien de cette mise en scène. Il y a des choses sur lesquelles on ne donne pas le change au sentiment universel. Le genre humain, pris en masse, est un honnête homme.

Même autour de vous, on vous juge. Il n'est personne dans votre domesticité, dans la galonnée comme dans la brodée, valet d'écurie ou valet de sénat, qui ne dise tout bas ce que je dis tout haut. Ce que je proclame, on le chuchote, voilà toute la différence. Vous êtes omnipotent, on s'incline, rien de plus. On vous salue, la rougeur au front.

On se sent vil, mais on vous sait infâme.

Tenez, puisque vous êtes en train de donner la chasse à ce que vous appelez «les révoltés de décembre», puisque c'est là-dessus que vous lâchez vos meutes, puisque vous avez institué un Maupas et créé un ministère de la police spécialement pour cela, je vous dénonce cette rebelle, cette réfractaire, cette insurgée, la conscience de chacun.

Vous donnez de l'argent, mais c'est la main qui le reçoit, ce n'est pas la conscience. La conscience! pendant que vous y êtes, inscrivez-la sur vos listes d'exil. C'est là une opposante obstinée, opiniâtre, tenace, inflexible, et qui met le trouble partout. Chassez-moi cela de France. Vous serez tranquille après.

Voulez-vous savoir comment elle vous traite, même chez vos amis? Voulez-vous savoir en quels termes un honorable chevalier de Saint-Louis de quatrevingts ans, grand adversaire «des démagogues» et votre partisan, votait pour vous le 2 décembre?—«C'est un misérable, disait-il, mais *un misérable nécessaire.*»

Non! il n'y a pas de misérables nécessaires! Non! le crime n'est jamais utile! Non! le crime n'est jamais bon! La société sauvée par trahison! blasphème! Il faut laisser dire ces choses-là aux archevêques. Rien de bon n'a pour base le mal. Le Dieu juste n'impose pas à l'humanité la nécessité des misérables. Il n'y a de nécessaire en ce monde que la justice et la vérité. Si ce vieillard eût regardé moins la vie et plus la tombe, il eût vu cela. Cette parole est surprenante de la part d'un vieillard, car il y a une lumière de Dieu qui éclaire les âmes proches du tombeau et qui leur montre le vrai.

Jamais le droit et le crime ne se rencontrent. Le jour où ils s'accoupleraient, les mots de la langue humaine changeraient de sens, toute certitude s'évanouirait, l'ombre sociale se ferait. Quand par hasard—cela s'est vu parfois dans l'histoire,—il arrive que, pour un moment, le crime a force de loi, quelque chose tremble dans les fondements mêmes de l'humanité. *Jusque datum sceleri!* s'écrie Lucain, et ce vers traverse l'histoire comme un cri d'horreur.

Donc, et de l'aveu de vos votants, vous êtes un misérable. J'ôte nécessaire. Prenez votre parti de cette situation.

Eh bien! soit, direz-vous. Mais c'est là le cas précisément; on se fait «absoudre» par le suffrage universel.

Impossible,

Comment! impossible?

Oui, impossible. Je vais vous faire toucher du doigt la chose.

VIII

Vous êtes capitaine d'artillerie à Berne, monsieur Louis Bonaparte. Vous avez nécessairement une teinture d'algèbre et de géométrie. Voici des axiomes dont vous avez probablement quelque idée:

—2 et 2 font 4.

—Entre deux points donnés, la ligne droite est le chemin le plus court.

—La partie est moins grande que le tout.

Maintenant faites déclarer par sept millions cinq cent mille voix que 2 et 2 font 5, que la ligne droite est le chemin le plus long, que le tout est moins grand que la partie; faites-le déclarer par huit millions, par dix millions, par cent millions de voix, vous n'aurez pas avancé d'un pas.

Eh bien, ceci va vous surprendre, il y a des axiomes en probité, en honnêteté, en justice, comme il y a des axiomes en géométrie, et la vérité morale n'est pas plus à la merci d'un vote que la vérité algébrique.

La notion du bien et du mal est insoluble au suffrage universel. Il n'est pas donné à un scrutin de faire que le faux soit le vrai et que l'injuste soit le juste. On ne met pas la conscience humaine aux voix.

Comprenez-vous maintenant?

Voyez cette lampe, cette petite lumière obscure oubliée dans un coin, perdue dans l'ombre. Regardez-la, admirez-la. Elle est à peine visible; elle brûle solitairement. Faites souffler dessus sept millions cinq cent mille bouches à la fois, vous ne l'éteindrez pas. Vous ne ferez pas même broncher la flamme. Faites souffler l'ouragan. La flamme continuera de monter droite et pure vers le ciel.

Cette lampe, c'est la conscience.

Cette flamme, c'est elle qui éclaire dans la nuit de l'exil le papier sur lequel j'écris en ce moment.

IX

Ainsi donc, quels que soient vos chiffres, controuvés ou non, extorqués ou non, vrais ou faux, peu importe, ceux qui vivent l'oeil fixé sur la justice disent et continueront de dire que le crime est le crime, que le parjure est le parjure, que la trahison est la trahison, que le meurtre est le meurtre, que le sang est le sang, que la boue est la boue, qu'un scélérat est un scélérat, et que tel qui croit copier en petit Napoléon copie en grand Lacenaire; ils disent cela et ils le répéteront, malgré vos chiffres, attendu que sept millions cinq cent mille voix ne pèsent rien contre la conscience de l'honnête homme; attendu que dix millions, que cent millions de voix, que l'unanimité même du genre humain scrutinant en masse ne compte pas devant cet atome, devant cette parcelle de Dieu, l'âme du juste; attendu que le suffrage universel, qui a toute souveraineté sur les questions politiques, n'a pas de juridiction sur les questions morales.

J'écarte pour le moment, comme je le disais tout à l'heure, vos procédés du scrutin, les bandeaux sur les yeux, les bâillons dans les bouches, les canons sur les places publiques, les sabres tirés, les mouchards pullulant, le silence et la terreur conduisant le vote à l'urne comme le malfaiteur au poste, j'écarte cela; je suppose, je vous le répète, le suffrage universel vrai, libre, pur, réel, le suffrage universel souverain de lui-même, comme il doit être, les journaux dans toutes les mains, les hommes et les faits questionnés et approfondis, les affiches couvrant les murailles, la parole partout, la lumière partout! Eh bien, à ce suffrage universel là, soumettez-lui la paix et la guerre, l'effectif de l'armée, le crédit, le budget, l'assistance publique, la peine de mort, l'inamovibilité des juges, l'indissolubilité du mariage, le divorce, l'état civil et politique de la femme, la gratuité de l'enseignement, la constitution de la commune, les droits du travail, le salaire du clergé, le libre échange, les chemins de fer, la circulation, la colonisation, la fiscalité, tous les problèmes dont la solution n'entraîne pas son abdication, car le suffrage universel peut tout, hormis abdiquer; soumettez-les-lui, il les résoudra, sans doute avec l'erreur possible, mais avec toute la somme de certitude que contient la souveraineté humaine; il les résoudra magistralement. Maintenant essayez de lui faire trancher la question de savoir si Jean ou Pierre a bien ou mal fait de voler une pomme dans une métairie. Là il s'arrête. Là il avorte. Pourquoi? Est-ce que cette question est plus basse? Non, c'est qu'elle est plus haute. Tout ce qui constitue l'organisation propre des sociétés, que vous les considériez comme territoire, comme commune, comme état ou comme patrie, toute matière politique, financière, sociale, dépend du suffrage universel et lui obéit; le plus petit atome de la moindre question morale le brave.

Le navire est à la merci de l'océan, l'étoile non.

On a dit de M. Leverrier et de vous, monsieur Bonaparte, que vous étiez les deux seuls hommes qui crussiez à votre étoile. Vous croyez à votre étoile, en effet; vous la cherchez au-dessus de votre tête. Eh bien, cette étoile que vous cherchez en dehors de vous, les autres hommes l'ont en eux-mêmes. Elle rayonne sous la voûte de leur crâne, elle les éclaire et les guide, elle leur fait voir les vrais contours de la vie, elle leur montre dans l'obscurité de la destinée humaine le bien et le mal, le juste et l'injuste, le réel et le faux, l'ignominie et l'honneur, la droiture et la félonie, la vertu et le crime. Cette étoile, sans laquelle l'âme humaine n'est que nuit, c'est la vérité morale.

Cette lumière vous manquant, vous vous êtes trompé. Votre scrutin du 20 décembre n'est pour le penseur qu'une sorte de naïveté monstrueuse. Vous avez appliqué ce que vous appelez le «suffrage universel» à une question qui ne comportait pas le suffrage universel. Vous n'êtes pas un homme politique, vous êtes un malfaiteur. Ce qu'il y a à faire de vous ne regarde pas le suffrage universel.

Oui, naïveté. J'y insiste. Le bandit des Abruzzes, les mains à peine lavées et ayant encore du sang dans les ongles, va demander l'absolution au prêtre; vous, vous avez demandé l'absolution au vote; seulement vous avez oublié de vous confesser. Et en disant au vote: absous-moi, vous lui avez mis sur la tempe le canon de votre pistolet.

Ah! malheureux désespéré! Vous «absoudre», comme vous dites, cela est en dehors du pouvoir populaire, cela est en dehors du pouvoir humain.

Écoutez:

Néron, qui avait inventé la société du Dix-Décembre, et qui, comme vous, l'employait à applaudir ses comédies et même, comme vous encore, ses tragédies, Néron, après avoir troué à coups de couteau le ventre de sa mère, aurait pu, lui aussi, convoquer son suffrage universel à lui, Néron, lequel ressemblait encore au vôtre en ce qu'il n'était pas non plus gêné par la licence de la presse; Néron, pontife et empereur, entouré des juges et des prêtres prosternés devant lui, aurait pu, posant une de ses mains sanglantes sur le cadavre chaud de l'impératrice et levant l'autre vers le ciel, prendre tout l'olympe à témoin qu'il n'avait pas versé ce sang, et adjurer son suffrage universel de déclarer à la face des dieux et des hommes que lui, Néron, n'avait pas tué cette femme; son suffrage universel, fonctionnant à peu près comme le vôtre, dans la même lumière et dans la même liberté, aurait pu affirmer par sept millions cinq cent mille voix que le divin césar Néron, pontife et empereur, n'avait fait aucun mal à cette femme qui était morte; sachez cela, monsieur, Néron n'aurait pas été «absous»; il eût suffi qu'une voix, une seule voix sur la terre, la plus humble et la plus obscure, s'élevât au milieu de cette nuit profonde de l'empire romain et criât dans les ténèbres: Néron est un parricide! pour que l'écho, l'éternel écho de la conscience humaine, répétât à jamais, de peuple en peuple et de siècle en siècle: Néron a tué sa mère!

Eh bien! cette voix qui proteste dans l'ombre, c'est la mienne. Je crie aujourd'hui, et, n'en doutez pas, la conscience universelle de l'humanité redit avec moi: Louis Bonaparte a assassiné la France! Louis Bonaparte a tué sa mère!

LIVRE SEPTIÈME

L'ABSOLUTION

DEUXIÈME FORME. LE SERMENT.

LE SERMENT

I

À SERMENT, SERMENT ET DEMI

Qu'est-ce que c'est que Louis Bonaparte? c'est le parjure vivant, c'est la restriction mentale incarnée, c'est la félonie en chair et en os, c'est le faux serment coiffé d'un chapeau de général et se faisant appeler monseigneur.

Eh bien! qu'est-ce qu'il demande à la France, cet homme guet-apens? Un serment.

Un serment!

Certes, après la journée du 20 décembre 1848 et la journée du 2 décembre 1851, après les représentants inviolables arrêtés et traqués, après la république confisquée, après le coup d'état, on devait s'attendre de la part de ce malfaiteur à un éclat de rire cynique et honnête à l'endroit du serment, et que ce Sbrigani dirait à la France: Tiens! c'est vrai! j'avais donné ma parole d'honneur. C'est très drôle. Ne parlons plus de ces bêtises-là.

Non pas, il veut un serment.

Ainsi, maires, gendarmes, juges, espions, préfets, généraux, sergents de ville, gardes champêtres, commissaires de police, magistrats, fonctionnaires, sénateurs, conseillers d'état, législateurs, commis, troupeau, c'est dit, il le veut, cette idée lui a passé par la tête, il l'entend ainsi, c'est son plaisir; venez, hâtez-vous, défilez, vous dans un greffe, vous dans un prétoire, vous sous l'oeil de votre brigadier, vous chez le ministre; vous, sénateurs, aux Tuileries, dans le salon des maréchaux; vous, mouchards à la préfecture de police; vous, premiers présidents et procureurs généraux, dans son antichambre; accourez en carrosse, à pied, à cheval, en robe, en écharpe, en costume, en uniforme, drapés, dorés, pailletés, brodés, emplumés, l'épée au côté, la toque au front, le rabat au cou, la ceinture au ventre; arrivez, les uns devant le buste de plâtre, les autres devant l'homme même; c'est bien, vous voilà, vous y êtes tous, personne ne manque, regardez-le bien en face, recueillez-vous, fouillez dans votre conscience, dans votre loyauté, dans votre pudeur, dans votre religion; ôtez votre gant, levez la main, et prêtez serment à son parjure, et jurez fidélité à sa trahison.

Est-ce fait? Oui. Ah! quelle farce infâme! Donc Louis Bonaparte prend le serment au sérieux. Vrai, il croit à ma parole, à la tienne, à la vôtre, à la nôtre, à la leur; il croit à la parole de tout le monde, excepté à la sienne. Il exige qu'autour de lui on jure et il ordonne qu'on soit loyal. Il plaît à Messaline de s'entourer de pucelles. À merveille!

Il veut qu'on ait de l'honneur; vous l'aurez pour entendu, Saint-Arnaud, et vous vous le tiendrez pour dit, Maupas.

Allons au fond des choses pourtant; il y a serment et serment. Le serment que librement, solennellement, à la face de Dieu et des hommes, après avoir reçu un mandat de confiance de six millions de citoyens, on prête, en pleine assemblée nationale, à la constitution de son pays, à la loi, au droit, à la nation, au peuple, à la France, ce n'est rien, cela n'engage pas, on peut s'en jouer et en rire et le déchirer un beau matin du talon de sa botte; mais le serment qu'on prête sous le canon, sous le sabre, sous l'oeil de la police, pour garder l'emploi qui vous fait vivre, pour conserver le grade qui est votre propriété, le serment que pour sauver son pain et le pain de ses enfants on prête à un fourbe, à un rebelle, au violateur des lois, au meurtrier de la république, à un relaps de toutes les justices, à l'homme qui lui-même a brisé son serment, oh! ce serment-là est sacré! ne plaisantons pas.

Le serment qu'on prête au deux décembre, neveu du dix-huit brumaire, est sacro-saint!

Ce que j'en admire, c'est l'ineptie. Recevoir comme argent comptant et espèces sonnantes tous ces *juro* de la plèbe officielle; ne pas même songer qu'on a défait tous les scrupules et qu'il ne saurait y avoir là une seule parole de bon aloi! On est prince et on est traître. Donner l'exemple au sommet de l'état et s'imaginer qu'il ne sera pas suivi! Semer le plomb et se figurer qu'on récoltera de l'or! Ne pas même s'apercevoir que toutes les consciences se modèlent en pareil cas sur la conscience d'en haut, et que le faux serment du prince fait tous les serments fausse monnaie!

II
DIFFÉRENCE DES PRIX

Et puis, à qui demande-t-on des serments? À ce préfet? il a trahi l'état. À ce général? il a trahi le drapeau. À ce magistrat? il a trahi la loi. À tous ces fonctionnaires? ils ont trahi la république. Chose curieuse et qui fait rêver le philosophe, que ce tas de traîtres d'où sort ce tas de serments!

Donc, insistons sur cette beauté du 2 décembre:

M. Bonaparte Louis croit aux serments des gens! il croit aux serments qu'on lui prête à lui! Quand M. Rouher ôte son gant et dit: je le jure; quand M. Suin ôte son gant et dit: je le jure; quand M. Troplong met la main sur la poitrine a l'endroit où est le troisième bouton des sénateurs et le coeur des autres hommes, et dit: je le jure; M. Bonaparte se sent les larmes aux yeux, additionne, ému, toutes ces loyautés et contemple ces êtres avec attendrissement. Il se confie! il croit! Ô abîme de candeur! En vérité, l'innocence des coquins cause parfois des éblouissements à l'honnête homme.

Une chose toutefois étonne l'observateur bienveillant et le fâche un peu, c'est la façon capricieuse et disproportionnée dont les serments sont payés, c'est l'inégalité des prix que M. Bonaparte met à cette marchandise. Par exemple M. Vidocq, s'il était encore chef du service de sûreté, aurait six mille francs de gages par an, M. Baroche en a quatre vingt mille. Il suit de là que le serment de M. Vidocq ne lui rapporterait par jour que seize francs soixante-six centimes, tandis que le serment de M. Baroche rapporte par jour à M. Baroche deux cent vingt-deux francs vingt-deux centimes. Ceci est évidemment injuste. Pourquoi cette différence? Un serment est un serment; un serment se compose d'un gant ôté et de huit lettres. Qu'est-ce que le serment de M. Baroche a de plus que le serment de M. Vidocq?

Vous me direz que cela tient à la diversité des fonctions; que M. Baroche préside le conseil d'état et que M. Vidocq ne serait que chef du service de sûreté. Je réponds que ce sont là des hasards que M. Baroche excellerait probablement à diriger le service de sûreté, et que M. Vidocq pourrait fort bien être président du conseil d'état. Ce n'est pas là une raison.

Y a-t-il donc des qualités diverses de serment? Est-ce comme pour les messes? Y a-t-il, là aussi, les messes à quarante sous et les messes à dix sous, lesquelles, comme disait ce curé, ne sont que «de la gnognotte»? A-t-on du serment pour son argent? Y a-t-il, dans cette denrée du serment, du superfin, de l'extra-fin, du fin et du demi-fin? Les uns sont-ils mieux conditionnés que les autres? Sont-ils plus solides, moins mêlés d'étoupe et de coton, meilleur teint? Y a-t-il les serments tout neufs et qui n'ont pas servi, les serments usés aux genoux, les serments rapiécés, les serments éculés? Y a-t-il du choix enfin? qu'on nous le dise. La chose en vaut la peine. C'est nous qui payons. Cette observation faite dans l'intérêt des contribuables, je demande pardon à M. Vidocq de m'être servi de son nom. Je reconnais que je n'en avais pas le droit. Au fait, M. Vidocq eût peut-être refusé le serment.

III

SERMENT DES LETTRÉS ET DES SAVANTS

Détail précieux, M. Bonaparte voulait qu'Arago jurât. Sachez cela, l'astronomie doit prêter serment. Dans un état bien réglé, comme la France ou la Chine, tout est fonction, même la science. Le mandarin de l'institut relève du mandarin de la police. La grande lunette à pied parallactique doit hommage lige à M. Bonaparte. Un astronome est une espèce de sergent de ville du ciel. L'observatoire est une guérite comme une autre. Il faut surveiller le bon Dieu qui est là-haut et qui semble parfois ne pas se soumettre complètement à la constitution du 14 janvier. Le ciel est plein d'allusions désagréables et a besoin d'être bien tenu. La découverte d'une nouvelle tache au soleil constitue évidemment un cas de censure. La prédiction d'une haute marée peut être séditieuse. L'annonce d'une éclipse de lune peut être une trahison. Nous sommes un peu lune à l'Élysée. L'astronomie libre est presque aussi dangereuse que la presse libre. Sait-on ce qui se passe dans ces tête-à-tête nocturnes entre Arago et Jupiter? Si c'était M. Leverrier, bien! mais un membre du gouvernement provisoire! Prenez garde, monsieur de Maupas! il faut que le bureau des longitudes jure de ne pas conspirer avec les astres, et surtout avec ces folles faiseuses de coups d'état célestes qu'on appelle les comètes.

Et puis, nous l'avons dit déjà, on est fataliste quand on est Bonaparte. Le grand Napoléon avait une étoile, le petit doit bien avoir une nébuleuse; les astronomes sont certainement un peu astrologues. Prêtez serment, messieurs.

Il va sans dire qu'Arago a refusé.

Une des vertus du serment à Louis Bonaparte, c'est que, selon qu'on le refuse ou qu'on l'accorde, ce serment vous ôte ou vous rend les talents, les mérites, les aptitudes. Vous êtes professeur de grec et de latin, prêtez serment, sinon on vous chasse de votre chaire, vous ne savez plus le latin ni le grec. Vous êtes professeur de rhétorique, prêtez serment, autrement, tremblez! le récit de Théramène et le songe d'Athalie vous sont interdits; vous errerez alentour le reste de vos jours sans pouvoir y rentrer jamais. Vous êtes professeur de philosophie, prêtez serment à M. Bonaparte, sinon vous devenez incapable de comprendre les mystères de la conscience humaine et de les expliquer aux jeunes gens. Vous êtes professeur de médecine, prêtez serment, sans quoi, vous ne savez plus tâter le pouls à un fiévreux.—Mais si les bons professeurs s'en vont, il n'y aura plus de bons élèves? En médecine particulièrement, ceci est grave. Que deviendront les malades? Qui, les malades? il s'agit bien des malades! L'important est que la médecine prête serment à M. Bonaparte. D'ailleurs, ou les sept millions cinq cent mille voix n'ont aucun sens, ou il est évident qu'il vaut mieux avoir la cuisse coupée par un âne assermenté que par Dupuytren réfractaire.

Ah! on veut en rire, mais tout ceci serre le coeur. Êtes-vous un jeune et rare et généreux esprit comme Deschanel, une ferme et droite intelligence comme Despois, une raison sérieuse et énergique comme Jacques, un éminent écrivain, un historien populaire comme Michelet, prêtez serment ou mourez de faim.

Ils refusent. Le silence et l'ombre où ils rentrent stoïquement savent le reste.

IV

CURIOSITÉS DE LA CHOSE

Toute morale est niée par un tel serment, toute honte bue, toute pudeur affrontée. Aucune raison pour qu'on ne voie pas des choses inouïes, on les voit. Dans telle ville, à Évreux[42], par exemple, les juges qui ont prêté le serment jugent les juges qui l'ont refusé; l'ignominie assise sur le tribunal fait asseoir l'honneur sur la sellette; la conscience vendue «blâme» la conscience honnête; la fille publique fouette la vierge.

Avec ce serment-là on marche de surprise en surprise. Nicolet n'est qu'un maroufle près de M. Bonaparte. Quand M. Bonaparte a eu fait le tour de ses valets, de ses complices et de ses victimes, et empoché le serment de chacun, il s'est tourné avec bonhomie vers les vaillants chefs de l'armée d'Afrique et leur a «tenu à peu près ce langage»:—À propos, vous savez, je vous ai fait arrêter la nuit dans vos lits par mes gens; mes mouchards sont entrés chez vous l'épée haute; je les ai même décorés depuis pour ce fait d'armes; je vous ai fait menacer du bâillon, si vous jetiez un cri; je vous ai fait prendre au collet par mes argousins; je vous ai fait mettre à Mazas dans la cellule des voleurs et à Ham dans ma cellule à moi; vous avez encore aux poignets les marques de la corde dont je vous ai liés; bonjour, messieurs, Dieu vous ait en sa sainte garde, jurez-moi fidélité.—Changarnier l'a regardé fixement et lui a répondu: Non, traître! Bedeau lui a répondu: Non, faussaire! Lamoricière lui a répondu: Non, parjure! Leflo lui a répondu: Non, bandit! Charras lui a donné un soufflet.

À l'heure qu'il est, la face de M. Bonaparte est rouge, non de la honte, mais du soufflet.

Autre variété du serment. Dans les casemates, dans les bastilles, dans les pontons, dans les présides d'Afrique, il y a des prisonniers par milliers. Qui sont ces prisonniers? Nous l'avons dit, des républicains, des patriotes, des soldats de la loi, des innocents, des martyrs. Ce qu'ils souffrent, des voix généreuses l'ont déjà dénoncé, on l'entrevoit; nous-même, dans le livre spécial sur le 2 décembre, nous achèverons de déchirer ce voile. Eh bien, veut-on savoir ce qui arrive?—Quelquefois, à bout de souffrances, épuisés de forces, ployant sous tant de misères, sans chaussures, sans pain, sans vêtements, sans chemise, brûlés de fièvre, rongés de vermine, pauvres ouvriers arrachés à leurs ateliers, pauvres paysans arrachés à leur charrue, pleurant une femme, une mère, des enfants, une famille veuve ou orpheline sans pain de son côté et peut-être sans asile, accablés, malades, mourants, désespérés, quelques-uns de ces malheureux faiblissent et consentent à «demander grâce». Alors on leur apporte à signer une lettre toute faite et adressée à «monseigneur le prince-président». Cette lettre, nous la publions telle que le sieur Quentin-Bauchart l'avoue:

«Je, soussigné, déclare sur l'honneur accepter *avec reconnaissance* la grâce qui: m'est faite par le prince Louis-Napoléon, et m'engage à ne plus faire partie des sociétés secrètes, à respecter les lois, et à être *fidèle* au gouvernement que le pays s'est donné parle vote des 20 et 21 décembre 1851.»

Qu'on ne se méprenne pas sur le sens de ce fait grave. Ceci n'est pas de la clémence octroyée, c'est de la clémence implorée. Cette formule: demandez-nous votre grâce, signifie: accordez-nous notre grâce. L'assassin, penché sur l'assassiné et le couteau levé, lui crie: Je t'ai arrêté, saisi, terrassé, dépouillé, volé, percé de coups, te voilà sous mes pieds; ton sang coule par vingt plaies; dis-moi que tu TE REPENS, et je n'achèverai pas de te tuer.— Ce *repentir* des innocents, exigé par le criminel, n'est autre chose que la forme que prend au dehors son remords intérieur. Il s'imagine être de cette façon rassuré contre son propre crime. À quelques expédients qu'il ait recours pour s'étourdir, quoiqu'il fasse sonner perpétuellement à ses oreilles les sept millions cinq cent mille grelots de son «plébiscite», l'homme du coup d'état songe par instants; il entrevoit vaguement un lendemain et se débat contre l'avenir inévitable. Il lui faut purge légale, décharge, mainlevée, quittance. Il la demande aux vaincus et au besoin il les met à la torture pour l'obtenir. Au fond de la conscience de chaque prisonnier, de chaque déporté, de chaque proscrit, Louis Bonaparte sent qu'il y a un tribunal et que ce tribunal instruit son procès; il tremble, le bourreau a une secrète peur de la victime, et, sous figure d'une grâce accordée par lui à cette victime, il fait signer par ce juge son acquittement.

Il espère ainsi donner le change à la France qui, elle aussi, est une conscience vivante et un tribunal attentif, et que, le jour de la sentence venu, le voyant absous par ses victimes, elle lui fera grâce. Il se trompe. Qu'il perce le mur d'un autre côté, ce n'est pas par là qu'il échappera.

V

LE 5 AVRIL 1852

Le 5 avril 1852, voici ce qu'on a vu aux Tuileries. Vers huit heures du soir l'antichambre s'est remplie d'hommes en robes rouges, graves, majestueux, parlant bas, tenant à la main des toques de velours noir à galons d'or, la plupart en cheveux blancs. C'étaient les présidents et conseillers de la cour de cassation, les premiers présidents des cours d'appel et les procureurs généraux; toute la haute magistrature de France. Ces hommes restèrent dans cette antichambre. Un aide de camp les introduisit et les laissa là. Un quart d'heure passa, puis une demi-heure, puis une heure; ils allaient et venaient de long en large, causant entre eux, tirant leurs montres, attendant un coup de sonnette. Au bout d'une heure ils s'aperçurent qu'ils n'avaient pas même de fauteuils pour s'asseoir. L'un d'eux, M. Troplong, alla dans une autre antichambre où étaient les valets et se plaignit. On lui apporta une chaise. Enfin une porte à deux battants s'ouvrit; ils entrèrent pêle-mêle dans un salon. Là un homme en frac noir se tenait debout adossé à une cheminée. Que venaient faire ces hommes en robes rouges chez cet homme en habit noir? Ils venaient lui prêter serment. C'était M. Bonaparte. Il leur fit un signe de tête, eux se courbèrent jusqu'à terre, comme il convient. En avant de M. Bonaparte, à quelques pas, se tenait son chancelier, M. Abbattucci, ancien député libéral, ministre de la justice du coup d'état. On commença. M. Abbattucci fit un discours et M. Bonaparte un speech. Le prince prononça, en regardant le tapis, quelques mots traînants et dédaigneux; il parla de sa «légitimité»; après quoi les magistrats jurèrent. Chacun leva la main à son tour. Pendant qu'ils juraient, M. Bonaparte, le dos à demi tourné, causait avec des aides de camp groupés derrière lui. Quand ce fut fini, il tourna le dos tout à fait, et eux s'en allèrent, branlant la tête, honteux et humiliés, non d'avoir fait une bassesse, mais de n'avoir pas eu de chaises dans l'antichambre.

Comme ils sortaient, ce dialogue fut entendu:—Voilà, disait l'un d'eux, un serment qu'il a fallu prêter.—Et qu'il faudra tenir, reprit un second.—Comme le maître de la maison, ajouta un troisième.

Tout ceci est de l'abjection, passons. Parmi ces premiers présidents qui juraient fidélité à Louis Bonaparte, il y avait un certain nombre d'anciens pairs de France qui, comme pairs, avaient condamné Louis Bonaparte à la prison perpétuelle. Mais pourquoi regarder si loin en arrière? Passons encore; voici qui est mieux. Parmi ces magistrats, il y avait sept hommes ainsi nommés: Hardouin, Moreau, Pataille, Cauchy, Delapalme, Grandet, Quesnault. Ces sept hommes composaient avant le 2 décembre la haute cour de justice; le premier, Hardouin, président; les deux derniers, suppléants; les quatre autres, juges. Ces hommes avaient reçu et accepté de la constitution de 1848 un mandat conçu en ces termes:

«ART. 68. Toute mesure par laquelle le président de la république dissout l'assemblée nationale, la proroge ou met obstacle à l'exercice de son mandat, est un crime de haute trahison.

«Les juges de la haute cour se réunissent immédiatement à peine de forfaiture; ils convoquent les jurés dans le lieu qu'ils désignent pour procéder au jugement du président et de ses complices; ils nomment eux-mêmes les magistrats chargés de remplir les fonctions de ministère public.»

Le 2 décembre, en présence de l'attentat flagrant, ils avaient commencé le procès et nommé un procureur général, M. Renouard, qui avait accepté, pour suivre contre Louis Bonaparte sur le fait du crime de haute trahison. Joignons ce nom, Renouard, aux sept autres. Le 5 avril ils étaient tous les huit dans l'antichambre de Louis Bonaparte. Ce qu'ils y firent, on vient de le voir.

Ici il est impossible de ne pas s'arrêter.

Il y a des idées tristes sur lesquelles il faut avoir la force d'insister; il y a des cloaques d'ignominie qu'il faut avoir le courage de sonder.

Voyez cet homme; il est né par hasard, par malheur, dans un taudis, dans un bouge, dans un antre, on ne sait où, on ne sait de qui. Il est sorti de la poussière pour tomber dans la boue. Il n'a eu de père et de mère que juste ce qu'il en faut pour naître. Après quoi tout s'est retiré de lui. Il a rampé comme il a pu. Il a grandi pieds nus, tête nue, en haillons, sans savoir pour quoi faire il vivait; il ne sait pas lire. Il ne sait pas qu'il y a des lois au-dessus de sa tête; à peine sait-il qu'il y a un ciel. Il n'a pas de foyer, pas de toit, pas de famille, pas de croyance, pas de livre. C'est une âme aveugle. Son intelligence ne s'est jamais ouverte, car l'intelligence ne s'ouvre qu'à la lumière comme les fleurs ne s'ouvrent qu'au jour, et il est dans la nuit. Cependant il faut qu'il mange. La société en a fait une bête brute, la faim en fait une bête fauve. Il attend les passants au coin d'un bois et leur arrache leur bourse. On le prend et on l'envoie au bagne. C'est bien.

Maintenant voyez cet autre homme; ce n'est plus la casaque rouge, c'est la robe rouge. Celui-ci croit en Dieu, lit Nicole, est janséniste et dévot, va à confesse, rend le pain bénit. Il est bien né, comme on dit; rien ne lui manque, rien ne lui a jamais manqué; sa famille a tout prodigué à son enfance, les soins, les leçons, les conseils, les lettres grecques et latines, les maîtres. C'est un personnage grave et scrupuleux. Aussi en a-t-on fait un magistrat. Voyant cet homme passer ses jours dans la méditation de tous les grands textes, sacrés et profanes, dans l'étude du droit, dans la pratique de la religion, clans la contemplation du juste et de l'injuste, la société a remis à sa garde ce qu'elle a de plus auguste et de plus vénérable, le livre de la loi. Elle l'a fait juge et punisseur de la trahison. Elle lui a dit:—Un jour peut venir, une heure peut sonner où le chef de la force matérielle foulera aux pieds la loi et le droit; alors, toi, homme de la justice, tu te lèveras, et tu frapperas de ta verge l'homme du pouvoir.—Pour cela, et dans l'attente de ce jour périlleux et suprême, elle le comble de biens, et l'habille de pourpre et d'hermine. Ce jour vient en effet, cette heure unique, sévère, solennelle, cette grande heure du devoir; l'homme à la robe rouge commence à bégayer les paroles de la loi; tout à coup il s'aperçoit que ce n'est pas la justice qui prévaut, que c'est la trahison qui l'emporte; et alors, lui, cet homme qui a passé sa vie à se pénétrer de la pure et sainte lumière du droit, cet homme qui n'est rien s'il n'est pas le contempteur du succès injuste, cet homme lettré, cet homme scrupuleux, cet homme religieux, ce juge auquel on a confié la garde de la loi et en quelque sorte de la conscience universelle, il se tourne vers le parjure triomphant, et de la même bouche, de la même voix dont, si le traître eût été vaincu, il eût dit: criminel, je vous condamne aux galères, il dit: monseigneur, je vous jure fidélité!

Prenez une balance, mettez dans un plateau ce juge et dans l'autre ce forçat, et dites-moi de quel côté cela penche.

VI

SERMENT PARTOUT

Telles sont les choses qui ont été vues en France à l'occasion du serment à M. Bonaparte. On a juré ici, là, partout; à Paris, en province, au levant, au couchant, au septentrion, au midi. Ç'a été en France, pendant tout un grand mois un tableau de bras tendus et de mains levées; choeur final: Jurons, etc. Les ministres ont juré entre les mains du président; les préfets entre les mains du ministre; la cohue entre les mains des préfets. Qu'est-ce que M. Bonaparte fait de tous ces serments-là? en fait-il la collection? où les met-il? On a remarqué que le serment n'a guère été refusé que par des fonctionnaires non rétribués, les conseillers généraux, par exemple. En réalité, c'est au budget qu'on a prêté serment. On a entendu le 29 mars tel sénateur réclamer à haute voix contre l'oubli de son nom qui était en quelque sorte une pudeur du hasard. M. Sibour[43], archevêque de Paris, a juré; M. Franck-Carré[44], procureur général près la cour des pairs dans l'affaire de Boulogne, a juré; M. Dupin[45], président de l'assemblée nationale le 2 décembre, a juré...—Ô mon Dieu! c'est à se tordre les mains de honte! C'est pourtant une chose sainte, le serment!

L'homme qui fait un serment n'est plus un homme, c'est un autel; Dieu y descend. L'homme, cette infirmité, cette ombre, cet atome, ce grain de sable, cette goutte d'eau, cette larme tombée des yeux du destin; l'homme si petit, si débile, si incertain, si ignorant, si inquiet; l'homme qui va dans le trouble et dans le doute, sachant d'hier peu de chose et de demain rien, voyant sa route juste assez pour poser le pied devant lui, le reste ténèbres; tremblant s'il regarde en avant, triste s'il regarde en arrière; l'homme enveloppé dans ces immensités et dans ces obscurités, le temps, l'espace, l'être, et perdu en elles; ayant un gouffre en lui, son âme, et un gouffre hors de lui, le ciel; l'homme qui à de certaines heures se courbe avec une sorte d'horreur sacrée sous toutes les forces de la nature, sous le bruit de la mer, sous le frémissement des arbres, sous l'ombre des montagnes, sous le rayonnement des étoiles; l'homme qui ne peut lever la tête le jour sans être aveuglé par la clarté, la nuit sans être écrasé par l'infini; l'homme qui ne connaît rien, qui ne voit rien, qui n'entend rien; qui peut être emporté demain, aujourd'hui, tout de suite, par le flot qui passe, par le vent qui souffle, par le caillou qui tombe, par l'heure qui sonne; l'homme, à un jour donné, cet être frissonnant, chancelant, misérable, hochet du hasard, jouet de la minute qui s'écoule, se redresse tout à coup devant l'énigme qu'on nomme vie humaine, sent qu'il y a en lui quelque chose de plus grand que l'abîme, l'honneur; de plus fort que la fatalité, la vertu; de plus profond que l'inconnu, la foi; et, seul, faible et nu, il dit à tout ce formidable mystère qui le tient et qui l'enveloppe: fais de moi ce que tu voudras, mais moi je ferai ceci et je ne ferai pas cela; et fier, serein, tranquille, créant avec un mot un point fixe dans cette sombre instabilité qui emplit l'horizon, comme le matelot jette une ancre dans l'océan, il jette dans l'avenir son serment.

Ô serment! confiance admirable du juste en lui-même! Sublime permission d'affirmer donnée par Dieu à l'homme! C'est fini. Il n'y en a plus. Encore une splendeur de l'âme qui s'évanouit!

LIVRE HUITIÈME

LE PROGRÈS INCLUS DANS LE COUP D'ÉTAT

I

Parmi nous, démocrates, l'événement du 2 décembre a frappé de stupeur beaucoup d'esprits sincères. Il a déconcerté ceux-ci, découragé ceux-là, consterné plusieurs. J'en ai vu qui s'écriaient: *Finis Poloniæ!* Quant à moi, puisque à de certains moments il faut dire *Je*, et parler devant l'histoire comme un témoin, je le proclame, j'ai vu cet événement sans trouble. Je dis plus, il y a des moments où, en présence du Deux-Décembre, je me déclare satisfait:

Quand je parviens à m'abstraire du présent, quand il m'arrive de pouvoir détourner mes yeux un instant de tous ces crimes, de tout ce sang versé, de toutes ces victimes, de tous ces proscrits, de ces pontons où l'on râle, de ces affreux bagnes de Lambessa et de Cayenne où l'on meurt vite, de cet exil où l'on meurt lentement, de ce vote, de ce serment, de cette immense tache de honte faite à la France et qui va s'élargissant tous les jours; quand, oubliant pour quelques minutes ces douloureuses pensées, obsession habituelle de mon esprit, je parviens à me renfermer dans la froideur sévère de l'homme politique, et à ne plus considérer le fait, mais les conséquences du fait; alors, parmi beaucoup de résultats désastreux sans doute, des progrès réels, considérables, énormes, m'apparaissent, et dans ce moment-là, si je suis toujours de ceux que le Deux-Décembre indigne, je ne suis plus de ceux qu'il afflige.

L'oeil fixé sur de certains côtés de l'avenir, j'en viens à me dire:
L'acte est infâme, mais le fait est bon.

On a essayé d'expliquer l'inexplicable victoire du coup d'état de cent façons:—l'équilibre s'est fait entre les diverses résistances possibles et elles se sont neutralisées les unes par les autres;—le peuple a eu peur de la bourgeoisie; la bourgeoisie a eu peur du peuple;—les faubourgs ont hésité devant la restauration de la majorité, craignant, à tort du reste, que leur victoire, ne ramenât au pouvoir cette droite si profondément impopulaire; les boutiquiers ont reculé devant la république rouge;—le peuple n'a pas compris; les classes moyennes ont tergiversé;—les uns ont dit: qui allons-nous faire entrer dans le palais législatif? les autres ont dit: qui allons-nous voir à l'hôtel de ville?—enfin la rude répression de juin 1848, l'insurrection écrasée à coups de canon, les carrières, les casemates, les transportations, souvenir vivant et terrible;—et puis:—Si l'on avait pu battre le rappel!—Si une seule légion était sortie!—Si M. Sibour avait été M. Affre et s'était jeté au-devant des balles des prétoriens!—Si la haute cour ne s'était pas laissé chasser par un caporal!—Si les juges avaient fait comme les représentants, et si l'on avait vu les robes rouges dans les barricades comme on y a vu les écharpes!—Si une seule arrestation avait manqué!—Si un régiment avait hésité!—Si le massacre du boulevard n'avait pas eu lieu ou avait mal tourné pour Louis Bonaparte! etc., etc.—Tout cela est vrai, et pourtant c'est ce qui a été qui devait être. Redisons-le, sous cette victoire monstrueuse et à son ombre, un immense et définitif progrès s'accomplit. Le 2 décembre a réussi, parce qu'à plus d'un point de vue, je le répète, il était bon, peut-être, qu'il réussît. Toutes les explications sont justes, et toutes les explications sont vaines. La main invisible est mêlée à tout cela. Louis

Bonaparte a commis le crime; la providence a fait l'événement.

Il était nécessaire en effet que l'*ordre* arrivât au bout de sa logique. Il était nécessaire qu'on sût bien, et qu'on sût à jamais, que, dans la bouche des hommes du passé, ce mot, ordre, signifie, faux serment, parjure, pillage des deniers publics, guerre civile, conseils de guerre, confiscation, séquestration, déportation, transportation, proscription, fusillades, police, censure, déshonneur de l'armée, négation du peuple, abaissement de la France, sénat muet, tribune à terre, presse supprimée, guillotine politique, égorgement de la liberté, étranglement du droit, viol des lois, souveraineté du sabre, massacre, trahison, guet-apens. Le spectacle qu'on a sous les yeux est un spectacle utile. Ce qu'on voit en France depuis le 2 décembre, c'est l'orgie de l'ordre.

Oui, la providence est dans cet événement. Songez encore à ceci: depuis cinquante ans la république et l'empire emplissaient les imaginations, l'une de son reflet de terreur, l'autre de son reflet de gloire. De la république on ne voyait que 1793, c'est-à-dire les formidables nécessités révolutionnaires, la fournaise; de l'empire on ne voyait qu'Austerlitz. De là un préjugé contre la république et un prestige pour l'empire. Or, quel est l'avenir de la France? est-ce l'empire? Non, c'est la république.

Il fallait renverser cette situation, supprimer le prestige pour ce qui ne peut revivre et supprimer le préjugé contre ce qui doit être; la providence l'a fait. Elle a détruit ces deux mirages. Février est venu et a ôté à la république la terreur; Louis Bonaparte est venu et a ôté à l'empire le prestige. Désormais 1848, la fraternité, se superpose à 1793, la terreur; Napoléon le Petit se superpose à Napoléon le Grand. Les deux grandes choses, dont l'une effrayait et dont l'autre éblouissait, reculent d'un plan. On n'aperçoit plus 93 qu'à travers sa justification, et Napoléon qu'à travers sa caricature; la folle peur de guillotine se dissipe, la vaine popularité impériale s'évanouit. Grâce à 1848, la république n'épouvante plus; grâce à Louis Bonaparte, l'empire ne fascine plus. L'avenir est devenu possible. Ce sont là les secrets de Dieu.

Et puis, le mot république ne suffit pas; c'est la chose république qu'il faut. Eh bien! nous aurons la chose avec le mot. Développons ceci.

II

En attendant les simplifications merveilleuses, mais ultérieures, qu'amènera un jour l'union de l'Europe et la fédération démocratique du continent, quelle sera en France la forme de l'édifice social dont le penseur entrevoit dès à présent, à travers les ténèbres des dictatures, les vagues et lumineux linéaments?

Cette forme, la voici:

La commune souveraine, régie par un maire élu; le suffrage universel partout, subordonné, seulement en ce qui touche les actes généraux, à l'unité nationale; voilà pour l'administration. Les syndicats et les prud'hommes réglant les différends privés des associations et des industries; le juré, magistrat du fait, éclairant le juge, magistrat du droit; le juge élu; voilà pour la justice. Le prêtre hors de tout, excepté de l'église, vivant l'oeil fixé sur son livre et sur le ciel, étranger au budget, ignoré de l'état, connu seulement de ses croyants, n'ayant plus l'autorité, mais ayant la liberté; voilà pour la religion. La guerre bornée à la défense du territoire; la nation garde nationale, divisée en trois bans, et pouvant se lever comme un seul homme; voilà pour la puissance. La loi toujours, le droit toujours, le vote toujours; le sabre nulle part.

Or, à cet avenir, à cette magnifique réalisation de l'idéal démocratique, quels étaient les obstacles?

Il y avait quatre obstacles matériels, les voici:

L'armée permanente,
L'administration centralisée,
Le clergé fonctionnaire,
La magistrature inamovible.

III

Ce que sont, ce qu'étaient ces quatre obstacles, même sous la république de Février, même sous la constitution de 1848, le mal qu'ils produisaient, le bien qu'ils empêchaient, quel passé ils éternisaient, quel excellent ordre social ils ajournaient, le publiciste l'entrevoyait, le philosophe le savait, la nation l'ignorait.

Ces quatre institutions énormes, antiques, solides, arc-boutées les unes sur les autres, mêlées à leur base et à leur sommet, croisant comme une futaie de grands vieux arbres leurs racines sous nos pieds et leurs branches sur nos têtes, étouffaient et écrasaient partout les germes épars de la France nouvelle. Là où il y aurait eu la vie, le mouvement, l'association, la liberté locale, la spontanéité communale, il y avait le despotisme administratif; là où il y aurait eu la vigilance intelligente, au besoin armée, du patriote et du citoyen, il y avait l'obéissance passive du soldat; là où la vive foi chrétienne eût voulu jaillir, il y avait le prêtre catholique; là où il y aurait eu la justice, il y avait le juge. Et l'avenir était, là, sous les pieds des générations souffrantes, qui ne pouvait sortir de terre et qui attendait.

Savait-on cela dans le peuple? S'en doutait-on? Le devinait-on?

Non.

Loin de là. Aux yeux du plus grand nombre, et des classes moyennes en particulier, ces quatre obstacles étaient quatre supports. Magistrature, armée, administration, clergé, c'étaient les quatre vertus de l'ordre, les quatre forces sociales, les quatre colonnes saintes de l'antique formation française.

Attaquez cela, si vous l'osez!

Je n'hésite pas à le dire, dans l'état d'aveuglement des meilleurs esprits, avec la marche méthodique du progrès normal, avec nos assemblées, dont on ne me soupçonnera pas d'être le détracteur, mais qui, lorsqu'elles sont à la fois honnêtes et timides, ce qui arrive souvent, ne se laissent volontiers gouverner que par leur moyenne, c'est-à-dire par la médiocrité; avec les commissions d'initiative, les lenteurs et les scrutins, si le 2 décembre n'était pas venu apporter sa démonstration foudroyante, si la providence ne s'en était pas mêlée, la France restait condamnée indéfiniment à la magistrature inamovible, à la centralisation administrative, à l'armée permanente et au clergé fonctionnaire.

Certes, la puissance de la tribune et la puissance de la presse combinées, ces deux grandes forces de la civilisation, ce n'est pas moi qui cherche à les contester et à les amoindrir; mais, voyez pourtant, combien eût-il fallu d'efforts de tout genre, en tout sens et sous toutes les formes, par la tribune et par le journal, par le livre et par la parole, pour en venir à ébranler seulement l'universel préjugé favorable à ces quatre institutions fatales? Combien pour arriver à les renverser? pour faire luire l'évidence à tous les yeux, pour vaincre les résistances intéressées, passionnées ou inintelligentes, pour éclairer à fond l'opinion publique, les consciences, les pouvoirs officiels, pour faire pénétrer cette quadruple réforme d'abord dans les idées, puis dans les lois? Comptez les discours, les écrits, les articles de journaux, les projets de loi, les contre-projets, les amendements, les sous-amendements, les rapports, les contre-rapports, les faits, les incidents, les polémiques, les discussions, les affirmations, les démentis, les orages, les pas en avant, les pas en arrière, les jours, les semaines, les mois, les années, le quart de siècle, le demi-siècle!

IV

Je suppose sur les bancs d'une assemblée le plus intrépide des penseurs, un éclatant esprit, un de ces hommes qui, lorsqu'ils se dressent debout sur la tribune, la sentent sous eux trépied, y grandissent brusquement, y deviennent colosses, dépassent de toute la tête les apparences massives qui masquent les réalités, et voient distinctement l'avenir par-dessus la haute et sombre muraille du présent. Cet homme, cet orateur, ce voyant veut avertir son pays; ce prophète veut éclairer les hommes d'état; il sait où sont les écueils; il sait que la société croulera précisément par ces quatre faux points d'appui, la centralisation administrative, l'armée permanente, le juge inamovible, le prêtre salarié; il le sait, il veut que tous le sachent, il monte à la tribune, il dit:

—Je vous dénonce quatre grands périls publics. Votre ordre politique porte en lui-même ce qui le tuera. Il faut transformer de fond en comble l'administration, l'armée, le clergé et la magistrature; supprimer ici, retrancher là, refaire tout, ou périr par ces quatre institutions que vous prenez pour des éléments de durée et qui sont des éléments de dissolution.

On murmure. Il s'écrie:

—Votre administration centralisée, savez-vous ce qu'elle peut devenir aux mains d'un pouvoir exécutif parjure? Une immense trahison exécutée à la fois sur toute la surface de la France par tous les fonctionnaires sans exception.

Les murmures éclatent de nouveau et avec plus de violence; on crie: à l'ordre! l'orateur continue:—Savez-vous ce que peut devenir à un jour donné votre armée permanente? Un instrument de crime. L'obéissance passive, c'est la bayonnette éternellement posée sur le coeur de la loi. Oui, ici même, dans cette France qui est l'initiatrice du monde, dans cette terre de la tribune et de la presse, dans cette patrie de la pensée humaine, oui, telle heure peut sonner où le sabre régnera, où vous, législateurs inviolables, vous serez saisis au collet par des caporaux, où nos glorieux régiments se transformeront, pour le profit d'un homme et la honte d'un peuple, en hordes dorées et en bandes prétoriennes, où l'épée de la France sera quelque chose qui frappe par derrière comme, le poignard d'un sbire, où le sang de la première ville du monde assassinée éclaboussera l'épaulette d'or de vos généraux!

La rumeur devient tumulte; on crie: à l'ordre! de toutes parts.—On interpelle l'orateur:—Vous venez d'insulter l'administration, maintenant vous outragez l'armée!—Le président rappelle l'orateur à l'ordre.

L'orateur reprend:

—Et s'il arrivait un jour qu'un homme ayant dans sa main les cinq cent mille fonctionnaires qui constituent l'administration et les quatre cent mille soldats qui composent l'armée, s'il arrivait que cet homme déchirât la constitution, violât toutes les lois, enfreignît tous les serments, brisât tous les droits, commît tous les crimes, savez-vous ce que ferait votre magistrature inamovible, tutrice du droit, gardienne des lois; savez-vous ce qu'elle ferait? Elle se tairait!

Les clameurs empêchent l'orateur d'achever sa phrase. Le tumulte devient tempête.—Cet homme ne respecte rien! Après l'administration et l'armée, il traîne dans la boue la magistrature! La censure! la censure!—L'orateur est censuré avec inscription au procès-verbal. Le président lui déclare que s'il continue, l'assemblée sera consultée et la parole lui sera retirée.

L'orateur poursuit:

—Et votre clergé salarié! et vos évêques fonctionnaires! Le jour où un prétendant quelconque aura employé à tous ces attentats l'administration, la magistrature et l'armée, le jour où toutes ces institutions dégoutteront du sang versé par le traître et pour le traître, placés entre l'homme qui aura commis les crimes et le Dieu qui ordonne de jeter l'anathème au criminel, savez-vous ce qu'ils feront, vos évêques? Ils se prosterneront, non devant le Dieu, mais devant l'homme!

Se figure-t-on la furie des huées, la mêlée d'imprécations qui accueilleraient de telles paroles! Se figure-t-on les cris, les apostrophes, les menaces, l'assemblée entière se levant en masse, la tribune escaladée et à peine protégée par les huissiers!—L'orateur a successivement profané toutes les arches saintes, et il a fini par toucher au saint des saints, au clergé! Et puis que suppose-t-il là? Quel amas d'hypothèses impossibles et infâmes?—Entend-on d'ici gronder le Baroche et tonner le Dupin? L'orateur serait rappelé à l'ordre, censuré, mis à l'amende, exclu de la chambre pour trois jours comme Pierre Leroux et Émile de Girardin; qui sait même? peut-être expulsé comme Manuel.

Et le lendemain le bourgeois indigné dirait: c'est bien fait!—Et de toutes parts les journaux de l'ordre montreraient le poing au calomniateur. Et dans son propre parti, sur son propre banc à l'assemblée, ses meilleurs amis l'abandonneraient et diraient: c'est sa faute; il a été trop loin; il a supposé des chimères et des absurdités!

Et après ce généreux et héroïque effort, il se trouverait que les quatre institutions attaquées seraient choses plus vénérables et plus impeccables que jamais, et que la question, au lieu d'avancer, aurait reculé.

V

Mais la providence, elle, s'y prend autrement. Elle met splendidement la chose sous vos yeux et vous dit: Voyez.

Un homme vient un beau matin,—et quel homme! le premier venu, le dernier venu, sans passé, sans avenir, sans génie, sans gloire, sans prestige; est-ce un aventurier? est-ce un prince? cet homme a tout bonnement les mains pleines d'argent, de billets de banque, d'actions de chemins de fer, de places, de décorations, de sinécures; cet homme se baisse vers les fonctionnaires et leur dit: Fonctionnaires, trahissez.

Les fonctionnaires trahissent.

Tous? Sans exception?

Oui, tous.

Il s'adresse aux généraux et leur dit: Généraux, massacrez.

Les généraux massacrent.

Il se tourne vers les juges inamovibles, et leur dit:

—Magistrature, je brise la constitution, je me parjure, je dissous l'assemblée souveraine, j'arrête les représentants sentants inviolables, je pille les caisses publiques, je séquestre, je confisque, je bannis qui me déplaît, je déporte à ma fantaisie, je mitraille sans sommation, je fusille sans jugement, je commets tout ce qu'on est convenu d'appeler crime, je viole tout ce qu'on est convenu d'appeler droit; regardez les lois, elles sont sous mes pieds.

—Nous ferons semblant de ne pas voir, disent lcs magistrats.

—Vous êtes des insolcnts, réplique l'homme providentiel. Détourner les yeux, c'est m'outrager. J'entends que vous m'aidiez. Juges, vous allez aujourd'hui me féliciter, moi qui suis la force et le crime, et demain ceux qui m'ont résisté, ceux qui sont l'honneur, le droit, la loi, vous les jugerez—et vous les condamnerez.

Les juges inamovibles baisent sa botte et se mettent à instruire *l'affaire des troubles*.

Par-dessus le marché, ils lui prêtent serment.

Alors il aperçoit dans un coin le clergé doté, doré, crossé, chapé, mitré, et il lui dit:—Ah! tu es là, toi, archevêque! Viens ici. Tu vas me bénir tout cela.

Et l'archevêque entonne son magnificat.

VI

Ah! quelle chose frappante et quel enseignement! *Erudimini,* dirait Bossuet.

Les ministres se sont figuré qu'ils dissolvaient l'assemblée; ils ont dissous l'administration.

Les soldats ont tiré sur l'armée et l'ont tuée.

Les juges ont cru juger et condamner des innocents; ils ont jugé et condamné à mort la magistrature inamovible.

Les prêtres ont cru chanter un hosanna sur Louis Bonaparte; ils ont chanté un De profundis sur le clergé.

VII

Quand Dieu veut détruire une chose, il en charge la chose elle-même.

Toutes les institutions mauvaises de ce monde finissent par le suicide.

Lorsqu'elles ont assez longtemps pesé sur les hommes, la providence, comme le sultan à ses visirs, leur envoie le cordon par un muet; elles s'exécutent.

Louis Bonaparte est le muet de la providence.

CONCLUSION

PREMIERE PARTIE

PETITESSE DU MAÎTRE, ABJECTION DE LA SITUATION

I

Soyez tranquilles, l'histoire le tient.

Du reste, si ceci flatte l'amour-propre de M. Bonaparte d'être saisi par l'histoire, s'il a par hasard, et vraiment on le croirait, sur sa valeur comme scélérat politique, une illusion dans l'esprit, qu'il se l'ôte.

Qu'il n'aille pas s'imaginer, parce qu'il a entassé horreurs sur horreurs, qu'il se hissera jamais à la hauteur des grands bandits historiques. Nous avons eu tort peut-être, dans quelques pages de ce livre, çà et là, de le rapprocher de ces hommes. Non, quoiqu'il ait commis des crimes énormes, il restera mesquin. Il ne sera jamais que l'étrangleur nocturne de la liberté; il ne sera jamais que l'homme qui a soûlé les soldats, non avec de la gloire, comme le premier Napoléon, mais avec du vin; il ne sera jamais que le tyran pygmée d'un grand peuple. L'acabit de l'individu se refuse de fond en comble à la grandeur, même dans l'infamie. Dictateur, il est bouffon; qu'il se fasse empereur, il sera grotesque. Ceci l'achèvera. Faire hausser les épaules au genre humain, ce sera sa destinée. Sera-t-il moins rudement corrigé pour cela? Point. Le dédain n'ôte rien à la colère; il sera hideux, et il restera ridicule. Voilà tout. L'histoire rit et foudroie.

Lcs plus indignés même ne le tireront point de là. Les grands penseurs se plaisent à châtier les grands despotes, et quelquefois même les grandissent un peu pour les rendre dignes de leur furie; mais que voulez-vous que l'historien fasse de ce personnage?

L'historien ne pourra que le mener à la postérité par l'oreille.

L'homme une fois déshabillé du succès, le piédestal ôté, la poussière tombée, le clinquant et l'oripeau et le grand sabre détachés, le pauvre petit squelette mis à nu et grelottant, peut-on s'imaginer rien de plus chétif et de plus piteux?

L'histoire a ses tigres. Les historiens, gardiens immortels d'animaux féroces, montrent aux nations cette ménagerie impériale. Tacite à lui seul, ce grand belluaire, a pris et enfermé huit ou dix de ces tigres dans les cages de fer de son style. Regardez-les, ils sont épouvantables et superbes; leurs taches font partie de leur beauté. Celui-ci, c'est Nemrod, le chasseur d'hommes; celui-ci, c'est Busiris, le tyran d'Égypte; celui-ci, c'est Phalaris, qui faisait cuire des hommes vivants dans un taureau d'airain, afin de faire mugir le taureau; celui-ci, c'est Assuérus qui arracha la peau de la tête aux sept Macchabées et les fit rôtir vifs; celui-ci, c'est Néron, le brûleur de Rome, qui enduisait les chrétiens de cire et de bitume et les allumait comme des flambeaux; celui-ci, c'est Tibère, l'homme de Caprée; celui-ci, c'est Domitien; celui-ci, c'est Caracalla; celui-ci, c'est Héliogabale; cet autre, c'est Commode, qui a ce mérite de plus dans l'horreur qu'il était le fils de Marc-Aurèle; ceux-ci sont des czars; ceux-ci sont des sultans; ceux-ci sont des papes; remarquez parmi eux le tigre Borgia; voici Philippe dit le Bon, comme les furies étaient dites euménides; voici Richard III, sinistre et difforme; voici, avec sa large face et son gros ventre, Henri VIII, qui sur cinq femmes qu'il eut en tua trois dont il éventra une; voici Christiern II, le Néron du nord; voici Philippe II, le Démon du midi. Ils sont effrayants; écoutez-les rugir, considérez-les l'un après l'autre; l'historien vous les amène, l'historien les traîne, furieux et terribles, au bord de la cage, vous ouvre les gueules, vous fait voir les dents, vous montre les griffes; vous pouvez dire de chacun d'eux: c'est un tigre royal. En effet, ils ont été pris sur tous les trônes. L'histoire les promène à travers les siècles. Elle empêche qu'ils ne meurent; elle en a soin. Ce sont ses tigres.

Elle ne mêle pas avec eux les chacals.

Elle met et garde à part les bêtes immondes. M. Bonaparte sera, avec Claude, avec Ferdinand VII d'Espagne, avec Ferdinand II de Naples, dans la cage des hyènes.

C'est un peu un brigand et beaucoup un coquin. On sent toujours en lui le pauvre prince d'industrie qui vivait d'expédients en Angleterre; sa prospérité actuelle, son triomphe et son empire et son gonflement n'y font rien; ce manteau de pourpre traîne sur des bottes éculées. Napoléon le Petit; rien de plus, rien de moins. Le titre de ce livre est bon.

La bassesse de ses vices nuit à la grandeur de ses crimes. Que voulez-vous? Pierre le Cruel massacrait, mais ne volait pas; Henri III assassinait, mais n'escroquait pas. Timour écrasait les enfants aux pieds des chevaux, à peu près comme M. Bonaparte a exterminé les femmes et les vieillards sur le boulevard, mais il ne mentait pas. Écoutez l'historien arabe: «Timour-Beig, sahebkeran (maître du monde et du siècle, maître des conjonctions planétaires), naquit à Kesch en 1336; il égorgea cent mille captifs; comme il assiégeait Siwas, les habitants, pour le fléchir, lui envoyèrent mille petits enfants portant chacun un koran sur leur tête et criant: Allah! Allah! Il fit enlever les livres sacrés avec respect et écraser les enfants sous les pieds des chevaux; il employa soixante-dix mille têtes humaines, avec du ciment, de la pierre et de la brique, à bâtir des tours à Hérat, à Sebzvar, à Tékrit, à Alep, à Bagdad; il détestait le mensonge; quand il avait donné sa parole, on pouvait s'y fier.»

M. Bonaparte n'est point de cette stature. Il n'a pas cette dignité que les grands despotes d'orient et d'occident mêlent à la férocité. L'ampleur césarienne lui manque. Pour faire bonne contenance et avoir mine convenable parmi tous ces bourreaux illustres qui ont torturé l'humanité depuis quatre mille ans, il ne faut pas faire hésiter l'esprit entre un général de division et un batteur de grosse caisse des Champs-Élysées; il ne faut pas avoir été policeman à Londres; il ne faut pas avoir essuyé, les yeux baissés, en pleine cour des pairs, les mépris hautains de M. Magnan; il ne faut pas être appelé pick-pocket par les journaux anglais; il ne faut pas être menacé de Clichy; il ne faut pas, en un mot, qu'il y ait du faquin dans l'homme.

Monsieur Louis-Napoléon, vous êtes ambitieux, vous visez haut, mais il faut bien vous dire la vérité. Eh bien, que voulez-vous que nous y fassions? Vous avez eu beau, en renversant la tribune de France, réaliser à votre manière le voeu de Caligula: je voudrais que le genre humain n'eût qu'une tête pour le pouvoir décapiter d'un coup; vous avez eu beau bannir par milliers les républicains, comme Philippe III expulsait les maures et comme Torquemada chassait les juifs; vous avez beau avoir des casemates comme Pierre le Cruel, des pontons comme Hariadan, des dragonnades comme le père Letellier, et des oubliettes comme Ezzelin III; vous avez beau vous être parjuré comme Ludovic Sforce; vous avez beau avoir massacré et assassiné en masse comme Charles IX; vous avez beau avoir fait tout cela; vous avez beau faire venir tous ces noms à l'esprit quand on songe à votre nom, vous n'êtes qu'un drôle. N'est pas un monstre qui veut.

II

De toute agglomération d'hommes, de toute cité, de toute nation, il se dégage fatalement une force collective.

Mettez cette force collective au service de la liberté, faites-la régir par le suffrage universel, la cité devient commune, la nation devient république.

Cette force collective n'est pas, de sa nature, intelligente. Étant à tous, elle n'est à personne; elle flotte pour ainsi dire en dehors du peuple.

Jusqu'au jour où, selon la vraie formule sociale qui est:—*le moins de gouvernement possible*,—cette force pourra être réduite à ne plus être qu'une police de la rue et du chemin, pavant les routes, allumant les réverbères et surveillant les malfaiteurs, jusqu'à ce jour-là, cette force collective, étant à la merci de beaucoup de hasards et d'ambitions, a besoin d'être gardée et défendue par des institutions jalouses, clairvoyantes, bien armées.

Elle peut être asservie par la tradition; elle peut être surprise par la ruse.

Un homme peut se jeter dessus, la saisir, la brider, la dompter et la faire marcher sur les citoyens.

Le tyran est cet homme qui, sorti de la tradition comme Nicolas de Russie, ou de la ruse comme Louis Bonaparte, s'empare à son profit et dispose à son gré de la force collective d'un peuple.

Cet homme-là, s'il est de naissance ce qu'est Nicolas, c'est l'ennemi social; s'il a fait ce qu'a fait Louis Bonaparte, c'est le voleur public.

Le premier n'a rien à démêler avec la justice régulière et légale, avec les articles des codes. Il a derrière lui, l'épiant et le guettant, la haine au coeur et la vengeance à la main, dans son palais Orloff et dans son peuple Mouravieff, il peut être assassiné par quelqu'un de son armée ou empoisonné par quelqu'un de sa famille; il court la chance des conspirations de casernes, des révoltes de régiments, des sociétés militaires secrètes, des complots domestiques, des maladies brusques et obscures, des coups terribles, des grandes catastrophes. Le second doit tout simplement aller à Poissy.

Le premier a ce qu'il faut pour mourir dans la pourpre et pour finir pompeusement et royalement comme finissent les monarchies et les tragédies. Le second doit vivre; vivre entre quatre murs derrière des grilles qui le laissent voir au peuple, balayant des cours, faisant des brosses de crin ou des chaussons de lisière, vidant des baquets, avec un bonnet vert sur la tête, et des sabots aux pieds, et de la paille dans ses sabots.

Ah! meneurs de vieux partis, hommes de l'absolutisme, en France vous avez voté en masse dans les 7,500,000 voix, hors de France vous avez applaudi, et vous avez pris ce Cartouche pour le héros de l'ordre. Il est assez féroce pour cela, j'en conviens; mais regardez la taille. Ne soyez pas ingrats pour vos vrais colosses. Vous avez destitué trop vite vos Haynau et vos Radetzky. Méditez surtout ce rapprochement qui s'offre si naturellement à l'esprit. Qu'est-ce que c'est que ce Mandrin de Lilliput près de Nicolas, czar et césar, empereur et pape, pouvoir mi-parti bible et knout, qui damne et condamne, commande l'exercice à huit cent mille soldats et à deux cent mille prêtres, tient dans sa main droite les clefs du paradis et dans sa main gauche les clefs de la Sibérie, et possède comme sa chose soixante millions d'hommes, les âmes comme s'il était Dieu, les corps comme s'il était la tombe!

III

S'il n'y avait pas avant peu un dénouement brusque, imposant et éclatant, si la situation actuelle de la nation française se prolongeait et durait, le grand dommage, l'effrayant dommage, ce serait le dommage moral.

Les boulevards de Paris, les rues de Paris, les champs et les villes de vingt départements en France ont été jonchés au 2 décembre de citoyens tués et gisants; on a vu devant les seuils des pères et des mères égorgés, des enfants sabrés, des femmes échevelées dans le sang et éventrées par la mitraille; on a vu dans les maisons des suppliants massacrés, les uns fusillés en tas dans leur cave, les autres dépêchés à coups de bayonnette sous leurs lits, les autres renversés par une balle sur la dalle de leur foyer; toutes sortes de mains sanglantes sont encore empreintes à l'heure qu'il est, ici sur un mur, là sur une porte, là dans une alcôve; après la victoire de Louis Bonaparte, Paris a piétiné trois jours dans une boue rougeâtre; une casquette pleine de cervelle humaine a été accrochée à un arbre du boulevard des Italiens; moi qui écris ces lignes, j'ai vu, entre autres victimes, j'ai vu dans la nuit du 4, près la barricade Mauconseil, un vieillard en cheveux blancs étendu sur le pavé, la poitrine traversée d'un biscaïen et la clavicule cassée; le ruisseau de la rue qui coulait sous lui entraînait son sang; j'ai vu, j'ai touché de mes mains, j'ai aidé à déshabiller un pauvre enfant de sept ans, tué, m'a-t-on dit, rue Tiquetonne; il était pâle, sa tête allait et venait d'une épaule à l'autre pendant qu'on lui ôtait ses vêtements, ses yeux à demi fermés étaient fixes, et en se penchant près de sa bouche entr'ouverte il semblait qu'on l'entendit encore murmurer faiblement: ma mère!

Eh bien! il y a quelque chose qui est plus poignant que cet enfant tué, plus lamentable que ce vieillard mitraillé, plus horrible que cette loque tachée de cervelle humaine, plus effrayant que ces pavés rougis de carnage, plus irréparable que ces hommes et ces femmes, que ces pères et ces mères égorgés et assassinés, c'est l'honneur d'un grand peuple qui s'évanouit.

Certes, ces pyramides de morts qu'on voyait dans les cimetières après que les fourgons qui venaient du Champ de Mars s'y étaient déchargés, ces immenses fosses ouvertes qu'on emplissait le matin avec des corps humains en se hâtant à cause des clartés grandissantes du crépuscule, c'était affreux; mais ce qui est plus affreux encore, c'est de songer qu'à l'heure où nous sommes les peuples doutent, et que pour eux la France, cette grande splendeur morale, a disparu!

Ce qui est plus navrant que les crânes fendus par le sabre, que les poitrines défoncées par les boulets, plus désastreux que les maisons violées, que le meurtre emplissant les rues, que le sang versé à ruisseaux, c'est de penser que maintenant on se dit parmi tous les peuples de la terre: Vous savez bien, cette nation des nations, ce peuple du 14 juillet, ce peuple du 10 août, ce peuple de 1830, ce peuple de 1848, cette race de géants qui écrasait les bastilles, cette race d'hommes dont le visage éclairait, cette patrie du genre humain qui produisait les héros et les penseurs, ces autres héros, qui faisait toutes les révolutions et enfantait tous les enfantements, cette France dont le nom voulait dire liberté, cette espèce d'âme du monde qui rayonnait en Europe, cette lumière, eh bien! quelqu'un a marché dessus, et l'a éteinte. Il n'y a plus de France. C'est fini. Regardez, ténèbres partout. Le monde est à tâtons.

Ah! c'était si grand! Où sont ces temps, ces beaux temps mêlés d'orages, mais splendides, où tout était vie, où tout était liberté, où tout était gloire? ces temps où le peuple français, réveillé avant tous et debout dans l'ombre, le front blanchi par l'aube de l'avenir déjà levé pour lui, disait aux autres peuples, encore assoupis et accablés et remuant à peine leurs chaînes dans leur sommeil: Soyez tranquilles, je fais la besogne de tous, je bêche la terre pour tous, je suis l'ouvrier de Dieu?

Quelle douleur profonde! regardez cette torpeur où il y avait cette puissance! regardez cette honte où il y avait cet orgueil! regardez ce superbe peuple qui levait la tête, et qui la baisse!

Hélas! Louis Bonaparte a fait plus que tuer les personnes, il a amoindri les âmes; il a rapetissé le coeur du citoyen. Il faut être de la race des indomptables et des invincibles pour persévérer à cette heure dans l'âpre voie du renoncement et du devoir. Je ne sais quelle gangrène de prospérité matérielle menace de faire tomber l'honnêteté publique en pourriture. Oh! quel bonheur d'être banni, d'être tombé, d'être ruiné, n'est-ce pas, braves ouvriers? n'est-ce pas, dignes paysans, chassés de France, et qui n'avez pas d'asile, et qui n'avez pas de souliers? Quel bonheur de manger du pain noir, de coucher sur un matelas jeté à terre, d'avoir les coudes percés, d'être hors de tout cela, et à ceux qui vous disent: vous êtes français! de répondre: je suis proscrit!

Quelle misère que cette joie des intérêts et des cupidités s'assouvissant dans l'auge du 2 décembre! Ma foi! vivons, faisons des affaires, tripotons dans les actions de zinc ou de chemin de fer, gagnons de l'argent; c'est ignoble, mais c'est excellent; un scrupule de moins, un louis de plus; vendons toute notre âme à ce taux! On court, on se rue, on fait antichambre, on boit toute honte, et si l'on ne peut avoir une concession de chemins en France ou de terrains en Afrique, on demande une place. Une foule de dévouements intrépides assiègent l'Élysée et se groupent autour de l'homme. Junot, près du premier Bonaparte, bravait les éclaboussures d'obus, ceux-ci, près du second, bravent les éclaboussures de boue. Partager son ignominie, qu'est-ce que cela leur fait, pourvu qu'ils partagent sa fortune! C'est à qui fera ce trafic de soi-même le plus cyniquement, et parmi ces êtres il y a des jeunes gens qui ont l'oeil pur et limpide et toute l'apparence de l'âge généreux, et il y a des vieillards qui n'ont qu'une peur, c'est que la place sollicitée ne leur arrive pas à temps et qu'ils ne parviennent pas à se déshonorer avant de mourir. L'un se donnerait pour une préfecture, l'autre pour une recette, l'autre pour un consulat; l'autre veut un bureau de tabac, l'autre veut une ambassade. Tous veulent de l'argent, ceux-ci moins, ceux-ci plus, car c'est au traitement qu'on songe, non à la fonction. Chacun tend la main. Tous s'offrent. Un de ces jours on établira un essayeur de consciences à la monnaie.

Quoi! c'est là qu'on en est! Quoi! ceux mêmes qui ont soutenu le coup d'état, ceux mêmes qui avaient peur du croquemitaine rouge et des balivernes de jacquerie en 1852; ceux mêmes qui ont trouvé ce crime bon, parce que, selon eux, il a tiré du péril leur rente, leur bordereau, leur caisse, leur portefeuille, ceux-là mêmes ne comprennent pas que l'intérêt matériel surnageant seul ne serait après tout qu'une triste épave au milieu d'un immense naufrage moral, et que c'est une situation effrayante et monstrueuse qu'on dise: tout est sauvé, fors l'honneur!

Les mots indépendance, affranchissement, progrès, orgueil populaire, fierté nationale, grandeur française, on ne peut plus les prononcer en France. Chut! ces mots-là font trop de bruit; marchons sur la pointe du pied et parlons bas. Nous sommes dans la chambre d'un malade.

—Qu'est-ce que c'est que cet homme?—C'est le chef, c'est le maître. Tout le monde lui obéit.—Ah! tout le monde le respecte alors?—Non, tout le monde le méprise.—Ô situation!

Et l'honneur militaire, où est-il? Ne parlons plus, si vous le voulez, de ce que l'armée a fait en décembre, mais de ce qu'elle subit en ce moment, de ce qui est à sa tête, de ce qui est sur sa tête. Y songez-vous? y songe-t-elle? Ô armée de la république! armée qui as eu pour capitaines des généraux payés quatre francs par jour, armée qui as eu pour chefs, Carnot, l'austérité, Marceau, le désintéressement, Hoche, l'honneur, Kléber, le dévouement, Joubert, la probité, Desaix, la vertu, Bonaparte, le génie! ô armée française, pauvre malheureuse armée héroïque fourvoyée à la suite de ces hommes-ci! Qu'en feront-ils? où la mèneront-ils? de quelle façon l'occuperont-ils? quelles parodies sommes-nous destinés à voir et à entendre? Hélas! qu'est-ce que c'est que ces hommes qui commandent à nos régiments et qui gouvernent?—Le maître, on le connaît. Celui-ci, qui a été ministre, allait être «saisi» le 3 décembre, c'est pour cela qu'il a fait le 2. Cet autre est «l'emprunteur» des vingt-cinq millions à la Banque. Cet autre est l'homme des lingots d'or. À cet autre, avant qu'il fût ministre, «un ami» disait:—*Ah çà! vous nous flouez avec vos actions de l'affaire en question; ça me fatigue. S'il y a des escroqueries, que j'en sois au moins!* Cet autre, qui a des épaulettes, vient d'être convaincu de quasi-stellionat. Cet autre, qui a aussi des épaulettes, a reçu le matin du 2 décembre cent mille francs «pour les éventualités». Il n'était que colonel; s'il eût été général, il eût eu davantage. Celui-ci, qui est général, étant garde du corps de Louis XVIII et de faction derrière le fauteuil du roi pendant la messe, a coupé un gland d'or du trône et l'a mis dans sa poche; on l'a chassé des gardes pour cela. Certes, à ces hommes aussi on pourrait élever une colonne *ex oere capto*, avec l'argent pris. Cet autre, qui est général de division, a «détourné» cinquante-deux mille francs, à la connaissance du colonel Charras, dans la construction des villages Saint-André et Saint-Hippolyte, près Mascara. Celui-ci, qui est général en chef, était surnommé à Gand, où on le connaît, *le général Cinq-cents-francs*. Celui-ci, qui est ministre de la guerre, n'a dû qu'à la clémence du général Rulhière de ne point passer devant un conseil de guerre. Tels sont les hommes. C'est égal, en avant; battez, tambours; sonnez, clairons; flottez, drapeaux! Soldats! du haut de ces pyramides, les quarante voleurs vous contemplent!

Avançons dans ce douloureux sujet, et voyons-en toutes les faces.

Rien que le spectacle d'une fortune comme celle de M. Bonaparte placé au sommet de l'état suffirait pour démoraliser un peuple.

Il y a toujours, et par la faute des institutions sociales, qui devraient, avant tout, éclairer et civiliser, il y a toujours dans une population nombreuse comme la population de la France une classe qui ignore, qui souffre, qui convoite, qui lutte, placée entre l'instinct bestial qui pousse à prendre et la loi morale qui invite à travailler. Dans la condition douloureuse et accablée où elle est encore, cette classe, pour se maintenir dans la droiture et dans le bien, elle a besoin de toutes les pures et saintes clartés qui se dégagent de l'évangile; elle a besoin que l'esprit de Jésus d'une part, et d'autre part l'esprit de la Révolution française, lui adressent les mêmes mâles paroles, et lui montrent sans cesse, comme les seules lumières dignes des yeux de l'homme, les hautes et mystérieuses lois de la destinée humaine, l'abnégation, le dévouement, le sacrifice, le travail qui mène au bien-être matériel, la probité qui mène au bien-être intérieur; même avec ce perpétuel enseignement, à la fois divin et humain, cette classe si digne de sympathie et de fraternité succombe souvent. La souffrance et la tentation sont plus fortes que la vertu. Maintenant comprenez-vous les infâmes conseils que le succès de M. Bonaparte lui donne? Un homme pauvre, déguenillé, sans ressources, sans travail, est là dans l'ombre au coin d'une rue, assis sur une borne; il médite et en même temps repousse une mauvaise action; par moments il chancelle, par moments il se redresse; il a faim et il a envie de voler; pour voler, il faut faire une fausse clef, il faut escalader un mur; puis, la fausse clef faite et le mur escaladé, il sera devant le coffre-fort; si quelqu'un se réveille, si on lui résiste, il faudra tuer; ses cheveux se hérissent, ses yeux deviennent hagards, sa conscience, voix de Dieu, se révolte en lui et lui crie: arrête! c'est mal! ce sont des crimes! En ce moment, le chef de l'état passe; l'homme voit M. Bonaparte en habit de général, avec le cordon rouge, et des laquais en livrée galonnée d'or, galopant vers son palais dans une voiture à quatre chevaux; le malheureux, incertain devant son crime, regarde avidement cette vision splendide; et la sérénité de M. Bonaparte, et ses épaulettes d'or, et le cordon rouge, et la livrée, et le palais, et la voiture à quatre chevaux, lui disent: Réussis!

Il s'attache à cette apparition, il la suit, il court à l'Élysée; une foule dorée s'y précipite à la suite du prince. Toutes sortes de voitures passent sous cette porte, et il y entrevoit des hommes heureux et rayonnants. Celui-ci, c'est un ambassadeur; l'ambassadeur le regarde et lui dit: Réussis. Celui-ci, c'est un évêque; l'évêque le regarde et lui dit: Réussis. Celui-ci, c'est un juge; le juge le regarde et lui sourit, et lui dit: Réussis.

Ainsi, échapper aux gendarmes, voilà désormais toute la loi morale. Voler, piller, poignarder, assassiner, ce n'est mal que si on a la bêtise de se laisser prendre. Tout homme qui médite un crime a une constitution à violer, un serment à enfreindre, un obstacle à détruire. En un mot, prenez bien vos mesures. Soyez habiles. Réussissez. Il n'y a d'actions coupables que les coups manqués.

Vous mettez la main dans la poche d'un passant, le soir, à la nuit tombante, dans un lieu désert; il vous saisit; vous lâchez prise; il vous arrête et vous mène au poste. Vous êtes coupable; aux galères! Vous ne lâchez pas prise, vous avez un couteau sur vous, vous l'enfoncez dans la gorge de l'homme; il tombe; le voilà mort; maintenant prenez-lui sa bourse et allez-vous-en. Bravo! c'est une chose bien faite. Vous avez fermé la bouche à la victime, au seul témoin qui pouvait parler. On n'a rien à vous dire.

Si vous n'aviez fait que volcr l'homme, vous auriez tort; tuez-le, vous avez raison.

Réussissez, tout est là.

Ah! ceci est redoutable.

Le jour où la conscience humaine se déconcerterait, le jour où le succès aurait raison devant elle, tout serait dit. La dernière lueur morale remonterait au ciel. Il ferait nuit dans l'intérieur de l'homme. Vous n'auriez plus qu'à vous dévorer entre vous, bêtes féroces!

À la dégradation morale se joint la dégradation politique. M. Bonaparte traite les gens de France en pays conquis. Il efface les inscriptions républicaines; il coupe les arbres de la liberté et en fait des fagots. Il y avait, place Bourgogne, une statue de la République; il y met la pioche; il y avait sur les monnaies une figure de la République couronnée d'épis; M. Bonaparte la remplace par le profil de M. Bonaparte. Il fait couronner et haranguer son buste dans les marchés comme le bailli Gessler faisait saluer son bonnet. Ces manants des faubourgs avaient l'habitude de chanter en choeur, le soir, en revenant du travail; ils chantaient les grands chants républicains, la Marseillaise, le Chant du départ; injonction de se taire, le faubourien ne chantera plus, il y a amnistie seulement pour les obscénités et les chansons d'ivrogne. Le triomphe est tel qu'on ne se gêne plus. Hier on se cachait encore, on fusillait la nuit; c'était de l'horreur, mais c'était aussi de la pudeur; c'était un reste de respect pour le peuple; on semblait supposer qu'il était encore assez vivant pour se révolter s'il voyait de telles choses. Aujourd'hui on se montre, on ne craint plus rien, on guillotine en plein jour. Qui guillotine-t-on? Qui? Les hommes de la loi, et la justice est là. Qui? Les hommes du peuple, et le peuple est là! Ce n'est pas tout. Il y a un homme en Europe qui fait horreur à l'Europe; cet homme a mis à sac la Lombardie, il a dressé les potences de la Hongrie, il a fait fouetter une femme sous le gibet où pendaient, étranglés, son fils et son mari; on se rappelle encore la lettre terrible où cette femme raconte le fait et dit: *Mon coeur est devenu de pierre.* L'an dernier cet homme eut l'idée de visiter l'Angleterre en touriste, et, étant à Londres, il lui prit la fantaisie d'entrer dans une brasserie, la brasserie Barclay et Perkins. Là il fut reconnu; une voix murmura: C'est Haynau!—C'est Haynau! répétèrent les ouvriers.—Ce fut un cri effrayant; la foule se rua sur le misérable, lui arracha à poignée ses infâmes cheveux blancs, lui cracha au visage, et le jeta dehors. Eh bien, ce vieux bandit à épaulettes, ce Haynau, cet homme qui porte encore sur sa joue l'immense soufflet du peuple anglais, on annonce que «monseigneur le prince-président l'invite à visiter la France». C'est juste; Londres lui a fait une avanie, Paris lui doit une ovation. C'est une réparation. Soit. Nous assisterons à cela. Haynau a recueilli des malédictions et des huées à la brasserie Perkins; il ira chercher des fleurs à la brasserie Saint-Antoine. Le faubourg Saint-Antoine recevra l'ordre d'être sage. Le faubourg Saint-Antoine, muet, immobile, impassible, verra passer, triomphants et causant comme deux amis, dans ces vieilles rues révolutionnaires, l'un en uniforme français, l'autre en uniforme autrichien, Louis Bonaparte, le tueur du boulevard, donnant le bras à Haynau, le fouetteur de femmes...—Va, continue, affront sur affront, défigure cette France tombée à la renverse sur le pavé! rends-la méconnaissable! écrase la face du peuple à coups de talon!

Oh! inspirez-moi, cherchez-moi, donnez-moi, inventez-moi un moyen, quel qu'il soit, au poignard près, dont je ne veux pas,—un Brutus à cet homme! fi donc! il ne mérite même pas Louvel!—trouvez-moi un moyen quelconque de jeter bas cet homme et de délivrer ma patrie! de jeter bas cet homme! cet homme de ruse, cet homme de mensonge, cet homme de succès, cet homme de malheur! Un moyen, le premier venu, plume, épée, pavé, émeute, par le peuple, par le soldat; oui, quel qu'il soit, pourvu qu'il soit loyal et au grand jour, je le prends, nous le prenons tous, nous, proscrits, s'il peut rétablir la liberté, délivrer la république, relever notre pays de la honte, et faire rentrer dans sa poussière, dans son oubli, dans son cloaque, ce ruffian impérial, ce prince vide-gousset, ce bohémien des rois, ce traître, ce maître, cet écuyer de Franconi! ce gouvernant radieux, inébranlable, satisfait, couronné de son crime heureux, qui va et vient et se promène paisiblement à travers Paris frémissant, et qui a tout pour lui, tout, la Bourse, la boutique, la magistrature, toutes les influences, toutes les cautions, toutes les invocations, depuis le Nom de Dieu du soldat jusqu'au Te Deum du prêtre!

Vraiment, quand on a fixé trop longtemps son regard sur de certains côtés de ce spectacle, il y a des heures où une sorte de vertige prendrait les plus fermes esprits.

Mais au moins se rend-il justice, ce Bonaparte? A-t-il une lueur, une idée, un soupçon, une perception quelconque de son infamie? Réellement, on est réduit à en douter.

Oui, quelquefois, aux paroles superbes qui lui échappent, à le voir adresser d'incroyables appels à la postérité, à cette postérité qui frémira d'horreur et de colère devant lui, à l'entendre parler avec aplomb de sa «légitimité» et de sa «mission», on serait presque tenté de croire qu'il en est venu à se prendre lui-même en haute considération et que la tête lui a tourné au point qu'il ne s'aperçoit plus de ce qu'il est ni de ce qu'il fait.

Il croit à l'adhésion des prolétaires, il croit à la bonne volonté des rois, il croit à la fête des aigles, il croit aux harangues du conseil d'état, il croit aux bénédictions des évêques, il croit au serment qu'il s'est fait jurer, il croit aux sept millions cinq cent mille voix!

Il parle à cette heure, se sentant en humeur d'Auguste, d'*amnistier* les proscrits. L'usurpation amnistiant le droit! la trahison amnistiant l'honneur! la lâcheté amnistiant le courage! le crime amnistiant la vertu! Il est à ce point abruti par son succès, qu'il trouve cela tout simple.

Bizarre effet d'enivrement! illusion d'optique! il voit dorée, splendide et rayonnante cette chose du 14 janvier, cette constitution souillée de boue, tachée de sang, ornée de chaînes, traînée au milieu des huées de l'Europe par la police, le sénat, le corps législatif, et le conseil d'état ferrés à neuf! Il prend pour un char de triomphe et veut faire passer sous l'arc de l'Étoile cette claie sur laquelle, debout, hideux, et le fouet à la main, il promène le cadavre sanglant de la république!

DEUXIÈME PARTIE

DEUIL ET FOI

I

La providence amène à maturité, par le seul fait de la vie universelle, les hommes, les choses, les événements. Il suffit, pour qu'un ancien monde s'évanouisse, que la civilisation, montant majestueusement vers son solstice, rayonne sur les vieilles institutions, sur les vieux préjugés, sur les vieilles lois, sur les vieilles moeurs. Ce rayonnement brûle le passé et le dévore. La civilisation éclaire, ceci est le fait visible, et en même temps elle consume, ceci est le fait mystérieux. À son influence, lentement et sans secousse, ce qui doit décliner décline, ce qui doit vieillir vieillit; les rides viennent aux choses condamnées, aux castes, aux codes, aux institutions, aux religions. Ce travail de décrépitude se fait en quelque sorte de lui-même. Décrépitude féconde, sous laquelle germe la vie nouvelle. Peu à peu la ruine se prépare; de profondes lézardes qu'on ne voit pas se ramifient dans l'ombre et mettent en poudre au dedans cette formation séculaire qui fait encore masse au dehors; et voilà qu'un beau jour, tout à coup, cet antique ensemble de faits vermoulus dont se composent les sociétés caduques devient difforme; l'édifice se disjoint, se décloue, surplombe. Alors tout ne tient plus à rien. Qu'il survienne un de ces géants propres aux révolutions, que ce géant lève la main, et tout est dit. Il y a telle heure dans l'histoire où un coup de coude de Danton ferait crouler l'Europe.

1848 fut une de ces heures. La vieille Europe féodale, monarchique et papale, replâtrée si fatalement pour la France en 1815, chancela. Mais Danton manquait.

L'écroulement n'eut pas lieu.

On a beaucoup dit, dans la phraséologie banale qui s'emploie en pareil cas, que 1848 avait ouvert un gouffre. Point. Le cadavre du passé était sur l'Europe; il y est encore à l'heure qu'il est. 1848 ouvrit une fosse pour y jeter ce cadavre. C'est cette fosse qu'on a prise pour un gouffre.

En 1848, tout ce qui tenait au passé, tout ce qui vivait du cadavre, vit de près cette fosse. Non-seulement les rois sur leurs trônes, les cardinaux sous leurs barrettes, les juges à l'ombre de leur guillotine, les capitaines sur leurs chevaux de guerre, s'émurent; mais quiconque avait un intérêt quelconque dans ce qui allait disparaître; quiconque cultivait à son profit une fiction sociale et avait à bail et à loyer un abus; quiconque était gardien d'un mensonge, portier d'un préjugé ou fermier d'une superstition; quiconque exploitait, usurait, pressurait, mentait; quiconque vendait à faux poids, depuis ceux qui altèrent une balance jusqu'à ceux qui falsifient la bible, depuis le mauvais marchand jusqu'au mauvais prêtre, depuis ceux qui manipulent les chiffres jusqu'à ceux qui monnoient les miracles; tous, depuis tel banquier juif qui se sentit un peu catholique jusqu'à tel évêque qui en devint un peu juif, tous les hommes du passé penchèrent leur tête les uns vers les autres et tremblèrent.

Cette fosse qui était béante, et où avaient failli tomber toutes les fictions, leur trésor, qui pèsent sur l'homme depuis tant de siècles, ils résolurent de la combler. Ils résolurent de la murer, d'y entasser la pierre et la roche, et de dresser sur cet entassement un gibet, et d'accrocher à ce gibet, morne et sanglante, cette grande coupable, la Vérité.

Ils résolurent d'en finir une fois pour toutes avec l'esprit d'affranchissement et d'émancipation, et de refouler et de comprimer à jamais la force ascensionnelle de l'humanité.

L'entreprise était rude. Ce que c'était que cette entreprise, nous l'avons indiqué déjà, plus d'une fois, dans ce livre et ailleurs.

Défaire le travail de vingt générations; tuer dans le dix-neuvième siècle, en le saisissant à la gorge, trois siècles, le seizième, le dix-septième et le dix-huitième, c'est-à-dire Luther, Descartes et Voltaire, l'examen religieux, l'examen philosophique, l'examen universel; écraser dans toute l'Europe cette immense végétation de la libre pensée, grand chêne ici, brin d'herbe là; marier le knout et l'aspersoir; mettre plus d'Espagne dans le midi et plus de Russie dans le nord; ressusciter tout ce qu'on pourrait de l'inquisition et étouffer tout ce qu'on pourrait de l'intelligence; abêtir la jeunesse, en d'autres termes, abrutir l'avenir; faire assister le monde à l'auto-da-fé des idées; renverser les tribunes, supprimer le journal, l'affiche, le livre, la parole, le cri, le murmure, le souffle; faire le silence; poursuivre la pensée dans la casse d'imprimerie, dans le composteur, dans la lettre de plomb, dans le cliché, dans la lithographie, dans l'image, sur le théâtre, sur le tréteau, dans la bouche du comédien, dans le cahier du maître d'école, dans la balle du colporteur; donner à chacun pour foi, pour loi, pour but et pour dieu, l'intérêt matériel; dire au peuple: mangez et ne pensez plus; ôter l'homme du cerveau et le mettre dans le ventre; éteindre l'initiative individuelle, la vie locale, l'élan national, tous les instincts profonds qui poussent l'homme vers le droit; anéantir ce moi des nations qu'on nomme patrie; détruire la nationalité chez les peuples partagés et démembrés, les constitutions dans les états constitutionnels, la république en France, la liberté partout; mettre partout le pied sur l'effort humain.

En un mot, fermer cet abîme qui s'appelle le progrès.

Tel fut le plan vaste, énorme, européen, que personne ne conçut, car pas un de ces hommes du vieux monde n'en eût eu le génie, mais que tous suivirent. Quant au plan en lui-même, quant à cette immense idée de compression universelle, d'où venait-elle? qui pourrait le dire? On la vit dans l'air. Elle apparut du côté du passé. Elle éclaira certaines âmes, elle montra certaines routes. Ce fut comme une lueur sortie de la tombe de Machiavel.

À de certains moments de l'histoire humaine, aux choses qui se trament, aux choses qui se font, il semble que tous les vieux démons de l'humanité, Louis XI, Philippe II, Catherine de Médicis, le duc d'Albe, Torquemada, sont quelque part là, dans un coin, assis autour d'une table et tenant conseil.

On regarde, on cherche, et au lieu des colosses on voit des avortons. Où l'on supposait le duc d'Albe, on trouve Schwartzenberg; où l'on supposait Torquemada, on trouve Veuillot. L'antique despotisme européen continue sa marche avec ces petits hommes et va toujours; il ressemble au czar Pierre en voyage.—*On relaye avec ce qu'on trouve,* écrivait-il; *quand nous n'eûmes plus de chevaux tartares, nous prîmes des ânes.* Pour atteindre à ce but, la compression de tout et de tous, il fallait s'engager dans une voie obscure, tortueuse, âpre, difficile; on s'y engagea. Quelques-uns de ceux qui y entrèrent savaient ce qu'ils faisaient.

Les partis vivent de mots; ces hommes, ces meneurs que 1848 effraya et rallia, avaient, nous l'avons dit plus haut, trouvé leurs mots: religion, famille, propriété. Ils exploitaient, avec cette vulgaire adresse qui suffit lorsqu'on parle à la peur, certains côtés obscurs de ce qu'on appelait socialisme. Il s'agissait de «sauver la religion, la propriété et la famille». Sauvez le drapeau! disaient-ils. La tourbe des intérêts effarouchés s'y rua.

On se coalisa, on fit front, on fit bloc. On eut de la foule autour de soi. Cette foule était composée d'éléments divers. Le propriétaire y entra, parce que ses loyers avaient baissé; le paysan, parce qu'il avait payé les 45 centimes; tel qui ne croyait pas en Dieu crut nécessaire de sauver la religion parce qu'il avait été forcé de vendre ses chevaux. On dégagea de cette foule la force qu'elle contenait et l'on s'en servit. On fit de la compression avec tout, avec la loi, avec l'arbitraire, avec les assemblées, avec la tribune, avec le jury, avec la magistrature, avec la police, en Lombardie avec le sabre, à Naples avec le bagne, en Hongrie avec le gibet. Pour remuseler les intelligences, pour remettre à la chaîne les esprits, esclaves échappés, pour empêcher le passé de disparaître, pour empêcher l'avenir de naître, pour rester les rois, les puissants, les privilégiés, les heureux, tout devint bon, tout devint juste, tout fut légitime. On fabriqua pour les besoins de la lutte et on répandit dans le monde une morale de guet-apens contre la liberté, que mirent en action Ferdinand à Palerme, Antonelli à Rome, Schwartzenberg à Milan et à Pesth, et plus tard à Paris les hommes de décembre, ces loups d'état.

Il y avait un peuple parmi les peuples qui était une sorte d'aîné dans cette famille d'opprimés, qui était comme un prophète dans la tribu humaine. Ce peuple avait l'initiative de tout le mouvement humain. Il allait, il disait: venez, et on le suivait. Comme complément à la fraternité des hommes qui est dans l'évangile, il enseignait la fraternité des nations. Il parlait par la voix de ses écrivains, de ses poëtes, de ses philosophes, de ses orateurs comme par une seule bouche, et ses paroles s'en allaient aux extrémités du monde se poser comme des langues de feu sur le front de tous les peuples. Il présidait la cène des intelligences. Il multipliait le pain de vie à ceux qui erraient dans le désert. Un jour une tempête l'avait enveloppé; il marcha sur l'abîme et dit aux peuples effrayés: pourquoi craignez-vous? Le flot des révolutions soulevé par lui s'apaisa sous ses pieds, et, loin de l'engloutir, le glorifia. Les nations malades, souffrantes, infirmes, se pressaient autour de lui; celle-ci boitait, la chaîne de l'inquisition rivée à son pied pendant trois siècles l'avait estropiée; il lui disait: marche! et elle marchait; cette autre était aveugle, le vieux papisme romain lui avait rempli les prunelles de brume et de nuit; il lui disait: vois, elle ouvrait les yeux et voyait. Jetez vos béquilles, c'est-à-dire vos préjugés, disait-il; jetez vos bandeaux, c'est-à-dire vos superstitions, tenez-vous droits, levez la tête, regardez le ciel, contemplez Dieu. L'avenir est à vous. Ô peuples! vous avez une lèpre, l'ignorance; vous avez une peste, le fanatisme; il n'est pas un de vous qui n'ait et qui ne porte une de ces affreuses maladies qu'on appelle un despote; allez, marchez, brisez les liens du mal, je vous délivre, je vous guéris! C'était par toute la terre une clameur reconnaissante des peuples que cette parole faisait sains et forts. Un jour il s'approcha de la Pologne morte, il leva le doigt et lui cria: lève-toi! la Pologne morte se leva.

Ce peuple, les hommes du passé, dont il annonçait la chute, le redoutaient et le haïssaient. À force de ruse et de patience tortueuse et d'audace, ils finirent par le saisir et vinrent à bout de le garrotter.

Depuis plus de trois années, le monde assiste à un immense supplice, à un effrayant spectacle. Depuis plus de trois ans, les hommes du passé, les scribes, les pharisiens, les publicains, les princes des prêtres, crucifient, en présence du genre humain, le Christ des peuples, le peuple français. Les uns ont fourni la croix, les autres les clous, les autres le marteau. Falloux lui a mis au front la couronne d'épines. Montalembert lui a appuyé sur la bouche l'éponge de vinaigre et de fiel. Louis Bonaparte est le misérable soldat qui lui a donné le coup de lance au flanc et lui a fait jeter le cri suprême: *Eli! Eli! Lamma Sabacthani!*

Maintenant c'est fini. Le peuple français est mort. La grande tombe va s'ouvrir.

Pour trois jours.

II

Ayons foi.

Non, ne nous laissons pas abattre. Désespérer, c'est déserter.

Regardons l'avenir.

L'avenir,—on ne sait pas quelles tempêtes nous séparent du port, mais le port lointain et radieux, on l'aperçoit,—l'avenir, répétons-le, c'est la république pour tous; ajoutons: l'avenir, c'est la paix avec tous.

Ne tombons pas dans le travers vulgaire qui est de maudire et de déshonorer le siècle où l'on vit. Érasme a appelé le seizième siècle «l'excrément des temps», *fex temporum*; Bossuet a qualifié ainsi le dix-septième siècle: «temps mauvais et petit»; Rousseau a flétri le dix-huitième siècle en ces termes: «cette grande pourriture où nous vivons». La postérité a donné tort à ces esprits illustres. Elle a dit à Érasme: le seizième siècle est grand; elle a dit à Bossuet: le dix-septième siècle est grand; elle a dit à Rousseau: le dix-huitième siècle est grand.

L'infamie de ces siècles eût été réelle, d'ailleurs, que ces hommes forts auraient eu tort de se plaindre. Le penseur doit accepter avec simplicité et calme le milieu où la providence le place. La splendeur de l'intelligence humaine, la hauteur du génie n'éclate pas moins par le contraste que par l'harmonie avec les temps. L'homme stoïque et profond n'est pas diminué par l'abjection extérieure. Virgile, Pétrarque, Racine, sont grands dans leur pourpre; Job est plus grand sur son fumier.

Mais nous pouvons le dire, nous hommes du dix-neuvième siècle, le dix-neuvième siècle n'est pas le fumier. Quelles que soient les hontes de l'instant présent, quels que soient les coups dont le va-et-vient des événements nous frappe, quelle que soit l'apparente désertion ou la léthargie momentanée des esprits, aucun de nous, démocrates, ne reniera cette magnifique époque où nous sommes, âge viril de l'humanité.

Proclamons-le hautement, proclamons-le dans la chute et dans la défaite, ce siècle est le plus grand des siècles; et savez-vous pourquoi? parce qu'il est le plus doux. Ce siècle, immédiatement issu de la Révolution française et son premier-né, affranchit l'esclave en Amérique, relève le paria en Asie, éteint le suttee dans l'Inde, et écrase en Europe les derniers tisons du bûcher, civilise la Turquie, fait pénétrer de l'évangile jusque dans le koran, dignifie la femme, subordonne le droit du plus fort au droit du plus juste, supprime les pirates, amoindrit les pénalités, assainit les bagnes, jette le fer rouge à l'égout, condamne la peine de mort, ôte le boulet du pied des forçats, abolit les supplices, dégrade et flétrit la guerre, émousse les ducs d'Albe et les Charles IX, arrache les griffes aux tyrans.

Ce siècle proclame la souveraineté du citoyen et l'inviolabilité de la vie; il couronne le peuple et sacre l'homme.

Dans l'art il a tous les génies, écrivains, orateurs, poëtes, historiens, publicistes, philosophes, peintres, statuaires, musiciens; la majesté, la grâce, la puissance, la force, l'éclat, la profondeur, la couleur, la forme, le style; il se retrempe à la fois dans le réel et dans l'idéal, et porte à la main les deux foudres, le vrai et le beau. Dans la science, il accomplit tous les miracles; il fait du coton un salpêtre, de la vapeur un cheval, de la pile de Volta un ouvrier, du fluide électrique un messager, du soleil un peintre; il s'arrose avec l'eau souterraine en attendant qu'il se chauffe avec le feu central; il ouvre sur les deux infinis ces deux fenêtres, le télescope sur l'infiniment grand, le microscope sur l'infiniment petit, ct il trouve dans le premier abîme des astres et dans le second abîme des insectes qui lui prouvent Dieu. Il supprime la durée, il supprime la distance, il supprime la souffrance; il écrit une lettre de Paris à Londres, et il a la réponse en dix minutes; il coupe une cuisse à un homme, l'homme chante et sourit.

Il n'a plus qu'à réaliser—et il y touche—un progrès qui n'est rien à côté des autres miracles qu'il a déjà faits, il n'a qu'à trouver le moyen de diriger dans une masse d'air une bulle d'air plus léger; il a déjà la bulle d'air, il la tient emprisonnée; il n'a plus qu'à trouver la force impulsive, qu'à faire le vide devant le ballon, par exemple, qu'à brûler l'air devant l'aérostat comme fait la fusée devant elle; il n'a plus qu'à résoudre d'une façon quelconque ce problème, et il le résoudra, et savez-vous ce qui arrivera alors? à l'instant même les frontières s'évanouissent, les barrières s'effacent, tout ce qui est muraille de la Chine autour de la pensée, autour du commerce, autour de l'industrie, autour des nationalités, autour du progrès s'écroule; en dépit des censures, en dépit des index, il pleut des livres et des journaux partout; Voltaire, Diderot, Rousseau, tombent en grêle sur Rome, sur Naples, sur Vienne, sur Pétersbourg; le verbe humain est manne et le serf le ramasse dans le sillon; les fanatismes meurent, l'oppression est impossible; l'homme se traînait à terre, il échappe; la civilisation se fait nuée d'oiseaux, et s'envole, et tourbillonne, et s'abat joyeuse sur tous les points du globe à la fois; tenez, la voilà, elle passe, braquez vos canons, vieux despotismes, elle vous dédaigne; vous n'êtes que le boulet, elle est l'éclair; plus de haines, plus d'intérêts s'entre-dévorant, plus de guerres; une sorte de vie nouvelle, faite de concorde et de lumière, emporte et apaise le monde; la fraternité des peuples traverse les espaces et communie dans l'éternel azur, les hommes se mêlent dans les cieux.

En attendant ce dernier progrès, voyez le point où ce siècle avait amené la civilisation.

Autrefois il y avait un monde où l'on marchait à pas lents, le dos courbé, le front baissé; où le comte de Gouvon se faisait servir à table par Jean-Jacques; où le chevalier de Rohan donnait des coups de bâton à Voltaire; où l'on tournait Daniel de Foë au pilori; où une ville comme Dijon était séparée d'une ville comme Paris par un testament à faire, des voleurs à tous les coins de bois et dix jours de coche; où un livre était une espèce d'infamie et d'ordure que le bourreau brûlait sur les marches du palais de justice; où superstition et férocité se donnaient la main; où le pape disait à l'empereur: *Jungamus dexteras, gladium gladio copulemus*; où l'on rencontrait à chaque pas des croix auxquelles pendaient des amulettes, et des gibets auxquels pendaient des hommes; où il y avait des hérétiques, des juifs, des lépreux; où les maisons avaient des créneaux et des meurtrières; où l'on fermait les rues avec une chaîne, les fleuves avec une chaîne, les camps mêmes avec une chaîne, comme à la bataille de Tolosa, les villes avec des murailles, les royaumes avec des prohibitions et des pénalités; où, excepté l'autorité et la force qui adhéraient étroitement, tout était parqué, réparti, coupé, divisé, tronçonné, haï et haïssant, épars et mort; les hommes poussière; le pouvoir bloc. Aujourd'hui il y a un monde où tout est vivant, uni, combiné, accouplé, confondu; un monde où règnent la pensée, le commerce et l'industrie; où la politique, de plus en plus fixée, tend à se confondre avec la science; un monde où les derniers échafauds et les derniers canons se hâtent de couper leurs dernières têtes et de vomir leurs derniers obus; un monde où le jour croît à chaque minute; un monde où la distance a disparu, où Constantinople est plus près de Paris que n'était Lyon il y a cent ans, où l'Amérique et l'Europe palpitent du même battement de coeur; un monde tout circulation et tout amour, dont la France est le cerveau, dont les chemins de fer sont les artères et dont les fils électriques sont les fibres. Est-ce que vous ne voyez pas qu'exposer seulement une telle situation, c'est tout expliquer, tout démontrer et tout résoudre? Est-ce que vous ne sentez pas que le vieux monde avait fatalement une vieille âme, la tyrannie, et que dans le monde nouveau va descendre nécessairement, irrésistiblement, divinement, une jeune âme, la liberté?

C'est là l'oeuvre qu'avait faite parmi les hommes et que continuait splendidement le dix-neuvième siècle, ce siècle de stérilité, ce siècle de décroissance, ce siècle de décadence, ce siècle d'abaissement, comme disent les pédants, les rhéteurs, les imbéciles, et toute cette immonde engeance de cagots, de fripons et de fourbes qui bave béatement du fiel sur la gloire, qui déclare que Pascal est un fou, Voltaire un fat, et Rousseau une brute, et dont le triomphe serait de mettre un bonnet d'âne au genre humain.

Vous parlez de bas-empire? Est-ce sérieusement? Est-ce que le bas-empire avait derrière lui Jean Huss, Luther, Cervantes, Shakespeare, Pascal, Molière, Voltaire, Montesquieu, Rousseau et Mirabeau? Est-ce que le bas-empire avait derrière lui la prise de la Bastille, la fédération, Danton, Robespierre, la Convention? Est-ce que le bas-empire avait l'Amérique? Est-ce que le bas-empire avait le suffrage universel? Est-ce que le bas-empire avait ces deux idées, patrie et humanité; patrie, l'idée qui grandit le coeur; humanité, l'idée qui élargit l'horizon? Savez-vous que sous le bas-empire Constantinople tombait en ruine et avait fini par n'avoir plus que trente mille habitants? Paris en est-il là? Parce que vous avez vu réussir un coup de main prétorien, vous vous déclarez bas-empire! C'est vite dit, et lâchement pensé. Mais réfléchissez donc, si vous pouvez. Est-ce que le bas-empire avait la boussole, la pile, l'imprimerie, le journal, la locomotive, le télégraphe électrique? Autant d'ailes qui emportent l'homme, et que le bas-empire n'avait pas! Où le bas-empire rampait, le dix-neuvième siècle plane. Y songez-vous? Quoi! nous reverrions l'impératrice Zoé, Romain Argyre, Nicéphore Logothète, Michel Calafate! Allons donc! Est-ce que vous vous imaginez que la providence se répète platement? Est-ce que vous croyez que Dieu rabâche?

Ayons foi! affirmons! l'ironie de soi-même est le commencement de la bassesse. C'est en affirmant qu'on devient bon, c'est en affirmant qu'on devient grand. Oui, l'affranchissement des intelligences, et par suite l'affranchissement des peuples, c'était là la tâche sublime que le dix-neuvième siècle accomplissait en collaboration avec la France, car le double travail providentiel du temps et des hommes, de la maturation et de l'action, se confondait dans l'oeuvre commune, et la grande époque avait pour foyer la grande nation.

Ô patrie! c'est à cette heure où te voilà sanglante, inanimée, la tête pendante, les yeux fermés, la bouche ouverte et ne parlant plus, les marques du fouet sur les épaules, les clous de la semelle des bourreaux imprimés sur tout le corps, nue et souillée, et pareille à une chose morte, objet de haine, objet de risée, hélas! c'est à cette heure, patrie, que le coeur du proscrit déborde d'amour et de respect pour toi!

Te voilà sans mouvement. Les hommes de despotisme et d'oppression rient et savourent l'illusion orgueilleuse de ne plus te craindre. Rapides joies. Les peuples qui sont dans les ténèbres oublient le passé et ne voient que le présent et te méprisent. Pardonne-leur; ils ne savent ce qu'ils font. Te mépriser! grand Dieu, mépriser la France? Et qui sont-ils? Quelle langue parlent-ils? Quels livres ont-ils dans les mains? Quels noms savent-ils par coeur? Quelle est l'affiche collée sur le mur de leurs théâtres? Quelle forme ont leurs arts, leurs lois, leurs moeurs, leurs vêtements, leurs plaisirs, leurs modes? Quelle est la grande date pour eux comme pour nous? 89! S'ils ôtent la France de leur âme, que leur reste-t-il? Ô peuple! fût-elle tombée et tombée à jamais, est-ce qu'on méprise la Grèce? est-ce qu'on méprise l'Italie? est-ce qu'on méprise la France? Regardez ces mamelles, c'est votre nourrice. Regardez ce ventre, c'est votre mère.

Si elle dort, si elle est en léthargie, silence et chapeau bas. Si elle est morte, à genoux!

Les exilés sont épars; la destinée a des souffles qui dispersent les hommes comme une poignée de cendres. Les uns sont en Belgique, en Piémont, en Suisse, où ils n'ont pas la liberté; les autres sont à Londres, où ils n'ont pas de toit. Celui-ci, paysan, a été arraché à son clos natal; celui-ci, soldat, n'a plus que le tronçon de son épée qu'on a brisée dans sa main; celui-ci, ouvrier, ignore la langue du pays, il est sans vêtements et sans souliers, il ne sait pas s'il mangera demain; celui-ci a quitté une femme et des enfants, groupe bien-aimé, but de son labeur, joie de sa vie; celui-ci a une vieille mère en cheveux blancs qui le pleure; celui-là a un vieux père qui mourra sans l'avoir revu; cet autre aimait, il a laissé derrière lui quelque être adoré qui l'oubliera; ils lèvent la tête, ils se tendent la main les uns aux autres, ils sourient; il n'est pas de peuple qui ne se range sur leur passage avec respect et qui ne contemple avec un attendrissement profond, comme un des plus beaux spectacles que le sort puisse donner aux hommes, toutes ces consciences sereines, tous ces coeurs brisés.

Ils souffrent, ils se taisent; en eux le citoyen a immolé l'homme; ils regardent fixement l'adversité, ils ne crient même pas sous la verge impitoyable du malheur: *Civis romanus sum!* Mais le soir, quand on rêve,—quand tout dans la ville étrangère se revêt de tristesse, car ce qui semble froid le jour devient funèbre au crépuscule,—mais la nuit, quand on ne dort pas, les âmes les plus stoïques s'ouvrent au deuil et à l'accablement. Où sont les petits enfants? qui leur donnera du pain? qui leur donnera le baiser de leur père? où est la femme? où est la mère? où est le frère? où sont-ils tous? Et ces chansons qu'on entendait le soir dans sa langue natale, où sont-elles? où est le bois, l'arbre, le sentier, le toit plein de nids, le clocher entouré de tombes? où est la rue, où est le faubourg, le réverbère allumé devant votre porte, les amis, l'atelier, le métier, le travail accoutumé? Et les meubles vendus à la criée, l'encan envahissant le sanctuaire domestique! Oh! que d'adieux éternels! Détruit, mort, jeté aux quatre vents, cet être moral qu'on appelle le foyer de famille et qui ne se compose pas seulement des causeries, des tendresses et des embrassements, qui se compose aussi des heures, des habitudes, de la visite des amis, du rire de celui-ci, du serrement de main de celui-là, de la vue qu'on voyait de telle fenêtre, de la place où était tel meuble, du fauteuil où l'aïeul s'était assis, du tapis où les premiers-nés ont joué! Envolés, ces objets auxquels s'était empreinte votre vie! évanouie, la forme visible des souvenirs! Il y a dans la douleur des côtés intimes et obscurs où les plus fiers courages fléchissent. L'orateur de Rome tendit sa tête sans pâlir au couteau du centurion Lenas, mais il pleura en songeant à sa maison démolie par Clodius.

Les proscrits se taisent, ou, s'ils se plaignent, ce n'est qu'entre eux. Comme ils se connaissent, et qu'ils sont doublement frères, ayant la même patrie et ayant la même proscription, ils se racontent leurs misères. Celui qui a de l'argent le partage avec ceux qui n'en ont pas, celui qui a de la fermeté en donne à ceux qui en manquent. On échange les souvenirs, les aspirations, les espérances. On se tourne, les bras tendus dans l'ombre, vers ce qu'on a laissé derrière soi. Oh! qu'ils soient heureux là-bas, ceux qui ne pensent plus à nous! Chacun souffre et par moments s'irrite. On grave dans toutes les mémoires les noms de tous les bourreaux. Chacun a quelque chose qu'il maudit, Mazas, le ponton, la casemate, le dénonciateur qui a trahi, l'espion qui a guetté, le gendarme qui a arrêté, Lambessa où l'on a un ami, Cayenne où l'on a un frère; mais il y a une chose qu'ils bénissent tous, c'est toi, France!

Oh! une plainte, un mot contre toi, France! non, non! on n'a jamais plus de patrie dans le coeur que lorsqu'on est saisi par l'exil.

Ils feront leur devoir entier avec un front tranquille et une persévérance inébranlable. Ne pas te revoir, c est là leur tristesse; ne pas t'oublier, c'est là leur joie.

Ah! quel deuil! et après huit mois on a beau se dire que cela est, on a beau regarder autour de soi et voir la flèche de Saint-Michel au lieu du Panthéon, et voir Sainte-Gudule au lieu de Notre-Dame, on n'y croit pas!

Ainsi cela est vrai, on ne peut le nier, il faut en convenir, il faut le reconnaître, dût-on expirer d'humiliation et de désespoir, ce qui est là, à terre, c'est le dix-neuvième siècle, c'est la France!

Quoi! c'est ce Bonaparte qui a fait cette ruine!

Quoi! c'est au centre du plus grand peuple de la terre; quoi! c'est au milieu du plus grand siècle de l'histoire que ce personnage s'est dressé debout et a triomphé! Se faire de la France une proie, grand Dieu! ce que le lion n'eût pas osé, le singe l'a fait! ce que l'aigle eût redouté de saisir dans ses serres, le perroquet l'a pris dans sa patte! Quoi! Louis XI y eût échoué! quoi! Richelieu s'y fût brisé! quoi! Napoléon n'y eût pas suffi! En un jour, du soir au matin, l'absurde a été le possible. Tout ce qui était axiome est devenu chimère. Tout ce qui était mensonge est devenu fait vivant. Quoi! le plus éclatant concours d'hommes! quoi! le plus magnifique mouvement d'idées! quoi! le plus formidable enchaînement d'événements! quoi! ce qu'aucun Titan n'eût contenu, ce qu'aucun Hercule n'eût détourné, le fleuve humain en marche, la vague française en avant, la civilisation, le progrès, l'intelligence, la révolution, la liberté, il a arrêté cela un beau matin, purement et simplement, tout net, ce masque, ce nain, ce Tibère avorton, ce néant!

Dieu marchait, et allait devant lui. Louis Bonaparte, panache en tête, s'est mis en travers et a dit à Dieu: Tu n'iras pas plus loin!

Dieu s'est arrêté.

Et vous vous figurez que cela est! et vous vous imaginez que ce plébiscite existe, que cette constitution de je ne sais plus quel jour de janvier existe, que ce sénat existe, que ce conseil d'état et ce corps législatif existent! Vous vous imaginez qu'il y a un laquais qui s'appelle Rouher, un valet qui s'appelle Troplong, un eunuque qui s'appelle Baroche, et un sultan, un pacha, un maître qui se nomme Louis Bonaparte! Vous ne voyez donc pas que c'est tout cela qui est chimère! vous ne voyez donc pas que le Deux-Décembre n'est qu'une immense illusion, une pause, un temps d'arrêt, une sorte de toile de manoeuvre derrière laquelle Dieu, ce machiniste merveilleux, prépare et construit le dernier acte, l'acte suprême et triomphal de la Révolution française! Vous regardez stupidement la toile, les choses peintes sur ce canevas grossier, le nez de celui-ci, les épaulettes de celui-là, le grand sabre de cet autre, ces marchands d'eau de Cologne galonnés que vous appelez des généraux, ces poussahs que vous appelez des magistrats, ces bonshommes que vous appelez des sénateurs, ce mélange de caricatures et de spectres, et vous prenez cela pour des réalités! Et vous n'entendez pas au delà, dans l'ombre, ce bruit sourd! vous n'entendez pas quelqu'un qui va et vient! vous ne voyez pas trembler cette toile au souffle de ce qui est derrière!

NOTES

[1: (Très bien! très bien!) *Moniteur.*]

[2: (Marques d'adhésion.) *Moniteur.*]

[3: (Nouvelles marques d'assentiment.) *Moniteur.*]

[4: Lettre lue à la cour d'assises par l'avocat Parquin qui, après l'avoir lue, s'écria: «Parmi les nombreux défauts de Louis-Napoléon, il ne faut pas du moins compter l'ingratitude.»]

[5: *Cour des pairs.* Attentat du 6 août 1840, page 140; témoin, Geoffroy, grenadier.]

[6: Le capitaine Col-Puygellier, qui lui avait dit: Vous êtes un conspirateur et un traître.]

[7: *Cour des pairs.* Témoin Adam, maire de Boulogne.]

[8: Le premier rapport adressé à M. Bonaparte, et où M. Bonaparte est qualifié *Monseigneur*, est signé FORTOUL.]

[9: *Fragments historiques.*]

[10: *Cour des pairs.* Dépositions des témoins, p. 94.]

[11: *Cour des pairs.* Dépositions des témoins, p. 75; voir aussi 81, 88 à 94.]

[12: *Cour des pairs.* Interrogatoire des inculpés, p. 13.]

[13: *Cour des pairs.* Dépositions des témoins, p. 103, 185.]

[14: «Le président:

—Prévenu Querelles, ces enfants qui criaient ne sont-ils pas ces trois cents gueulards que vous demandiez dans une lettre?»

(Procès de Strasbourg.)]

[15: *Cour des pairs.* Dépositions des témoins, p. 143, 155,156 et 158.]

[16: *Cour des pairs.* Dépositions des témoins, témoin Febvre, voltigeur, p. 142.]

[17: Thibaudeau. *Histoire du Consulat et de l'Empire.*]

[18: «Toutes les illustrations du pays.» LOUIS BONAPARTE, *Appel au peuple,* 2 décembre 1851.]

[19: «Le sénat a été manqué. On n'aime pas on France à voir des gens bien payés pour ne faire que quelques mauvais choix.»—Paroles de Napoléon. *Mémorial de Sainte-Hélène.*]

[20: *Rapport de la commission du budget du corps législatif,* juin 1852.]

[21: *Préambule de la constitution.*]

[22: Crûment. Voyez les *Fourberies de Scapin.*]

[23: *Extinction du paupérisme,* p. 10.]

[24: Lib. VII, cap. 31.]

[25: De Republica, lib. I, cap. 40.]

[26: Ep. 108.]

[27: Lib. 111, cap. 5.]

[28: Lib. VI, cap. 1.]

[29: Ces trois colonels sont MM. Cailhassou, Dubarry et Policarpe.]

[30: On lit dans une correspondance bonapartiste:

«La commission nommée par les employés de la préfecture de police a estimé que le bronze n'était pas digne de reproduire l'image du Prince; c'est en marbre qu'elle sera taillée; c'est sur le marbre qu'on la superposera. L'inscription suivante sera incrustée dans le luxe et la magnificence de la pierre: «Souvenir du serment de fidélité au prince-président, prêté par les employés de la préfecture de police, le 20 mai 1852, entre les mains de M. Piétri, préfet de police.»

«Les souscriptions entre les employés, dont il a fallu modérer le zèle seront ainsi réparties: chef de division, 10 fr.; chef de bureau, 6 fr.; employés à 1,800 fr. d'appointements, 3 fr.; à 1,500 francs d'appointements, 2 fr. 50;—enfin à 1,200 fr. d'appointements, 2 fr. On calcule que cette souscription s'élèvera à plus de 6,000 francs.»]

[31: L'auteur a voulu réserver uniquement au livre *Napoléon le Petit* ce chapitre, qui en fait partie intégrante. Il a donc récrit, pour l'*Histoire d'un Crime* le récit de la Journée du 4 Décembre, avec de nouveaux faits, et à un autre point de vue.]

[32: Un comité de résistance, chargé de centraliser l'action et de diriger le combat, avait été nommé le 2 décembre au soir par les membres de la gauche réunis en assemblée chez le représentant Lafou, quai Jemmapes, n° 2. Ce comité, qui dut changer vingt-sept fois d'asile en quatre jours, et qui, siégeant en quelque sorte jour et nuit, ne cessa pas un seul instant d'agir pendant les crises diverses du coup d'état, était composé des représentants Carnot, de Flotte, Jules Favre, Madier de Montjau, Michel de Bourges, Schoelcher et Victor Hugo.]

[33: Le capitaine Mauduit. *Révolution militaire du 2 décembre*, p. 217.]

[34: Le témoin veut dire incalculable. Nous n'avons voulu rien changer au texte.]

[35: On peut nommer le témoin qui a vu ce fait. Il est proscrit. C'est le représentant du peuple Versigny. Il dit:

«Je vois encore, à la hauteur de la rue du Croissant, un malheureux limonadier ambulant, sa fontaine en fer-blanc sur le dos, chanceler, puis s'affaisser sur lui-même et tomber mort contre une devanture de boutique. Lui seul, ayant pour toute arme sa sonnette, avait eu les honneurs d'un feu de peloton.»

Le même témoin ajoute: «Les soldats balayaient à coups de fusil des rues où il n'y avait pas un pavé remué, pas un combattant.»]

[36: L'employé qui a dressé cette liste, est, nous le savons, un statisticien savant et exact, il a dressé cet état de bonne foi, nous n'en doutons pas. Il a constaté ce qu'on lui a montré et ce qu'on lui a laissé voir, mais il n'a rien pu sur ce qu'on lui a caché. Le champ reste aux conjectures.]

[37: Le *Bulletin des lois* publie le décret suivant, en date du 27 mars:

«Vu la loi du 10 mai 1838, qui classe les dépenses ordinaires des prisons départementales parmi celles qui doivent être inscrites aux budgets départementaux;

«Considérant que tel n'est pas le caractère des dépenses occasionnées par les arrestations qui ont eu lieu à la suite des événements de décembre;

«Considérant que les faits en raison desquels ces arrestations se sont multipliées se rattachaient à un *complot contre la sûreté de l'état*, dont la répression importait à la société tout entière, et que dès lors il est juste de faire acquitter par le trésor public l'excédant de dépenses qui est résulté de l'*accroissement extraordinaire* de la population des prisons;

«Décrète:

«Il est ouvert au ministère de l'intérieur, sur les fonds de l'exercice 1851, un crédit extraordinaire de 250,000 francs, applicable au payement des dépenses résultant des arrestations opérées à la suite des événements de décembre.»]

[38: «Digne, le 5 janvier 1852:

«Le colonel commandant l'état de siége dans le département des Basses-Alpes,

«Arrête:

«Dans le délai de dix jours, les biens des inculpés en fuite *seront séquestrés* et administrés par le directeur des domaines du département des Basses-Alpes, conformément aux lois civiles et militaires, etc.

«FRIRION.»

On pourrait citer dix arrêtés semblables des commandants d'état de siége. Le premier de ces malfaiteurs qui a commis ce crime de confiscation des biens et qui a donné l'exemple de ce genre d'arrêtés s'appelle Eynard. Il est général. Dès le 18 décembre il mettait sous le séquestre les biens d'un certain nombre de citoyens de Moulins; «parce que, dit-il avec cynisme, *l'instruction commencée ne laisse aucun doute* sur la part qu'ils ont prise *à l'insurrection* et aux pillages du département de l'Allier».]

[39: Le chiffre des *condamnations* intégralement maintenues (il s'agit en majeure partie de transportations) se trouvait, à la date des rapports, arrêté de la manière suivante:

Par M. Canrobert 3,876
Par M. Espinasse 3,625
Par M. Quentin-Bauchard 1,634

Total 9,135]

[40: Voici, telle qu'elle est au *Moniteur*, cette dépêche odieuse:

«Toute insurrection armée a cessé à Paris par une répression vigoureuse. La même énergie aura les mêmes effets partout.

«Des bandes qui apportent le pillage, le viol et l'incendie se mettent hors des lois. Avec elles on ne parlemente pas, on ne fait pas de sommation, on les attaque, on les disperse.

«Tout ce qui résiste doit être FUSILLÉ au nom de la société en légitime défense.»]

[41: *Littérature et Philosophie mêlées*, 1830.]

[42: Le président du tribunal de commerce, à Évreux refuse le serment. Laissons parler le *Moniteur*:

«M. Verney, ancien président du tribunal de commerce d'Évreux, était cité à comparaître jeudi dernier devant MM. les juges correctionnels d'Évreux, en raison des faits qui ont dû se passer, le 29 avril dernier, dans l'enceinte de l'audience consulaire.

«M. Verney est prévenu du délit d'excitation à la haine et au mépris du gouvernement.»

Les juges de première instance renvoient M. Verney et le *blâment* par jugement. Appel *a minima*. du procureur de la république». Arrêt de la cour d'appel de Rouen.

La cour,

«Attendu que les poursuites ont pour unique objet la répression du délit d'excitation à la haine et au mépris du gouvernement;

«Attendu que ce délit résulterait, d'après la prévention, du dernier paragraphe de la lettre écrite par Verney au procureur de la république à Évreux, le 26 avril dernier, et qui est ainsi conçue: «Mais il serait trop grave de revendiquer plus longtemps ce que nous croyons être le droit. La magistrature elle-même nous saura gré de ne pas exposer la robe du juge à succomber sous la force que nous annonce votre dépêche.»

«Attendu que, *quelque blâmable qu'ait été la conduite de Verney dans cette affaire*, la cour ne peut voir dans les termes de cette partie de sa lettre le délit d'excitation à la haine et au mépris du gouvernement, puisque l'ordre en vertu duqucl la forcc dcvait ĉtrc employée pour empêcher de siéger les juges qui avaient refusé de prêter serment n'émanait pas du gouvernement;

«Qu'il n'y a pas lieu dès lors de lui faire l'application de la loi pénale;

«Par ces motifs,

«Confirme le jugement dont est appel, sans dépens.»

La cour d'appel de Rouen a pour premier président M. Franck-Carré, ancien procureur général près la cour des pairs dans le procès de Boulogne, le même qui adressait à M. Louis Bonaparte ces paroles: «Vous avez fait pratiquer l'embauchage et distribuer l'argent pour acheter la trahison.»]

[43: Comme sénateur.]

[44: Comme premier président de la cour d'appel de Rouen.]

[45: Comme membre de son conseil municipal.]

9 789358 486155

Printed at Repro India Ltd.